Elisabeth Birk
Schritt für Schritt zur Florist-Prüfung

Zur Autorin:
Ehem. Oberstudienrätin an der Justus-von-Liebig-Schule in Göppingen. Unterricht in Florist- und Gärtnerklassen.

Florist
Lehr- und Fachbuch in 4 Bänden

Band 1 Gestalten, Beraten, Verkaufen, Wirtschaftliches Handeln
Grundwissen in Lernsituationen

Band 2 Gestalten, Beraten, Verkaufen, Wirtschaftliches Handeln
Aufbauwissen in Lernsituationen

Band 3 Wirtschaftslehre, Rechnungswesen, Marketing

Band 4 Fachrechnen

Lehrerhandbücher, Lösungshefte und Unterrichtsmaterial etc.
finden Sie unter www.azubikolleg.de

Elisabeth Birk

Schritt für Schritt zur Florist-Prüfung

520 Fragen und Antworten

55 Zeichnungen
24 Tabellen

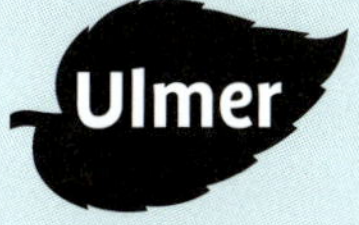

Bildquellen

Siegfried Lokau, Bochum-Wattenscheid: Seite 6, 9, 22, 62, 67 und 91 (nach Angaben der Autorin)
Vanessa Moroder, St. Ulrich (Italien): Seite 107, 125, 126, 127, 128, 129 und 130 (nach Angaben der Autorin)
Artur Piestricow, Stuttgart: Seite 43 (übernommen aus „Walford, Florist 1" (2004), Verlag Eugen Ulmer, Stuttgart)
Artur Piestricow, Stuttgart: Seite 85, 86, 87 und 90 (übernommen aus „Degen/Schrader, Der Gärtner Band 1 – Grundwissen für Gärtner" (2002), Verlag Eugen Ulmer, Stuttgart)
Artur Piestricow, Stuttgart: Seite 63, 66, 68, 69, 70, 94 und 112 (nach Angaben der Autorin)

Titelfoto: Kaspar Heißel

Die in diesem Buch enthaltenen Empfehlungen und Angaben sind von der Autorin mit größter Sorgfalt zusammengestellt und geprüft worden. Eine Garantie für die Richtigkeit der Angaben kann aber nicht gegeben werden. Autorin und Verlag übernehmen keine Haftung für Schäden und Unfälle. Bitte setzen Sie bei der Anwendung der in diesem Buch enthaltenen Empfehlungen Ihr persönliches Urteilsvermögen ein.
Der Verlag Eugen Ulmer ist nicht verantwortlich für die Inhalte der im Buch genannten Websites.

Bibliografische Information der Deutschen Nationalbibliothek

Die Deutsche Nationalbibliothek verzeichnet diese Publikation in der Deutschen Nationalbibliografie; detaillierte bibliografische Daten sind im Internet über http://dnb.d-nb.de abrufbar.

Wollgrasweg 41, 70599 Stuttgart (Hohenheim)
E-Mail: info@ulmer.de
Internet: www.ulmer-verlag.de
Lektorat: Dr. Angelika Jansen, Birgit Schüller
Umschlagentwurf: Atelier Reichert, Stuttgart
Satz: r&p digitale medien, Echterdingen
Druck und Bindung: Friedrich Pustet GmbH & Co. KG, Regensburg
Printed in Germany

ISBN 978-3-8186-0092-1

Vorwort

Hallo, liebe zukünftige Floristinnen und Floristen, es kommt uns heute schon so vor, dass wir ohne Zeit und Raum existieren und ganz spontan und überall sämtliches Wissen aus den Clouds abrufen und dadurch Informationen aus der ganzen Welt zusammentragen können. Die Aufgaben des Prüfungsfragenbuchs sind jedoch mit den dualen Ausbildungsinhalten eng verknüpft. Sie, liebe Auszubildenden, erkennen die ursprünglichen Stoffgebiete aus Schule und Betrieb wieder – das schafft Vertrauen und Sicherheit.

Noch stehen Ihnen die Kunden im Betrieb real gegenüber, für deren Beratung Sie individuell reagieren müssen. **Das Prüfungsfragen- und Übungsbuch** kann Ihnen helfen, die unterschiedlichsten Inhalte Ihres Ausbildungsberufs aufzuarbeiten und die situationsbezogenen Zusammenhänge zu erkennen, damit Sie diese flexibel und ganz spezifisch anwenden können.

Dieses Buch bezieht sich mit 520 Aufgaben auf die Prüfungsfächer **Technologie**, gegliedert in *Pflanzenkenntnis, Botanik, Pflanzenpflege und -schutz, Gestaltung und Stilkunde* sowie **Warenwirtschaft**, unterteilt in *Verkaufskunde und Materialkunde* mit integrierten Aufgaben zu Fachrechnen. Übungsaufgaben zu Fachrechnen sind hier nur am Rande berücksichtigt, weil das Fachrechenbuch *Florist 4* Aufgaben über den Unterricht hinaus abdeckt und deren Lösungen unter www.azubikolleg.de zu finden sind. Ebenso sind in den Bereich *Verkaufs- und Geschäftskunde* einige Aufgaben aus dem Unterrichts- und Prüfungsfach **Wirtschafts- und Sozialkunde** integriert.

Zusätzlich eignet sich dieses Buch auch dazu, gezielt einige Fragen auszuwählen, um bereits im ersten und zweiten Ausbildungsjahr Unterrichtsinhalte zu vertiefen.

Im Anhang befinden sich Lösungsvorschläge; doch gerade bei gestalterischen Aufgaben gibt es viele Variationen, weshalb auch Ihre kreativen Ideen eine ausgezeichnete Lösung sein können.

Freuen Sie sich auf die Abschlussprüfung und zeigen Sie, was Sie persönlich erreicht haben. Danach können Sie durchstarten: Die berufliche Herausforderung beginnt!

Für Ihre Zukunft wünsche ich Ihnen viel Glück, Erfolg und reichhaltige Erfahrungen.

Elisabeth Birk, im Sommer 2017

„Farben sind das Lächeln der Natur und Blumen sind ihr Lachen.“

(James Henry Leigh Hunt, 1784–1859)

Aufgabe

Colorieren Sie die Blüten nach der Vorlage des Farbkreises von Johannes Itten.

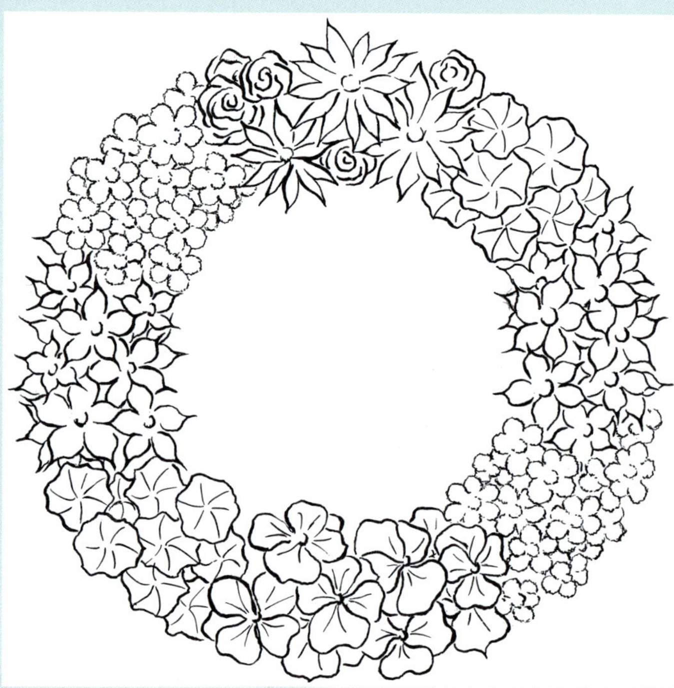

Inhaltsverzeichnis

Teil 5 Countdown: 10 Wochen vor der Prüfung 139

Lösungen 153

Handlungsorientiert lernen bedeutet aktiv lernen

Erwerben Sie sich durch **handlungsorientiertes Lernen** eine solide Basis für Ihren beruflichen Alltag. Ziel ist es, die unterschiedlichsten Inhalte der Ausbildung mit höchster Fachkompetenz bei allen Kundenwünschen erfolgreich anwenden zu können.

Aktives Wahrnehmen

Lernstoff in Schule und Betrieb aufnehmen
Fachartikel lesen
Fachausstellungen besuchen

Aktives Mitdenken

Lernstoff aneignen und Zusammenhänge erkennen
Transferleistungen vollbringen
Weiterbildung ansteuern

Produktives Handeln

Schriftliche Ausarbeitungen und Skizzen zu floristischen Themen
Praktische Umsetzung des Lernstoffs bei Werkstücken
Fachkompetente Kundengespräche führen

Steuerung durch Kontrolle

Selbstkontrolle durch aktive Selbstüberprüfung
Fremdkontrolle durch Lehrer und Ausbilder
Kooperatives Lernen und Optimierung des Lernstoffs

Teil 1

Aufgaben im Multiple-Choice-Verfahren

Aufgaben im Multiple-Choice-Verfahren

Bei diesem Prüfungsverfahren wird durch Ankreuzen oder Eintragen von Ziffern Sachkenntnis, jedoch keine kreative Leistung abgefragt. Die Anzahl der Antworten kann unterschiedlich sein.

Welche Vorteile habe ich?

- Übersicht des Basiswissens;
- schnelle Lösung von Sachaufgaben;
- überall unproblematisch zu lösen (z. B. während der Bahnfahrt).

Wie gehe ich vor?

- Ankreuzen oder Eintragen der Lösungsnummern (teilweise sind mehrere Antworten möglich);
- selbstständig auswerten / Vergleich mit der Lösungsvorlage;
- Wissenslücken mit Hilfe des Schulbuchs ausgleichen;
- wer mehr als verlangt leisten möchte, notiert sich Erläuterungen.

Gestaltung und Stilkunde

Aufgabe 1

Ordnen Sie folgende Werkstücke den nebenstehenden Begriffen zu:
1) Tischfries (Art der Streuung)
2) dekoratives Gesteck
3) Girlande

a) ☐ eindimensional
b) ☐ zweidimensional
c) ☐ dreidimensional
d) ☐ Reihung
e) ☐ Gruppierung
f) ☐ Fläche

Aufgabe 2

Bei welcher Blütengruppe passt der Habitus aller Blüten zur Grundform Dreieck?

a) ☐ Nigella, Lilie, Agapanthus
b) ☐ Milchstern, Nelke, Eisenhut
c) ☐ Eremurus, Freesie, Rittersporn

Aufgabe 3

Welches Pflanzenpaar hat Blüten in porzellanartiger Struktur?

a) ☐ Proteen und Strelitzia
b) ☐ Tulipa und Tagetes
c) ☐ Stephanotis und Hoya
d) ☐ Wicken und Gloxinien

Aufgabe 4

Eine Kundin bringt einen Weidenkorb und möchte diesen mit Blumen der gleichen Oberflächenstruktur gefüllt haben. Welche Blumen wählen Sie aus?

a) ☐ Zinnien und Hortensien
b) ☐ Dahlien und Sonnenblumen
c) ☐ Rittersporn und Wicken
d) ☐ Margeriten und Lobelien

Aufgabe 5

Für die Tischdekoration einer Taufe werden Gefäße ausgesucht. Welches Gefäß ist am besten geeignet?

a) ☐ niedriges Kelchgefäß aus Glas
b) ☐ flache Schale aus Steinzeug
c) ☐ höheres, zylindrisches Porzellangefäß

Aufgabe 6

Ordnen Sie den vier genannten Oberflächenstrukturen jeweils eine der sechs aufgeführten Pflanzen zu: 1) Usambaraveilchenblätter, 4) Freesie, 2) Maiglöckchen, 5) Gerbera, 3) Flamingoblume, 6) Wicke

a) ☐ seidig
b) ☐ metallisch
c) ☐ porzellanartig
d) ☐ samtig

Aufgabe 7

Welche Pflanze zählt zu den Gemeinschaftsformen?

a) ☐ Eremurus
b) ☐ Orchidee
c) ☐ Freesie
d) ☐ Pfingstrose
e) ☐ Veilchen

Aufgabe 8

Wie werden Gemeinschaftsformen mit runden Blüten gewöhnlich verwendet?

a) ☐ in der Basis
b) ☐ in Formarbeiten
c) ☐ für flächige Gestaltungen

Aufgabe 9

Sie gestalten eine Schnittblumenarbeit mit Phalaenopsis. Welchem Persönlichkeitscharakter ordnen Sie diese Blume zu?

a) ☐ Gemeinschaftsform
b) ☐ Edelform
c) ☐ Herrschaftsform
d) ☐ Prunkform

Aufgabe 10

Ordnen Sie die passenden Bewegungsformen den entsprechenden Pflanzen zu:
1) brüchig, 2) spielerisch,
3) abfließend, 4) aufstrebend,
5) sammelnd, 6) ausschwingend

a) ☐ Rohrkolben
b) ☐ Echeveria elegans
c) ☐ Leuchterblume
d) ☐ Euphorbia fulgens
e) ☐ Schleierkraut
f) ☐ Sanddorn

Aufgabe 11

Für einen Bericht über Gestaltung in strenger Ordnung suchen Sie ein passendes Beispiel. Welche Arbeit eignet sich, die nur diese Ordnungsart zulässt?

a) ☐ Kranzschmuck
b) ☐ Tischschmuck
c) ☐ Raumschmuck
d) ☐ Brautstrauß
e) ☐ Biedermeierstrauß

Aufgabe 12

Für eine besonders festliche Tafel müssen Sie Blumen auswählen. Welche Blumen sind dafür am besten geeignet?

a) ☐ Eisenhut und Polyantha-Rosen
b) ☐ Löwenmaul und Calendula
c) ☐ Liatris und Proteen
d) ☐ Tulpen und Narzissen
e) ☐ Edelrosen und Phalaenopsis

Aufgabe 13

Sie fertigen ein Gesteck in freier Ordnung. Welche Merkmale müssen Sie berücksichtigen?

a) ☐ geschlossener Umriss
b) ☐ aufgelockerter Umriss
c) ☐ viele Freiräume
d) ☐ Asymmetrie

Aufgabe 14

Was ist bei einer formal-linearen Gestaltung besonders zu beachten?

a) ☐ Das Gefäß hat keine Bedeutung.
b) ☐ Die Farbe spielt eine entscheidende Rolle.
c) ☐ Es eignen sich nur flächige Formen.
d) ☐ Form und Bewegung sind wesentlicher Teil der Gestaltung.

Aufgabe 15

Welcher Werkstoff bietet den stärksten Formenkontrast für ein Werkstück mit Korkenzieherhaselzweigen?

a) ☐ Bänderweide
b) ☐ Gras
c) ☐ Bergenienblatt
d) ☐ Prachtscharte

Aufgabe 16

Eine Tischdekoration soll ausschließlich in der Harmonie der Nachbarfarben gestaltet werden. Welche Möglichkeit haben Sie, unter Berücksichtigung des Farbthemas Spannung in das Arrangement zu bringen?

a) ☐ Verwendung vielfältiger und kontrastreicher Formen
b) ☐ Einarbeiten einer Komplementärfarbe
c) ☐ Ausgestaltung des Arrangements mit bunten Accessoires
d) ☐ Quantitätskontrast mit den vorgegeben Farben

Aufgabe 17

Bei einem Werkstück soll eine besondere Wirkung durch die Verwendung von Komplementärfarben erzielt werden. Welches Farbenpaar kommt in Frage?

a) ☐ Rot und Blau
b) ☐ Rot und Orange
c) ☐ Gelb und Violett
d) ☐ Gelb und Rot

Aufgabe 18

Welche Farbkombination bildet einen Kalt-Warm-Kontrast?

a) ☐ Gelb und Gelborange
b) ☐ Orange und Blau
c) ☐ Blau und Grün

Aufgabe 19

Was sind Spektralfarben?

a) ☐ Farben, die durch Lichtbrechung entstehen
b) ☐ Farben, die durch Mischen mit Weiß entstehen
c) ☐ Farben, die durch glänzende Stofflichkeiten hell erscheinen

---

Aufgabe 20

Welche Aussage über die Asymmetrie in der Gestaltung ist richtig?

a) ☐ Hauptgruppe in der Mitte, Nebengruppen rechts und links
b) ☐ Hauptgruppe außerhalb der Mitte, die Nebengruppe nahe der Hauptgruppe
c) ☐ Hauptgruppe in der Mitte und gegenüber eine Gegengruppe
d) ☐ Hauptgruppe außerhalb der Mitte, Nebengruppe nahe angeordnet, zum Ausgleich die Gegengruppe

---

Aufgabe 21

Welche Aussagen sind beim Wässern von Steckschaum richtig?

a) ☐ Steckschaum in ein Becken legen und mit Wasser übergießen.
b) ☐ Steckschaum in ein großes Gefäß legen und selbstständig eintauchen lassen.
c) ☐ Steckschaum unter Wasser drücken und dabei festhalten.
d) ☐ Dem Steckschaum die Möglichkeit geben, Luft von unten nach oben entweichen zu lassen.

Aufgabe 22

Sie werden beauftragt, für Gestecke Steckschaum zurechtzuschneiden. Wie müssen Sie vorgehen, damit eine mehrtägige Haltbarkeit der Blumen möglich ist?

a) ☐ Steckschaum muss das gesamte Gefäß ausfüllen
b) ☐ Steckschaum darf nie über das Gefäß hinausragen
c) ☐ Steckschaum muss immer abgerundet werden
d) ☐ Steckschaum sollte so bemessen sein, dass für Wasser noch Platz vorhanden ist

---

Aufgabe 23

Welche Begriffe sind bei der Bestellung eines Brautstraußes von wesentlicher Bedeutung?

a) ☐ Brauttyp
b) ☐ Farbe des Kleides
c) ☐ Schnitt des Kleides
d) ☐ Anzahl der Gäste
e) ☐ Anzugfarbe des Bräutigams

Aufgabe 24

Welche Eigenschaften lassen einen Kranzkörper am breitesten erscheinen?

a) ☐ glatter Umriss und heller Werkstoff
b) ☐ glatter Umriss und Werkstoff mittlerer Helligkeit
c) ☐ glatter Umriss und dunkler Werkstoff

Aufgabe 25

Welches Verhältnis wird als Kranzkörperproportion bezeichnet?

a) ☐ Kranzumfang zur Kranzöffnung
b) ☐ Kranzprofil zum Kranzdurchmesser
c) ☐ Kranzwulst zur Kranzöffnung

Aufgabe 26

Welche Kriterien müssen bei einem Trauerkranz mit Akzentschmuck beachtet werden?

a) ☐ sparsame Verarbeitung von Blättern, Blüten und Ranken
b) ☐ Schmuck besonders ausdrucksstark durch eine Schleife
c) ☐ der Helligkeitswert des Kranzes ist weniger wichtig, weil der Schmuck zählt

---

Aufgabe 27	Woran erkennt man einen technisch gut verarbeiteten Strauß?	a) ☐ an der festen und schmalen Bindestelle b) ☐ an den schräg angeschnittenen Blumenstielen c) ☐ an der Verwendung von gegensätzlichen Bewegungsformen
Aufgabe 28	Sie bekommen den Auftrag, einen Strukturstrauß zu binden. Was müssen Sie dabei berücksichtigen?	a) ☐ nur kräftige Farben verwenden b) ☐ origineller, kreativer Straußabschluss c) ☐ Farben sollen sich den Strukturen unterordnen d) ☐ Blüten sollen große Geltung besitzen
Aufgabe 29	Zur Übung werden Sträuße gefertigt. Bei welcher Straußart müssen Sie sich an einem historischen Vorbild orientieren?	a) ☐ Sommerstrauß b) ☐ Gerüststrauß c) ☐ Parallelstrauß d) ☐ Biedermeierstrauß
Aufgabe 30	Welche Definition ist für einen Kondolenzstrauß richtig?	a) ☐ Beileidsstrauß b) ☐ Trauerflor und weiße Blüten c) ☐ Blumen im Farb-an-sich-Kontrast d) ☐ Ausdruck von Trost
Aufgabe 31	Die Zahl 1 : 1,6 hat eine bestimmte festgelegte Bedeutung.	a) ☐ Goldener Schnitt b) ☐ natürliche Proportion c) ☐ Größenwachstum von Nelkensorten

Aufgabe 32

Der Grundsatz „Form vor Farbe“ bedeutet, dass ...

a) ☐ die Form immer mit der dazugehörigen Farbe zu kombinieren ist;
b) ☐ die Form grundsätzlich gestalterisch den Vorrang hat;
c) ☐ die Formenlehre vor der Farbenlehre besprochen werden muss.

Aufgabe 33

Welche Aufgabe hat die Gegengruppe bei einer Gestaltung in freier Ordnung?

a) ☐ gleicht das optische Gewicht aus
b) ☐ Wuchsmittelpunkt der Gestaltung
c) ☐ farblicher und formaler Ausgleich zur Hauptgruppe

Aufgabe 34

Wie wirkt sich eine raue Oberfläche eines Werkstoffs auf die Farbwahrnehmung beim Betrachter aus?

a) ☐ Farben erscheinen intensiver
b) ☐ Farben erscheinen getrübter
c) ☐ Farben erscheinen heller
d) ☐ Farben erscheinen kontrastreicher

Aufgabe 35

Durch panaschierte Pflanzen kann ein Werkstück farblich interessant wirken. Welche Lösungen passen zu dem Begriff „panaschiert“?

a) ☐ Codiaeum variegatum
b) ☐ weiße Musterung auf Pflanzenblättern
c) ☐ Mangel an Blattgrün in den Farbstoffträgern
d) ☐ Mangelerscheinung durch Fehldüngung

Aufgabe 36

Für einen Auftrag mit einem grafisch gearbeiteten Strauß suchen Sie ein passendes Gefäß. Welche der aufgeführten Vasen passt am besten?

a) ☐ Kugelvase
b) ☐ Zylindervase
c) ☐ Kelchform
d) ☐ flache Schale
e) ☐ Kannenform

Aufgabe 37

Was bedeutet im gestalterischen Sinne der Begriff dekorativ, z. B. bei dekorativem Strauß und dekorativem Gesteck?

a) ☐ den Raum schmückend
b) ☐ sehr bunt und großartig
c) ☐ üppig, füllig, repräsentativ
d) ☐ aufstrebend, Ton-in-Ton

Aufgabe 38

Sie fertigen eine vegetative Pflanzschale. Was müssen Sie besonders berücksichtigen?

a) ☐ landschaftliches Gesetz
b) ☐ Form der Blüten
c) ☐ Farbe der Blüten
d) ☐ Wuchsmittelpunkt

Aufgabe 39

Welche Aufgaben haben Moose und Steine in einer vegetativen Pflanzschale?

a) ☐ Moose und Steine sollen die Feuchtigkeit in der Schale halten.
b) ☐ Moose und Steine verhindern, dass Wasser über den Schalenrand läuft.
c) ☐ Moose und Steine wirken als Gestaltungselemente wie Pflanzen.
d) ☐ Moose und Steine sollen die Erde verdecken.

Aufgabe 40

Für ein Fischessen werden Pflanzen ausgewählt. Welche Gruppe von Werkstoffen und Materialien ist dafür besonders geeignet?

a) ☐ blauer Rittersporn, Mohn, Rupfenband
b) ☐ blaue Iris, Cyperus, Kieselsteine
c) ☐ Erlenzweige, Fasanenfedern, Pilze
d) ☐ blauer Enzian, Edelweiß, kantige Steine

Aufgabe 41

Welche vorbereitenden Maßnahmen sind vor dem Bepflanzen eines Keramikgefäßes durchzuführen?

a) ☐ Pflanzen einer Farbrichtung auswählen und Pflanzenballen verkleinern
b) ☐ Pflanzenballen sauber auswaschen und heimatlichen Standort berücksichtigen
c) ☐ Pflanzenfarbe und Pflanzenballen dem Gefäß anpassen
d) ☐ Pflanzenballen durchdringend wässern und pflegerische Ansprüche berücksichtigen

---

Aufgabe 42

Welche Verpackung von Schnittblumen ist zweckmäßig, wenn der Kunde einen mehrstündigen Transportweg im Winter vor sich hat?

a) ☐ nasses Zeitungspapier und Folie
b) ☐ Alufolie als Kälteschutz
c) ☐ mehrschichtiges Zeitungspapier und anschließend Blumenseide mit Firmenaufdruck

---

Aufgabe 43

Sie ernten regelmäßig in der eigenen Gärtnerei Schnittblumen für floristische Arrangements. Welche Schnittblumen dürfen Sie knospig schneiden?

a) ☐ Freesien
b) ☐ Gerbera
c) ☐ Gladiolen
d) ☐ Iris
e) ☐ Chrysanthemen

Aufgabe 44

Beim Fertigen von Kirchenschmuck gelten besondere Bedingungen. Welche Aussagen treffen zu?

a) ☐ auffallend bunt
b) ☐ großartige Gestaltung
c) ☐ dem Baustil angepasst
d) ☐ aufgeblühte Blumen verwenden
e) ☐ gut zu transportieren

Aufgabe 45

Welches Säulenkapitell ist eher schmucklos?

a) ☐ dorisch
b) ☐ ionisch
c) ☐ korinthisch

Aufgabe 46

Ordnen Sie die Nummern der Säulen den Bezeichnungen zu:

1) 2) 3)

a) ☐ dorisch
b) ☐ ionisch
c) ☐ korinthisch

Aufgabe 47

Wie heißt die Pflanze, deren Blätter als Vorlage für die Säule Nr. 1 dient?

a) ☐ Adianthumblatt
b) ☐ Alocasienblatt
c) ☐ Acanthusblatt

Aufgabe 48

Welche Baustilelemente sind typisch für die römische Antike? (Alle Angaben der Gruppe müssen übereinstimmen.)

a) ☐ Rundbogen, Kanneluren, Kreuz-Grundriss
b) ☐ Tonnengewölbe, Freitreppe, Rundbogen
c) ☐ Malereien, Kreuzgratgewölbe, Urne

Aufgabe 49

Was ist eine Basilika ursprünglich?

a) ☐ Versammlungsraum
b) ☐ Therme
c) ☐ Gotteshaus

Aufgabe 50

Was wird als Vierungsquadrat einer romanischen Kirche bezeichnet?

a) ☐ Eingangshalle im Hauptschiff
b) ☐ die Apsis
c) ☐ Schnittpunkt von Haupt- und Querschiff

Aufgabe 51

Welcher Baustil entsteht nach dem romanischen Stil?

a) ☐ Renaissance
b) ☐ Gotik
c) ☐ Barock

Aufgabe 52

In welche Zeit ist die „Renaissance“ einzuordnen?

a) ☐ ca. 1100–1280 n. Chr.
b) ☐ ca. 1420–1620 n. Chr.
c) ☐ ca. 1720–1820 n. Chr.

Aufgabe 53

Welche charakteristischen Merkmale treffen für den barocken Baustil zu?

a) ☐ Illussionsmalerei
b) ☐ Spitzbogen
c) ☐ Putten

Aufgabe 54

Wie heißt die Spätphase des Barock, die alle Stilelemente zum Leichten und Beschwingten, aber auch zum Überladenen steigert?

a) ☐ Rokoko
b) ☐ Jugendstil
c) ☐ Bauhaus

Aufgabe 55

Vorbild für den Klassizismus war

a) ☐ die griechische Architektur
b) ☐ die Romanik
c) ☐ das Barock

Aufgabe 56

Welchen typischen Blumenschmuck kannte man in der Antike?

a) ☐ Festons
b) ☐ Pyramidenstrauß
c) ☐ Hutgirlande
d) ☐ Topfpflanzen
e) ☐ Stabstrauß
f) ☐ Kranz

Aufgabe 57

Ordnen Sie die Blumenbeispiele den Symbolen des Mittelalters zu: 1) Rote Rosen, 2) Lilie, 3) Akelei, 4) Veilchen, 5) Rittersporn, 6) Erdbeerblätter

a) ☐ Dreieinigkeit
b) ☐ Auserwähltheit der Maria
c) ☐ Reinheit der Maria
d) ☐ Demut
e) ☐ Andacht im Gebet
f) ☐ Liebe Gottes zu den Menschen

Aufgabe 58

Welche Blüte würde heute am besten zum Barockstil passen?

a) ☐ Anthurium andraeanum, rot
b) ☐ Consolida ajacis, blau
c) ☐ Convallaria majalis, weiß
d) ☐ Paeonia officinalis, purpur

Aufgabe 59

Kreuzen Sie an, welche Antworten *nicht* zu folgender Aussage gehören:
Die Biedermeierzeit war geprägt durch ...

a) ☐ Freude an Kleinigkeiten
b) ☐ einfache Möbel
c) ☐ Fülle
d) ☐ Wohnlichkeit
e) ☐ Idylle
f) ☐ Industrialisierung
g) ☐ Reichtum
h) ☐ Spitzweg-Malerei

Aufgabe 60

Welche der genannten Begriffe gehören zur Gründerzeit?

a) ☐ Industrialisierung
b) ☐ Reichtum
c) ☐ Palmenschmuck
d) ☐ Bauwerke aus Eisen und Glas
e) ☐ Neu-Gotik

Materialkunde

Aufgabe 61

Welcher Draht wird beim Andrahten von Kranzgrün verwendet?

a) ☐ blau geglühter Steckdraht, 12/35
b) ☐ blau geglühter Steckdraht, 18/50
c) ☐ grün lackierter Steckdraht, 8/21
d) ☐ grün lackierter Stützdraht, 8/40

Aufgabe 62

Aus welchem Grund wird Steckdraht bei der Herstellung geglüht und danach langsam abgekühlt?

a) ☐ Oberfläche wird glatt
b) ☐ Draht wird leichter biegbar
c) ☐ Draht wird hart und unbiegsam
d) ☐ Draht wird gerade

Aufgabe 63

Was leistet eine Blumenstiel-Putzmaschine?

a) ☐ wäscht die Stiele
b) ☐ entblättert die Stiele
c) ☐ entstachelt die Stiele

Aufgabe 64

Der Begriff Keramik ist ein Oberbegriff und bedeutet:

a) ☐ Gefäße aus rotem Ton
b) ☐ Gefäße aus Tonerden
c) ☐ Terrakotta-Ware
d) ☐ Fabrikbezeichnung

Aufgabe 65

Bei welcher Keramik ist der Scherben so versintert, dass er wasser- und luftundurchlässig ist?

a) ☐ Terrakotta
b) ☐ Steinzeug
c) ☐ Irdenware
d) ☐ Porzellan

Aufgabe 66

Wie werden Körbe bzw. Korbgeflechte gelagert?

a) ☐ im Verkaufsraum
b) ☐ im Keller
c) ☐ in einem trockenen Raum
d) ☐ lichtgeschützt
e) ☐ in Folie verpackt
f) ☐ in Papier bzw. Karton verpackt

Aufgabe 67

Im Juli bekommen Sie eine Lieferung mit Trockenblumen, die im September für eine Dekoration gebraucht werden. Wo lagern Sie die Ware?

a) ☐ im Kühlraum
b) ☐ verpackt in einem trockenen Raum
c) ☐ aufgehängt als Dekoration im Laden
d) ☐ liegend auf einem Regal im Binderaum

Aufgabe 68

Ein Kunde wünscht ein Gefäß, bei welchem die Form dem Material, aus dem es hergestellt ist, entspricht. Welches Gefäß würden Sie empfehlen?

a) ☐ Keramikgefäß in Form eines Fasses
b) ☐ Porzellangefäß in Form eines Körbchens
c) ☐ Tongefäß in Form eines Birkenstamms
d) ☐ Glasgefäß in Form eines Kelchs

Aufgabe 69

Eine Kundin wundert sich über den großen Preisunterschied verschiedener Glasvasen. Erklären Sie ihr, wodurch man Kristallglas von Normalglas unterscheiden und damit den höheren Preis rechtfertigen kann.

a) ☐ Kristallglas glänzt und ist rein.
b) ☐ Es liegt an der Vasenform.
c) ☐ Normalglas ist matt und oft mit Altglas hergestellt.
d) ☐ Kristallglas ist brillant, es reflektiert das Licht.

Aufgabe 70

Weshalb sind die modischen Gefäße häufig aus Kunststoff hergestellt?

a) ☐ günstiges Herstellungsverfahren
b) ☐ wirft man sowieso wieder weg
c) ☐ in Form und Farbe dem Trend schnell anzupassen
d) ☐ Kunden kaufen nur billige Trendware

Aufgabe 71

Welche Gefäßarten eignen sich grundsätzlich als Blumenvase für Schnittblumen?

a) ☐ Irdenware in Zylinderform
b) ☐ Steinzeugkrug
c) ☐ Glaszylinder
d) ☐ Porzellanzylinder
e) ☐ Topf aus Schamotte
f) ☐ Kupferkrug

Aufgabe 72

Sie suchen ein Gefäß für eine vegetative Gestaltung. Welche Art bevorzugen Sie?

a) ☐ hohes, zylindrisches Gefäß
b) ☐ flache, eckige Schale
c) ☐ flache, runde Schale
d) ☐ kugeliges, großes Gefäß
e) ☐ Art Holztrog aus Kunststoff

Aufgabe 73

Eine Kundin bestellt ein Tischgesteck mit Schnittblumen und farbigem Band. Welche Funktionen kann dieses Band erfüllen?

a) ☐ farbliche Verbindung
b) ☐ Verbindung zum Tisch
c) ☐ Strukturkontrast
d) ☐ gestalterische Lücken füllen
e) ☐ Ersatz für fehlende Blumen

Aufgabe 74

Entscheiden Sie, welche Bandarten für Hochzeitsschmuck besonders fein und zierlich wirken.

a) ☐ Lahnband
b) ☐ Tüllband
c) ☐ Kordel
d) ☐ Rupfenband
e) ☐ Seidenband
f) ☐ Organzaband

Aufgabe 75

Die große Auswahl an Kerzen erschwert die Entscheidung für Adventskerzen. Welche Merkmale sollten Advents- und Weihnachtskerzen aufweisen?

a) ☐ Nikolaus- und Engelform
b) ☐ glatte Oberfläche
c) ☐ einfache Formen
d) ☐ zurückhaltende Farben
e) ☐ plastischer Schmuck

Aufgabe 76

Welche Hilfsmittel sind für das Herstellen von Kränzen unentbehrlich?

a) ☐ Silberdraht
b) ☐ Patenthaften
c) ☐ Bindedraht
d) ☐ Perlennadeln
e) ☐ Steckdraht

Aufgabe 77

Welche Bindematerialien eignen sich aus Gründen der Haltbarkeit für die Herstellung eines Gerüstes aus bemoosten Apfelzweigen für Raumschmuck?

a) ☐ Naturbast
b) ☐ Wickeldraht
c) ☐ Bouilliondraht
d) ☐ Rebdraht
e) ☐ Myrtendraht
f) ☐ Kabelbinder

Aufgabe 78

Für welche floristischen Arbeiten eignet sich *Sphágnum* als Steckhilfsmittel?

a) ☐ kurzlebige Dekorationen
b) ☐ Schnittblumengestecke
c) ☐ Kranzschmuck
d) ☐ Sargschmuck
e) ☐ Tischschmuck

Aufgabe 79

Welche Steckhilfsmittel dienen gleichzeitig einem gestalterischen Zweck?

a) ☐ Kenzan
b) ☐ Moos
c) ☐ Maschendraht
d) ☐ Glaskugeln (Murmeln)
e) ☐ Zweige

Verkaufs- und Geschäftskunde

Aufgabe 80

Nummerieren Sie im Lösungsteil nebenan die richtige Reihenfolge der Tätigkeiten beim Kassiervorgang:

a) ☐ Entgegennahme des Geldes
b) ☐ Eintippen der Einzelpositionen in die Registrierkasse
c) ☐ Herausgabe des Wechselgeldes
d) ☐ Addition der Einzelpositionen und Mitteilen des Gesamtpreises an den Kunden
e) ☐ Aushändigen einer Kassenquittung
f) ☐ Warenübergabe und Verabschiedung des Kunden

Aufgabe 81

Der Kunde bezahlt einen Strauß im Wert von 18 Euro mit einem 50-Euro-Schein. Wie müssen Sie sich beim Kassieren verhalten?

a) ☐ Geld erst in die Kasse legen, wenn der Kunde geht
b) ☐ Geld erst in die Kasse legen, wenn der Kunde die Ware entgegen genommen hat
c) ☐ Geld erst nach Herausgabe des Wechselgeldes in die Kasse legen
d) ☐ Geld gleich nach Eintippen des Betrags in die Kasse legen

---

Aufgabe 82

Zu welcher Situation im Verkaufsraum passt am besten folgende Frage an eine Kundin: „Guten Tag, wie kann ich Ihnen helfen?“

a) ☐ Kundin betrachtet ein Weihnachtsgesteck von allen Seiten
b) ☐ Kundin studiert aufmerksam die Pflegeanleitung einer Hydro-Pflanzschale
c) ☐ Kundin betritt gerade das Geschäft und sieht sich um
d) ☐ Kundin ist offensichtlich erstaunt über eine exotische Pflanze

---

Aufgabe 83

Eine Kundin betrachtet interessiert ein besonderes Gefäß. Mit welcher Art der Kontaktaufnahme ermitteln Sie am besten den Kundenwunsch?

a) ☐ „Darf ich Ihnen etwas zeigen?“
b) ☐ „Kann ich Ihnen irgendwie behilflich sein?“
c) ☐ „Dieses Gefäß ist sehr schön, aber auch sehr teuer.“
d) ☐ „Ein solch edles Gefäß können wir je nach Anlass und Standort gestalten.“
e) ☐ „Diese Art von Gefäß haben wir schon oft verkauft.“

Aufgabe 84

Auch im Floristikbetrieb kommt es ab und zu doch zu einem Diebstahl. Welche vorbeugenden Maßnahmen tragen zur Diebstahlsbekämpfung bei?

a) ☐ Kunden im Auge behalten
b) ☐ Kasse in der Nähe des Ausgangs
c) ☐ Taschen der Kunden zeigen lassen
d) ☐ hochwertige Waren im Blickfeld platzieren
e) ☐ Sicherheitsetiketten verwenden

Aufgabe 85

Welchen Nutzen zieht der Betrieb aus der Warenpräsentation vor dem Geschäft?

a) ☐ Topfpflanzen sind leichter zu pflegen
b) ☐ Ware braucht nicht einzeln ausgezeichnet zu werden
c) ☐ Ware veranlasst Kunden zum schnelleren Kauf
d) ☐ Florist kann auf diese Weise nur Sonderposten anbieten

Aufgabe 86

Welche Funktion hat ein Schaufenster?

a) ☐ Neugier wecken
b) ☐ Information
c) ☐ Image zeigen
d) ☐ Plakatwerbung
e) ☐ Betriebswerbung
f) ☐ Blickfang
g) ☐ Präsentation aller Artikel

Aufgabe 87	Wie kann ein Blumenfachgeschäft günstig und wirkungsvoll werben?	a) ☐ durch gut geschultes Verkaufspersonal b) ☐ Billigpreise c) ☐ Empfehlung durch Kunden d) ☐ übersichtliche Preisauszeichnung e) ☐ Schaufensterauslage
Aufgabe 88	Welche Aussage gilt für das Schaufensterlicht, wenn es draußen sehr hell ist?	a) ☐ Je heller das Tageslicht, desto heller die Schaufensterbeleuchtung. b) ☐ Je dunkler das Tageslicht, desto mehr Licht hinter dem Schaufenster.
Aufgabe 89	Welche Aussagen treffen zu, wenn im Verkaufsraum tagsüber Licht brennt?	a) ☐ Verschwendung von Strom b) ☐ Licht lockt Leute c) ☐ Licht nimmt die Schwellenangst
Aufgabe 90	Ordnen Sie die nummerierten Beispiele den Beleuchtungsarten im Verkaufsraum zu: 1) Tageslichtröhren an der Decke, 2) Weihnachtsbeleuchtung, 3) Spotstrahler.	a) ☐ Akzentbeleuchtung b) ☐ Grundbeleuchtung c) ☐ Effektbeleuchtung
Aufgabe 91	Wie sollen Einrichtungsgegenstände eines Blumengeschäfts beschaffen sein?	a) ☐ flexibel b) ☐ fest montiert c) ☐ neutrale Farben d) ☐ leicht transportierbar e) ☐ pflegeleicht f) ☐ kombinierbar
Aufgabe 92	Wie nennt man das Konzept, einen Kunden bewusst von außen nach innen und durch den Verkaufsraum zu lenken?	a) ☐ Vario-Konzept b) ☐ Kundenleitweg c) ☐ Lockkonzept d) ☐ Kundensteuerung

Wie erreichen Sie eine dauerhafte Kundenbindung?

a) ☐ Kunden durch Rabatt-Aktionen locken
b) ☐ Kunden zum Kauf überreden
c) ☐ Kunden stets zufrieden stellen

Aufgabe 93

Welche Argumente sprechen für eine Sortimentserweiterung?

a) ☐ große Verkaufsfläche
b) ☐ Umsatzsteigerung
c) ☐ Trends aufnehmen
d) ☐ veränderte Kundenstruktur

Aufgabe 94

Die Anzahl der Artikel innerhalb einer Warengruppe bezeichnet man als ...

a) ☐ tiefes Sortiment
b) ☐ breites Sortiment

Aufgabe 95

Welche Artikel gehören zum Sortimentsschwerpunkt eines Blumengeschäfts mitten in der Fußgängerzone einer Großstadt?

a) ☐ Raumschmuck
b) ☐ Fertigsträuße
c) ☐ Trauerschmuck
d) ☐ Deko-Artikel
e) ☐ ausdekorierte Topfpflanzen

Aufgabe 96

Welche Kundenarten betreten vorrangig das Blumengeschäft mitten in der Großstadt?

a) ☐ trauernde Kunden
b) ☐ Bürokunden
c) ☐ Laufkunden

Aufgabe 97

Nummerieren Sie die Reihenfolge der Stufen (Phasen) des Verkaufsgesprächs:

a) ☐ Definition des Angebots/Warenvorlage
b) ☐ Reaktion des Kunden
c) ☐ Eröffnung/Begrüßung
d) ☐ Abschluss
e) ☐ Herbeiführung des Verkaufsentschlusses

Aufgabe 98

Wo sind Waren zu platzieren, die Kunden zu einem Zusatzverkauf anregen sollen?

a) ☐ vor dem Laden
b) ☐ bei den inneren Auslagen
c) ☐ im Schaufenster
d) ☐ in der Kassenzone

Aufgabe 99

Aufgabe 100	Wie reagieren Sie bei einer Beschwerde (Reklamation) eines Kunden?	a) ☐ höflich bleiben b) ☐ immer kulant sein und das Geld zurückgeben c) ☐ prüfen, ob die Beschwerde berechtigt ist
Aufgabe 101	Nummerieren Sie im Lösungsteil die Reihenfolge der Arbeitsschritte, wenn Pflanzen geliefert werden. Beginnen Sie mit: „1" Entgegennahme der Pflanzen.	a) ☐ Kontrolle der Pflanzen auf Qualität, Schädlingsbefall und Reife b) ☐ Entgegennahme der Pflanzen c) ☐ Kontrolle der Menge und Art laut Bestellung und Lieferschein d) ☐ Auszeichnung der Pflanzen e) ☐ Säubern der Töpfe, Wasserversorgung
Aufgabe 102	Firmenzeichen sind Erkennungszeichen und haben deshalb besondere Anforderungen zu erfüllen. Welche Anforderungen treffen zu?	a) ☐ einprägsam und originell b) ☐ bunt und fröhlich c) ☐ verständlich d) ☐ Firmenidentität verleihen
Aufgabe 103	Sie sollen Brautpaare und Event-Agenturen über die Werbung gezielt ansprechen. Welche Werbemaßnahme ist dafür am besten geeignet?	a) ☐ Anzeigenwerbung b) ☐ Werbebriefe c) ☐ Handzettel d) ☐ Plakatwerbung f) ☐ Gemeinschaftswerbung

Aufgabe 104

Sie führen mit einer Kundin ein Verkaufsgespräch über eine Hydropflanze. Die Kundin erklärt, dass ihr die Pflanze zu teuer sei. Wie entkräften Sie diesen Kundeneinwand?

a) ☐ Sie weisen auf die hervorragende Hydroberatung im Hause hin.
b) ☐ Sie zählen Vor- und Nachteile der Hydrokultur auf.
c) ☐ Sie betonen die Hauptvorzüge dieser Pflanzen.
d) ☐ Sie bieten einen unkomplizierten Umtausch an.
e) ☐ Sie erklären, dass auch Ihr Chef gut kalkulieren muss.

Aufgabe 105

Sie planen die Warenzustellung an verschiedene Adressen. Wie gehen Sie vor?

a) ☐ Waren nach Stadtgebieten sortieren und gruppenweise ausfahren
b) ☐ Waren nur abends auf dem Heimweg ausfahren; was nicht auf der Strecke liegt, wird am anderen Morgen weggebracht
c) ☐ Waren in der Reihenfolge der Ablieferung im Auto platzieren
d) ☐ Streckenverlauf der Warenlieferungen ohne Umwege zusammenhängend planen

---

Aufgabe 106

Auf welche Weise können sich Floristikfachgeschäfte gegenüber der Konkurrenz von z. B. Supermärkten behaupten?

a) ☐ durch Niedrigstpreise
b) ☐ durch kostenlosen Service
c) ☐ durch intensive Werbung
d) ☐ durch sachkundige Beratung
e) ☐ durch sorgfältige Auftragsausführung

Aufgabe 107

Ein Florist fährt nach Geschäftsschluss zu einem Kunden, um dort eine Dekoration zu arrangieren. Wie ist in diesem Fall sein Unfallversicherungsschutz geregelt?

a) ☐ Er ist auf dem Weg zum Kunden und zurück und während der Dekoration versichert.
b) ☐ Er ist nur während der Anfertigung der Dekoration versichert.
c) ☐ Er ist nur dann versichert, wenn er nach der Arbeit wieder ins Geschäft zurück fährt.

Aufgabe 108

Welche Aussagen treffen für einen Verbandskasten im Floristikbetrieb zu?

a) ☐ Inhalt kann individuell zusammengestellt werden.
b) ☐ Inhalt ist nach DIN vorgeschrieben.
c) ☐ Ein sog. kleiner Verbandskasten für 1–20 Beschäftigte reicht.
d) ☐ Der Verbandskasten mit Rettungszeichen muss allgemein zugänglich sein.

Aufgabe 109

Während der Dekoration kommt es zu einem Unfall und ein Mitarbeiter muss ärztlich versorgt werden. Welcher Stelle muss der Betriebsunfall gemeldet werden?

a) ☐ Gewerkschaft
b) ☐ Berufsgenossenschaft
c) ☐ Gesundheitsamt
d) ☐ Fachverband
e) ☐ Industrie- und Handelskammer

Aufgabe 110

Sie müssen während der Geschäftszeit im Eingangsbereich des Verkaufsraums an der Decke ein Objekt anbringen und brauchen dazu eine Stehleiter. Welche Vorgehensweise ist richtig, um Unfälle zu vermeiden?

a) ☐ Sie stellen die Leiter auf eine rutschfeste Unterlage.
b) ☐ Sie stellen zwei schwere Pflanztröge vor die Leiter.
c) ☐ Sie hängen ein Hinweisschild an die Eingangstür.
d) ☐ Sie rufen vorbeigehenden Kunden zu: „Vorsicht!"
e) ☐ Sie bitten eine Kollegin, die Leiter abzusichern.

Aufgabe 111

Wie kann der Florist/die Floristin Unfälle am Arbeitsplatz verhindern?

a) ☐ Fußböden stets sauber halten
b) ☐ Pflanzenreste und Wasserpfützen sofort beseitigen
c) ☐ Hinweistafeln anbringen
d) ☐ geeignetes Schuhwerk tragen
e) ☐ Messer nicht so scharf schleifen

Aufgabe 112

Sie sind seit sechs Monaten in der Ausbildung. Unter welcher Voraussetzung könnte das Ausbildungsverhältnis nach dem Berufsbildungsgesetz wieder aufgelöst werden?

a) ☐ Sie haben die Freude an der Floristik verloren.
b) ☐ Sie verlangen übertarifliche Bezahlung.
c) ☐ Sie bleiben mehrere Tage unentschuldigt Ihrem Arbeitsplatz fern.

Aufgabe 113

Wodurch unterscheidet sich ein Floristik-Fachgeschäft (Einzelhandel) vom Floristik-Großhandel?

a) ☐ durch die Art der Käufer
b) ☐ durch die Art der Werbung
c) ☐ durch die Umsatzhöhe
d) ☐ durch die Betriebsfläche

Aufgabe 114	Einer Warenlieferung liegt ein Lieferschein bei. Er dient als Grundlage ...	a) ☐ zur Berechnung von Ein- und Verkaufspreis der Ware. b) ☐ zur Überprüfung der Waren-Beschaffungskosten. c) ☐ zur Feststellung des Mengenrabatts der Waren. d) ☐ zur Überprüfung der nachfolgenden Rechnung bezüglich Warenart und Warenmenge.
Aufgabe 115	Am Ende des Geschäftsjahres erfolgt die Inventur. Welchen Zweck erfüllt sie?	a) ☐ Prüfung des Kassenbestands am Jahresende b) ☐ Bestandsaufnahme der noch vorhandenen Waren und Hilfsstoffe im Betrieb c) ☐ Überprüfung der Außenstände von Kunden d) ☐ Überprüfung der Forderungen an Lieferanten
Aufgabe 116	Sie packen eine Sendung von 260 Rosen aus und stellen fest, dass bei 13 Rosen die Köpfe abgebrochen sind. Wie viel Prozent beträgt der Schaden?	a) ☐ 20 % b) ☐ 5 % c) ☐ 15 %
Aufgabe 117	Für eine Dekoration benötigen Sie mit Ihrer Kollegin 9 Arbeitsstunden. Wie lange würden Sie für diese Arbeit zu dritt brauchen?	a) ☐ 6 Stunden b) ☐ 13,5 Stunden c) ☐ 7 Stunden
Aufgabe 118	Ein Kunde sieht im Schaufenster eine Pflanze. Er erkundigt sich im Laden nach der Pflegbarkeit, entschließt sich zum Kauf, bezahlt bar und geht. Was wurde bei dieser Handlung abgeschlossen?	a) ☐ Pflanzenpflegevertrag b) ☐ Kaufvertrag c) ☐ Bestellung d) ☐ Zahlungsbedingungen e) ☐ zweiseitiges Rechtsgeschäft

Aufgabe 119

Immer mehr Kunden nutzen Online-Blumendienste. Welche Kriterien könnten ausschlaggebend sein, Schnittblumensträuße per Internet an Muttertag zu verschicken?

a) ☐ Bestellung kurzfristig möglich
b) ☐ Widerrufsrecht bei Nichtgefallen
c) ☐ verlässliche Lieferung am nächsten Tag
d) ☐ bequemer Einkauf
e) ☐ anspruchsvolle Floristik durch Abbildungen dokumentiert

Aufgabe 120

Bei der Beschaffung von Ware wird oftmals die Ware ohne weitere Kosten zu Ihnen geliefert. Welcher Begriff macht dies deutlich?

a) ☐ Lieferung frei Empfangsstation
b) ☐ Lieferung ab Lager
c) ☐ Lieferung ab Versandstation
d) ☐ Lieferung frei Haus

Aufgabe 121

In welchem Fall muss der Empfänger die Ware bezahlen, ohne sie gesehen zu haben?

a) ☐ „Zahlbar bei Lieferung“
b) ☐ „Lieferung gegen Vorkasse“
c) ☐ „Zahlbar innerhalb von 10 Tagen nach Lieferung“

Aufgabe 122

Die Rechtsform eines Unternehmens ist aus Gründen der Kapitalbeschaffung und der Risikoverteilung von Bedeutung. Welche Aussage trifft für eine GmbH zu?

a) ☐ Stammkapital beträgt bei der Gründung mindestens 25 000 Euro
b) ☐ Haftung ist auf den Anteil am Stammkapital beschränkt
c) ☐ Gewinn wird auf die Anzahl der Gesellschafter gleich verteilt

---

Aufgabe 123

Im Verkaufspreis von Blumen und Pflanzen sind zusätzliche Kosten in Höhe von 7 % enthalten. Um welche Angabe handelt es sich hier?

a) ☐ Solidaritätsbeitrag für artgerechten Pflanzenanbau
b) ☐ Umsatzsteuer
c) ☐ Bio-Steuer
d) ☐ Wasserkostenabgabe

Aufgabe 124

Welche Versicherungen sind für einen Floristik-Betrieb unentbehrlich?

a) ☐ Einbruch-Diebstahl-Versicherung
b) ☐ Glasversicherung
c) ☐ Haftpflichtversicherung
d) ☐ Versicherung gegen schmutzige Kleidung
e) ☐ Feuerversicherung

Aufgabe 125

Welche Versicherungszweige umfasst die Sozialversicherung?

a) ☐ Arbeitslosenversicherung
b) ☐ Krankenversicherung
c) ☐ Hausratversicherung
d) ☐ Pflegeversicherung
e) ☐ Rentenversicherung
f) ☐ Unfallversicherung

Aufgabe 126

Wer übernimmt die Abführung der Sozialversicherungsbeiträge?

a) ☐ Arbeitnehmer
b) ☐ Arbeitgeber
c) ☐ jede Versicherung für sich

Aufgabe 127

Beim Kreditinstitut wird Ihnen ein Dispositionskredit eingeräumt. Welche Aussagen beschreiben diese Art Kredit?

a) ☐ Privatkredit über Girokonto
b) ☐ Höhe des Kredits ist abhängig vom Netto-Monatsgehalt
c) ☐ deutlich erhöhter Zinssatz
d) ☐ Überziehungskredit

Aufgabe 128

Wodurch können Kaufvertragsstörungen ausgelöst werden?

a) ☐ Kunde gibt seine Kundennummer nicht an
b) ☐ mangelhafte Lieferung
c) ☐ Bestellung wird nicht bearbeitet
d) ☐ Kunde bezahlt die Ware nicht

Welche Gründe sprechen für einen befristeten Arbeitsvertrag?

a) ☐ Vertretung eines längere Zeit abwesenden Arbeitnehmers
b) ☐ Übergangslösung, bis sich der Wunschkandidat bewirbt
c) ☐ Erprobung eines Arbeitnehmers

Aufgabe 129

Pflanzenkenntnis, Botanik, Pflanzenpflege, Pflanzenschutz

Welche Pflanzengruppe braucht ein saures Substrat?

a) ☐ Hydrangea macrophylla, Phoenix canariensis
b) ☐ Rhododendron simsii, Erica gracilis
c) ☐ Primula vulgaris, Cyclamen persicum
d) ☐ Ficus elastica, Paeonia officinalis
e) ☐ Strelitzia reginae, Prunus spinosa

Aufgabe 130

Welches botanische Zeichen wird Primula vulgaris zugeordnet?

a) ☐ ♃
b) ☐ ∴
c) ☐ ♄
d) ☐ ♄̶
e) ☐ ♄̿

Aufgabe 131

In welcher Gruppe stehen nur blühende Gehölze, die in den Monaten Februar bis April floristisch verwendet werden können?

a) ☐ Larix, Syringa, Quercus
b) ☐ Hippophae, Prunus, Ilex
c) ☐ Hamamelis, Spiraea, Fagus
d) ☐ Spiraea, Syringa, Forsythia
e) ☐ Abies, Viburnum, Larix

Aufgabe 132

Welche Topfpflanze verträgt einen verhältnismäßig lichtarmen Platz in der Wohnung ?

a) ☐ Passiflora caerulea
b) ☐ Monstera deliciosa
c) ☐ Zamioculcas zamiifolia
d) ☐ Hibiscus rosa-sinensis
e) ☐ Ficus benjamina

Aufgabe 133

Aufgabe 134 Sie sollen in einer Gefäßbepflanzung ausschließlich Pflanzen der Familie Asteraceae verwenden. Welche Pflanzengruppe wählen Sie aus?

a) ☐ Chrysanthemum, Calendula
b) ☐ Dianthus, Thunbergia
c) ☐ Petunia, Lobelia
d) ☐ Tagetes, Amaranthus
e) ☐ Impatiens, Fuchsia

Aufgabe 135 Womit nimmt die Pflanze die Nährstoffe aus dem Boden auf?

a) ☐ mit Hauptwurzeln
b) ☐ mit Adentivwurzeln
c) ☐ mit Wurzelhaaren
d) ☐ mit Seitenwurzeln
e) ☐ mit Haftwurzeln

Aufgabe 136 Welche Schnittblume kann von innen gestützt werden, weil der Blütenstiel ein Schaft ist?

a) ☐ Delphinium-Cultivars
b) ☐ Lilium longiflorum
c) ☐ Dianthus caryophyllus
d) ☐ Anemone coronaria
e) ☐ Lathyrus odoratus

Aufgabe 137 Aus welchem Grund wird bei Rosen vor dem Einstellen in die Vase ein Teil der Laubblätter entfernt?

a) ☐ Die Rosenblüte kann sich freier entfalten.
b) ☐ Die Verdunstung wird herabgesetzt.
c) ☐ Der Rosenstiel wird deutlich sichtbar.
d) ☐ Die Leitbahnblockade wird aufgehoben.

Aufgabe 138 Für eine Bühnengestaltung sollen Sie auffallende Blüten einsetzen. Welcher Werkstoff eignet sich dazu?

a) ☐ Aster ericoides
b) ☐ Aconitum carmichaelii
c) ☐ Viola odorata
d) ☐ Hydrangea macrophylla
e) ☐ Centaurea cyanus

Aufgabe 139 Welche Pflanze mit Haustorien hat in der adventlichen Brauchtumsbinderei eine Bedeutung?

a) ☐ Hedera helix
b) ☐ Viscum album
c) ☐ Phalaeonopsis amabilis
d) ☐ Tillandsia usneoides

Aufgabe 140

Wodurch wird der Befall einer Pflanze mit der Spinnmilbe (Rote Spinne) besonders begünstigt?

a) ☐ durch zu trockene Luft
b) ☐ durch zu hohe Luftfeuchtigkeit
c) ☐ durch einen hellen Standort
d) ☐ durch einen schattigen Standort

Aufgabe 141

Warum ist es sinnvoll, Schnittblumen kühl zu lagern?

a) ☐ Transpiration wird gemindert
b) ☐ Photosynthese wird gefördert
c) ☐ Dissimilation wird angeregt
d) ☐ Plasmolyse wird verhindert
e) ☐ Ethylenbildung wird unterstützt

Aufgabe 142

Wie würde sich Lichtmangel auf das Wachstum von Pflanzen auswirken, die für den lichtarmen Standort *nicht* geeignet sind?

a) ☐ Blütenblätter werden kürzer
b) ☐ Internodien werden länger
c) ☐ Blüten werden zahlreicher
d) ☐ Laubblätter werden dicker
e) ☐ Nebenblätter werden schmaler

Aufgabe 143

Eine Kundin möchte auf originelle Art zur Geburt eines Kindes gratulieren und wünscht eine Beratung über Pflanzen mit Kindel, Ausläufer oder Brutknospen. Welche Pflanzen bilden an der Mutterpflanze Jungpflanzen?

a) ☐ Kalanchoe beharensis
b) ☐ Astrantia major
c) ☐ Chlorophytum comosum
d) ☐ Guzmania zahnii
e) ☐ Asplenium nidus

Aufgabe 144

Eine Kundin kauft Saintpaulia ionantha. Wie beraten Sie die Kundin hinsichtlich der optimalen Standortbedingungen der Pflanze?

a) ☐ kühl und sonnig
b) ☐ warm und schattig
c) ☐ sonnig und feucht
d) ☐ kühl und feucht
e) ☐ trocken und sonnig

Aufgabe 145	Aronstabgewächse neigen bei hoher Luftfeuchtigkeit zur Abgabe von Wassertropfen. Wie bezeichnet man diese Art der Wasserausscheidung?	a) ☐ Assimilation b) ☐ Guttation c) ☐ Rotation d) ☐ Transpiration e) ☐ Mutation
Aufgabe 146	Welche Pflanzenteile atmen bei Tag und Nacht?	a) ☐ nur Blätter und Sprosse b) ☐ nur die Blattoberseite c) ☐ nur Blüten und Blätter d) ☐ nur Wurzeln und Spross e) ☐ alle Pflanzenteile
Aufgabe 147	Ordnen Sie die Begriffe 1 bis 3 den rechts stehenden Pflanzennamen zu: 1) Farbe, 2) Duft, 3) Herkunft.	a) ☐ Lathyrus odoratus b) ☐ Erica carnea c) ☐ Hydrangea macrophylla d) ☐ Iris × germanica e) ☐ Abies alba
Aufgabe 148	Welche Pflanzen gehören ausnahmslos zur Gruppe der Zwiebelgewächse?	a) ☐ Muscari, Crocus, Cyclamen b) ☐ Hyazinthus, Galanthus, Tulipa c) ☐ Freesia, Scilla, Iris × germanica d) ☐ Hippeastrum, Ranunculus, Ixia e) ☐ Gladiolus, Narcissus, Dahlia
Aufgabe 149	Durch welche Maßnahme kann man verhindern, dass bei der Versorgung von Schnittblumen Luft in die Leitgewebe eindringt?	a) ☐ dem Wasser Frischhaltemittel zugeben b) ☐ Anschneiden unter Wasser c) ☐ Blumen kühl halten d) ☐ Einstellen in kaltes Wasser

Aufgabe 150

Welche Folgen hat ein Mangel an Phosphordünger?

a) ☐ Pflanze fängt an zu welken
b) ☐ Pflanze wächst verstärkt
c) ☐ Pflanze bekommt größere Blätter
d) ☐ Pflanze blüht weniger
e) ☐ Pflanze wird leichter von Schädlingen befallen

Aufgabe 151

Ordnen Sie die Nummern der Blütenstände den Bezeichnungen zu:

a) ☐ Rispe
b) ☐ Kolben
c) ☐ Traube
d) ☐ Ähre

1) 2) 3) 4)

Aufgabe 152

Dickblattgewächse besitzen häufig eine wachsartige Blattoberfläche. Welchen Sinn hat diese Wachsschicht?

a) ☐ Schutz vor Außendruck
b) ☐ Schutz vor Regen
c) ☐ Schutz vor Blattfall
d) ☐ Schutz vor übermäßiger Verdunstung

Aufgabe 153

Welche Frucht enthält nur einen Samen?

a) ☐ Beere
b) ☐ Scheinfrucht
c) ☐ Schote
d) ☐ Kapsel
e) ☐ Nuss

Aufgabe 154

Bei welcher Sprossart handelt es sich um eine Sprossmetamorphose?

a) ☐ Stängel
b) ☐ Halm
c) ☐ Schaft
d) ☐ Stamm
e) ☐ Ausläufer

Aufgabe 155 Welche Bezeichnung trifft auf mehrjährige krautige Pflanzen zu?

a) ☐ perenne Pflanzen
b) ☐ annuelle Pflanzen
c) ☐ bienne Pflanzen
d) ☐ Halbsträucher
e) ☐ Sträucher

Aufgabe 156 Was gibt der pH-Wert an?

a) ☐ Nährstoffgehalt eines Substrats
b) ☐ Phosphorgehalt eines Bodens
c) ☐ Säuregehalt eines Bodens

Aufgabe 157 Welche gesetzliche Regelung gilt für den Verkauf von Pflanzenschutzmitteln im Blumeneinzelhandel?

a) ☐ Handelsübliche Mittel dürfen frei verkauft werden.
b) ☐ Es dürfen nur fest verpackte und mit Prüfstempel des Fachverbands versehene Artikel verkauft werden.
c) ☐ Sie sind von der Selbstbedienung ausgeschlossen.
d) ☐ Sie müssen abgeschlossen verwahrt werden.

Fachausdrücke (Auswahl, alphabetisch)

Aufgabe 158 Akarizid

a) ☐ milbentötender Wirkstoff
b) ☐ Säulen und Pfeiler

Aufgabe 159 Akzent

a) ☐ kleiner Schmuck
b) ☐ Betonung

Aufgabe 160 Anordnungsart

a) ☐ zentrische oder parallele Gestaltung
b) ☐ Liste der Werkstoffe

Aufgabe 161 Arrangement

a) ☐ Anordnung
b) ☐ floristisches Werkstück

Asymmetrie	a) ☐ Vorstellungsverknüpfung b) ☐ Ungleichmäßigkeit	Aufgabe 162
Bakterizid	a) ☐ Krankheitserreger b) ☐ bakterienabtötender Wirkstoff	Aufgabe 163
Basis	a) ☐ Unterbau b) ☐ Steckhilfsmittel	Aufgabe 164
Beiwerk	a) ☐ Kerzen b) ☐ Schnittgrün	Aufgabe 165
Bewegungsform	a) ☐ Wuchsrichtung einer Pflanze b) ☐ gesunde Grundhaltung beim Arbeiten	Aufgabe 166
Bewegungsmittelpunkt	a) ☐ Wuchspunkt b) ☐ optischer Punkt, auf den alle Linien eines Straußes zulaufen	Aufgabe 167
Blütentuff	a) ☐ geschlossene Blütengruppe b) ☐ runde Anordnung aus wenig Blüten einer Art	Aufgabe 168
Brauchtumsbinderei	a) ☐ Floristik für den täglichen Gebrauch b) ☐ überlieferte Blumenbindearbeiten	Aufgabe 169
Bukett	a) ☐ Trauergesteck b) ☐ Strauß	Aufgabe 170
Bündelung	a) ☐ Zusammenführung verschiedener Teile b) ☐ zusammengefasste, parallel angeordnete Stiele	Aufgabe 171

Aufgabe 172	Chlorose	a) ☐ Vergilbung grüner Pflanzenteile b) ☐ Vasenreinigung mit Chlor
Aufgabe 173	Collage	a) ☐ pastenartiges Reinigungsmittel für extrem verschmutzte Hände b) ☐ aus verschiedenen Materialien zusammengesetztes Bild
Aufgabe 174	Corsage	a) ☐ Ansteckblume b) ☐ Schmuckgebinde
Aufgabe 175	dekorativ	a) ☐ schmückend b) ☐ repräsentative Gestaltung
Aufgabe 176	Diadem	a) ☐ Schmuckgebinde im Haar b) ☐ kronenartiger Schmuck
Aufgabe 177	Dränage	a) ☐ Entwässerungseinrichtung b) ☐ anderes Wort für Dreieck als Beziehungsfigur
Aufgabe 178	Dynamik	a) ☐ Lehre der bewegten Körper b) ☐ vorherrschende Blumendekoration
Aufgabe 179	Epiphyten	a) ☐ Krankheitserreger b) ☐ aufsitzende Pflanzen
Aufgabe 180	Farbdreiklang	a) ☐ Harmonie aus drei Farbtönen b) ☐ Grundfarbendreieck
Aufgabe 181	Farbsymbolik	a) ☐ Bedeutung der Farben b) ☐ Überlieferung der Anwendung von Farben

Flower Label	a) ☐ Zertifikat für menschenwürdige Blumenproduktion b) ☐ Kunstblumenproduktion	Aufgabe 182
formal-linear	a) ☐ Formen und Linien beachtend b) ☐ Gestaltungsstil	Aufgabe 183
Fotosynthese	a) ☐ Pflanzen gewinnen aus Licht Energie zum Wachsen b) ☐ Assimilation	Aufgabe 184
Fries	a) ☐ Wandmalerei b) ☐ linearer Tischschmuck	Aufgabe 185
Fungizid	a) ☐ Liliengewächs b) ☐ pilzabtötender Wirkstoff	Aufgabe 186
Gefäßfüllung	a) ☐ Blumengesteck im Gefäß b) ☐ Gefäß mit Steckmasse gefüllt	Aufgabe 187
Gegenmotiv	a) ☐ für den Gewichtsausgleich wichtige Gruppe b) ☐ Ursachenforschung	Aufgabe 188
geometrische Mitte	a) ☐ abmessbare Mitte bei symmetrischen Gestaltungen b) ☐ identisch mit der Gruppenachse bei symmetrischen Gestaltungen	Aufgabe 189
Gesetz der Beschränkung	a) ☐ wenig gestalterische Einheiten im Werkstück b) ☐ nur 3 Blumen in einem Strauß verwenden; „weniger ist mehr“	Aufgabe 190

Aufgabe 191	Gestaltungsart	a) ☐ Gestaltungsstil b) ☐ Gestaltungsgesetz
Aufgabe 192	Gestaltungselement	a) ☐ Form, Bewegung, Stofflichkeit und Farbe b) ☐ Parallelität und Proportion
Aufgabe 193	Goldener Schnitt	a) ☐ Proportion b) ☐ Anschneidetechnik
Aufgabe 194	Gravitation	a) ☐ Hebelgesetz b) ☐ Anziehungskraft
Aufgabe 195	Grundfarben	a) ☐ aus ihnen werden alle anderen Farben gemischt b) ☐ Primärfarben
Aufgabe 196	Gruppenachse	a) ☐ optische Mittelachse b) ☐ Länge eines Gestecks
Aufgabe 197	Gruppengesetze	a) ☐ Grundlagen für die Gestaltung in räumlicher Ordnung b) ☐ Gesetze für die Mitarbeiter einer Firma
Aufgabe 198	Gruppierung	a) ☐ dreidimensionale Ordnung b) ☐ Ordnen mit Haupt-, Neben- und Gegengruppe
Aufgabe 199	Guttation	a) ☐ Ausscheiden von Wassertropfen bei z. B. Monstera b) ☐ Abwickeln von z. B. Rosen mit kautschukartigem Band
Aufgabe 200	Habitus	a) ☐ Erscheinungsbild von Pflanzen b) ☐ Umrissform von Blüten

Hauptmotiv	a) ☐ Blickpunkt einer symmetrischen Ordnung b) ☐ Blickpunkt einer asymmetrischen Ordnung	Aufgabe 201
Haustorien	a) ☐ Saugorgane parasitischer Pilze b) ☐ automatische Eingangstüren	Aufgabe 202
Herbizid	a) ☐ Sammlung getrockneter Pflanzen b) ☐ chemisches Unkrautbekämpfungsmittel	Aufgabe 203
Hilfsmittel	a) ☐ Putzmittel jeder Art b) ☐ technische Mittel zur Erlangung einer Gestaltungsabsicht	Aufgabe 204
Honigtau	a) ☐ Ausscheidungen von Blatt- oder Schildläusen b) ☐ Blattglanzmittel	Aufgabe 205
Image	a) ☐ Charakterbild z. B. eines Betriebs b) ☐ Nachahmung von z. B. eines Raumschmucks	Aufgabe 206
Insektizid	a) ☐ Larve eines Insekts b) ☐ insektenabtötender Wirkstoff	Aufgabe 207
Intervall	a) ☐ Abschnitt einer Reihung b) ☐ wiederholendes Element	Aufgabe 208
kaskadenartiger Strauß	a) ☐ wasserfallartiger Strauß b) ☐ antik anmutender Strauß	Aufgabe 209

Aufgabe 210	Komplementärfarben	a) ☐ im Farbkreis gegenüberliegende Farben b) ☐ Farben, die in der Mischung Grau ergeben
Aufgabe 211	Kontrast	a) ☐ Gegensatz b) ☐ bedeutungsvoller Unterschied
Aufgabe 212	Kranzöffnung	a) ☐ Stelle, an der im Kranz die Steckmasse eingesetzt wird b) ☐ innerer, vom Wulst umschlossener leerer Raum
Aufgabe 213	Kranzprofil	a) ☐ Querschnitt des Kranzes b) ☐ Wertigkeit des Kranzes
Aufgabe 214	landschaftliches Gesetz	a) ☐ Blumen einer Jahreszeit verwenden b) ☐ Blumen entsprechend ihrer Wuchshaltung anordnen
Aufgabe 215	Makart-Bukett	a) ☐ Strauß nach dem österr. Maler Makart genannt b) ☐ Strauß mit trockenen Gräsern, Blumen, Federn
Aufgabe 216	Metamorphose	a) ☐ Abweichungen von der normalen Pflanzengestalt b) ☐ Anpassung der Pflanzen an besondere Lebensbedingungen, Standorte
Aufgabe 217	Mutation	a) ☐ plötzliche Veränderungen des Erbguts b) ☐ Trauerwuchs, Korkenzieherwuchs

Mykose	a) ☐ Erkrankung durch Pilze b) ☐ Ruinenstätte Mykene	Aufgabe 218
Nebenmotiv	a) ☐ dem Hauptmotiv zugeordnet b) ☐ unterstützt als kleinere Gruppe das Hauptmotiv	Aufgabe 219
Nichtfarben	a) ☐ Farben, die in einer Fläche nicht vorkommen b) ☐ Schwarz und Weiß	Aufgabe 220
NPK	a) ☐ Stickstoff, Phosphor, Kalium b) ☐ neue perenne Kulturen	Aufgabe 221
optisches Gleichgewicht	a) ☐ gleiches Gewicht rechts und links der Gruppenachse b) ☐ Ausgewogenheit, beeinflusst durch das Hebelgesetz	Aufgabe 222
Ordnungsart	a) ☐ Symmetrie b) ☐ Asymmetrie	Aufgabe 223
Ornament	a) ☐ Schmuckform b) ☐ Organisationsplan	Aufgabe 224
Osmose	a) ☐ Reaktion durch das Plasmalemma b) ☐ Reaktion durch die Zellwand	Aufgabe 225
Parallelität	a) ☐ gleiches Nebeneinander b) ☐ Gegensatz einer Anordnung mit Wuchsmittelpunkt	Aufgabe 226

Aufgabe 227	Pastellfarben	a) ☐ Aquarellfarben b) ☐ mit Weiß aufgehellte Farben
Aufgabe 228	Persönlichkeitscharakter	a) ☐ Geltung von Blumen b) ☐ Wesensart
Aufgabe 229	Plasmolyse	a) ☐ Folge von Überdüngung b) ☐ Vertrocknen der Zellen
Aufgabe 230	Primärfarben	a) ☐ Gelb, Rot, Blau b) ☐ Grundfarben nach Itten
Aufgabe 231	Rangordnung	a) ☐ Form vor Farbe b) ☐ Wesen der Pflanzen berücksichtigen
Aufgabe 232	Schnittreife	a) ☐ neuer Anschnitt von Schnittblumen ist fällig b) ☐ Schnittblumen sind reif zum Ernten
Aufgabe 233	Sekundärfarben	a) ☐ Mischung zweier Grundfarben b) ☐ untergeordnete, zweitrangige Farben
Aufgabe 234	Staffelung	a) ☐ Ordnen nach dem Gravitationsgesetz b) ☐ Stufung innerhalb einer Blumenart
Aufgabe 235	Statik	a) ☐ Lehre der ruhenden Körper b) ☐ Gesteck auf Ständer
Aufgabe 236	Stofflichkeit	a) ☐ Beschaffenheit b) ☐ Eigenart von Blatt- und Blütenoberflächen

Struktur	a) ☐ Oberflächenbeschaffenheit von floralem Werkstoff b) ☐ Anordnung von Teilen, Gefüge	Aufgabe 237
Sukkulente	a) ☐ Pflanzen mit Wassergewebe in z. B. Blättern b) ☐ Pflanzen trockener Gebiete	Aufgabe 238
Symmetrie	a) ☐ Gleichheit der Anordnung rechts und links der Gruppenachse b) ☐ Spiegelgleichheit	Aufgabe 239
systemisch	a) ☐ Pflanzenschutzmittel breitet sich im Inneren der Pflanze aus b) ☐ spiegelgleiche Anordnung von Pflanzenteilen	Aufgabe 240
Terrakotta	a) ☐ Irdenware b) ☐ einmal gebrannte, unglasierte Tonware	Aufgabe 241
Tertiärfarben	a) ☐ Farben 3. Ordnung b) ☐ erdige Farbtöne	Aufgabe 242
Textur	a) ☐ Textgestaltung b) ☐ Oberflächenbeschaffenheit	Aufgabe 243
Transpiration	a) ☐ Übertragung b) ☐ Verdunstung	Aufgabe 244
Trauerspende	a) ☐ Gesamtheit der Werkstücke für Beerdigungen b) ☐ Geldspende an eine karitative Einrichtung statt Blumen	Aufgabe 245

Aufgabe 246	Trübungen (Farbe)	a) ☐ Farbe mit Schwarz gemischt b) ☐ Farbe mit der Komplementärfarbe gemischt
Aufgabe 247	Urne	a) ☐ Schmuck auf Renaissancegiebel, „Vase“ b) ☐ Gefäß
Aufgabe 248	vegetativ	a) ☐ ungeschlechtlich (Vermehrung) b) ☐ wuchshafter Gestaltungsstil
Aufgabe 249	verdrillen	a) ☐ strenge Dreierordnung b) ☐ mit Drahtrödler Äste zusammenbinden
Aufgabe 250	Wachstumsfaktoren	a) ☐ Temperatur, Licht, Luft b) ☐ Wasser, Nährstoffe
Aufgabe 251	Werkstoff	a) ☐ noch nicht bearbeitetes bzw. zugerichtetes Material b) ☐ Teile eines Werkstücks
Aufgabe 252	wesensmäßige Zuordnung	a) ☐ Wesen der Pflanzen in einer Pflanzschale berücksichtigen b) ☐ Wesensgleichheit des Werkstoffs als Auswahlkriterium
Aufgabe 253	Wirtspflanze	a) ☐ eine von Schädlingen befallene Pflanze b) ☐ geeignete Pflanze für Restaurants
Aufgabe 254	Wuchsmittelpunkt	a) ☐ Bewegungszentrum b) ☐ Mitte einer Beetbepflanzung
Aufgabe 255	Zentripetalkraft	a) ☐ sammelnde Kraft b) ☐ Bewegung zur Mitte

Teil 2

Vielschichtige Aufgaben nach Sachgebieten

Vielschichtige Aufgaben nach Sachgebieten

Zur Erweiterung Ihrer Sachkenntnis (vgl. Teil 1, Multiple-Choice-Aufgaben) können Sie zusätzlich Ihre Kreativität testen. Für die bessere Konzentration auf eine Sache sind die Aufgaben in fachliche Bereiche unterteilt.

Welchen Nutzen habe ich?

- Intensive Aufarbeitung von Fachwissen;
- kreative Anwendung des Grundlagenwissens;
- Verbesserung der schriftlichen Formulierung.

Wie gehe ich vor?

- Schulheft für die Lösungen besorgen;
- Schulbücher, Unterrichtsmitschriften und Pflanzenlisten bzw. Pflanzenbücher zum Nachschlagen bereitlegen;
- Lösungen immer schriftlich formulieren, damit Sie diese ergänzen und optimieren können;
- in den Lösungsvorschlägen neu entdeckte oder fremde Fachbegriffe oder Pflanzennamen sofort nachschlagen, notieren und merken, damit sie weiterhin zur Verfügung stehen.

Gestaltungselemente: Form, Bewegung, Stofflichkeit, Farbe

Aufgabe 256

? Die gestalterische Wirkung von Pflanzen und nichtpflanzlichen Materialien wird unter anderem von der Form bestimmt.
a) Ordnen Sie nachfolgend aufgeführte Pflanzen hinsichtlich ihres Formcharakters geometrischen Grundformen zu: Eremurus, Liatris, Miscanthus, Gerbera, Freesie, Kiefernzapfen.
b) Welche gestalterischen Ansprüche erheben diese Formen in einem floristischen Werkstück?

? Für Johannes Itten hat jede Grundform auch eine Grundfarbe mit parallelen Eigenschaften. Notieren Sie die Grundformen und ordnen Sie jeder Form eine Farbe zu. Begründen Sie Ihre Entscheidung. **Aufgabe 257**

? Blumen und Pflanzen werden ihren Bewegungsformen entsprechend eingeteilt. Geben Sie eine Übersicht in passive, vermittelnde und aktive Bewegungsformen an. Beschreiben Sie ihre Wirkung. **Aufgabe 258**

? a) Erläutern Sie die Begriffe „Statik" und „Dynamik" in Bezug auf pflanzliche Bewegungsformen. **Aufgabe 259**
b) Beschreiben Sie, wie „statische" und „dynamische" Bewegungsformen in floristischen Werkstücken eingesetzt werden.
c) Nennen Sie je einen Gestaltungsstil mit statischer bzw. dynamischer Wirkung.
d) Nennen Sie je einen Baustil, bei dem Statik bzw. Dynamik wesentliches Stilmerkmal ist.

? Unterteilen Sie die Stofflichkeiten von Blüten und Blättern (Textur, Oberflächenstruktur) in die Gruppen „weiche Stofflichkeiten" und „harte Stofflichkeiten". Geben Sie zu jeder Stofflichkeit Farben (Farbgruppen) an, welche die Wirkung der Struktur steigern aber auch abschwächen können. **Aufgabe 260**

? Beschreiben und begründen Sie mit je einem pflanzlichen Beispiel die optische Veränderung der Farbe Rot auf flauschiger und metallischer Oberflächenstruktur. **Aufgabe 261**

? Blumen und Pflanzenteile können seidige, porzellanartige, wollige Strukturen haben. **Aufgabe 262**
a) Beschreiben Sie diese Strukturen.
b) Nennen Sie jeweils drei Pflanzenbeispiele.
c) Welche Formen unterstreichen die jeweilige Eigenschaft?

? Wodurch kann eine Kombination mit Farbtönen einer Farbfamilie trotzdem spannungsreich wirken? Beschreiben Sie dies mit Farbbeispielen einer von Ihnen ausgewählten Farbfamilie. **Aufgabe 263**

Aufgabe 264

? Anthurien sind beliebte Schnittblumen.
a) Beschreiben Sie vier unterschiedliche Merkmale, die den Charakter einer roten Anthurie bestimmen.
b) Beschreiben Sie zwei Schnittblumen und zwei Schnittgrünarten mit ebenso langer Haltbarkeit wie die der Anthurie, die aber in der Kombination mit einer Anthurie eine gegensätzliche Wirkung aufweisen.

Aufgabe 265

? a) Erklären Sie das Prinzip des komplementären Farbkontrastes.
b) Nennen Sie drei komplementäre Farbpaare.
c) Beschreiben Sie die kontraststeigernde Wirkung der Farben eines der in b) genannten Farbpaares.

Aufgabe 266

? Floristische Arrangements spiegeln die Stimmung der Jahreszeiten wider.
a) Beschreiben Sie die Empfindungen der beiden Jahreszeiten Frühling und Herbst und ordnen Sie jeweils drei Farben eines Qualitätskontrastes zu. Begründen Sie auch Ihre Entscheidung.
b) Welche Stofflichkeiten (Texturen) unterstreichen die Empfindungen in diesen beiden Jahreszeiten?
c) Beschreiben Sie einen Stofflichkeitskontrast mit Pflanzenbeispielen für eine dieser Jahreszeiten.

Aufgabe 267

? Für einen zeitsparenden Verkauf an einem Sommer-Wochenende binden Sie Fertigsträuße. Welche farblichen Überlegungen müssen Sie treffen, um möglichst viele Kunden anzusprechen? Erläutern Sie dies mit drei Kriterien.

Aufgabe 268

? Farbkontraste spielen bei floristischen Arbeiten eine große Rolle.
a) Nennen Sie drei Kontrastarten (Farbkontraste nach Itten).
b) Erläutern Sie an einem floristischen Werkstück (Farbbeispiel) die jeweilige Wirkung.

Aufgabe 269

? Erläutern Sie folgende Farbharmonien mit Farbbeispielen immer in Bezug zu einem floristischen Werkstück:
a) Zweiklang, b) Dreiklang, c) Vierklang, d) Farbfamilie.

Aufgabe 270

? a) Beschreiben Sie einen kleinen und einen großen Farbkontrast Ihrer Wahl (Wirkung und Farbbeispiele).
b) Ihre ausgewählten Farbbeispiele aus a) sollen nun einen farblichen

Gegensatz erhalten. Beschreiben und begründen Sie jeweils einen solchen farblichen Gegensatz und erläutern Sie eine mögliche Veränderung der Gesamtwirkung.

? Nur bei ausreichender Beleuchtung erscheint unsere Umwelt farbig. **Aufgabe 271**
a) Erklären Sie, weshalb Gegenstände farbig erscheinen.
b) Beschreiben Sie, wie künstliche Lichtquellen die Farberscheinung verschiedener Oberflächen optisch verändern können.
c) Farben können auch in Kombination mit anderen Farben ihre Farberscheinung verändern. Beschreiben Sie drei Faktoren, die bei einzelnen Farben die Farbwirkung beeinflussen können.

? Kontraste in floristischen Arbeiten entstehen auch, indem Werkstoffeigenschaften in ihrer Wirkung hervor- bzw. zurücktreten. Erklären Sie diesen Zusammenhang bezogen auf **Aufgabe 272**
a) Farbkombinationen;
b) die Oberflächenbeschaffenheit (Struktur, Textur);
c) den Geltungsanspruch von Blumen.
Begründen Sie Ihre jeweilige Antwort.

? Die Zahl 3 hat in der Gestaltungslehre eine besondere Bedeutung. Beziehen Sie diese Aussage auf die Formenlehre, die Farbenlehre und das Schaffen harmonischer Proportionen. **Aufgabe 273**

? Ergänzen Sie folgende beabsichtigte Wirkungen mit Formen, Farben und Strukturen gleicher Ausdrucksweise: **Aufgabe 274**

Wirkung	Formen	Farben	Strukturen
besinnlich			
lustig			
naturhaft			
repräsentativ			
kraftvoll, aktiv			

Aufgabe 275

? Texturen (Oberflächenstrukturen) prägen gestalterische Arbeiten.
a) Erklären Sie die Bedeutung der Texturen als gestalterisches Element in einem floralen Werkstück (drei Angaben).
b) Beschreiben Sie vier verschiedene Techniken mit passendem Werkstoff zur Herstellung von pflanzlichen Strukturen.

Aufgabe 276

? Stofflichkeiten, Farben, Bewegungen und Blütenformen haben auch ein optisches Gewicht.
a) Nennen Sie zu jedem Begriff (s.o.) je zwei eindeutige Beispiele, die man als optisch leicht und optisch schwer bezeichnen kann (Tabelle).
b) Begründen Sie, wodurch die Empfindung optisch leicht bzw. optisch schwer ausgelöst wird.
c) Wie werden grundsätzlich optisch leichte und optisch schwere Pflanzenteile floristisch eingesetzt?
d) Dieser Grundsatz aus c) trifft in bestimmten Fällen nicht zu. Erläutern Sie dies mit Blumenbeispielen.

Gestaltung und Stilkunde

Aufgabe 277

? Florale Werkstücke können grundsätzlich nach der symmetrischen oder asymmetrischen Ordnungsart gearbeitet sein. Beschreiben Sie beide Ordnungsarten ausführlich.

Aufgabe 278

? Gesetzmäßigkeiten der Natur haben wesentlichen Einfluss auf die florale Gestaltung. Erklären Sie am Beispiel eines Straußes, wie das Massenanziehungsgesetz (Gravitationsgesetz) angewandt werden kann.

Aufgabe 279

? Die Merkmale eines rhythmisch gegliederten Straußes (dekorativer Strauß) sind:
a) blumige Basis,
b) Bewegungsmittelpunkt und
c) Staffelung.
Erläutern Sie diese Begriffe aus gestalterischer Sicht.

Aufgabe 280

? Eine gute Proportion bewirkt Harmonie in einem Werkstück.
a) Nennen Sie die ideale Teilungsproportion und beschreiben Sie diese.
b) Beschreiben Sie vier Einflussfaktoren bezüglich der Proportion von Gefäß und Blumenfülle.

c) Beschreiben Sie, wie sich die Proportion eines Kranzkörpers auswirkt, wenn Sie sehr dunkles Kranzkörpermaterial verwenden.
d) Berechnen Sie den Durchmesser der Kranzöffnung und die Wulstbreite bei einem Kranz mit 90 cm Durchmesser. Verwenden Sie dazu Ihre Proportionszahl aus der Teilaufgabe c).

? Die Auszubildende Veronika lernt, dass verschiedene Gesetzmäßigkeiten in einer guten Gestaltung wirksam sind. Sie hört so manche kritischen Sätze wie: Aufgabe 281
a) „Das Gesteck kippt."
b) „Die Kranzwulst ist zu dick."
c) „Die Lilie gehört doch nicht in die Basis."
Erläutern Sie zu jeder Aussage, auf welche Gesetzmäßigkeit sich die kritische Bemerkung bezieht.

? Beschreiben Sie die Eigenart Aufgabe 282
a) der parallelen Gestaltungsweise,
b) der Gestaltung mit Bewegungsmittelpunkt.

? Das Gesetz der Rangordnung spielt bei der Gestaltung aufgelockerter Gruppen mit getrennten Teilen eine wichtige Rolle. Aufgabe 283
Durch welche Eigenschaften dominiert ein Pflanzenteil über ein anderes? Nennen Sie fünf. Begründen Sie auch Ihre Antworten jeweils mit Hilfe eines Beispiels.

? Blumen werden ihrem Persönlichkeitscharakter entsprechend verarbeitet. Erklären und begründen Sie am Beispiel eines passenden Gestaltungsstils die Verwendung der Aufgabe 284
a) Herrschaftsform,
b) Gemeinschaftsform,
c) Prunkform.

? Flächige Werkstücke haben auch ihren Reiz. Aufgabe 285
a) Erläutern Sie, was man unter einer flächigen Gestaltung versteht.
b) Welche Möglichkeiten der Flächengestaltung haben Sie jeweils bei der Herstellung
- eines Biedermeierstraußes und
- eines Tischfrieses aus Blumen und Früchten zum Erntedank?

Aufgabe 286

? Nennen Sie den Gestaltungsstil des daneben abgebildeten Straußes.
Beschreiben Sie mindestens fünf Gesetzmäßigkeiten, die Sie an diesem Strauß erkennen können.

Aufgabe 287

? Beschreiben Sie einen vegetativ gestalteten Trauerkranz bezüglich
a) der Werkstoffauswahl und
b) der Art der Gestaltung.

Aufgabe 288

? Der Brautstrauß sollte bestimmte Anforderungen erfüllen. Er muss
a) frisch bleiben,
b) gut in der Hand liegen und
c) seine Form bewahren.
Erläutern Sie, wie Sie diese Anforderungen erfüllen können.

Aufgabe 289

? Erläutern Sie drei verschiedene technische Möglichkeiten, einen runden Brautstrauß zu fertigen.

Aufgabe 290

? Erläutern Sie fünf Anforderungen gestalterischer bzw. pflanzlicher Art, die an einen Tischschmuck gestellt werden.

Aufgabe 291

? Anlässlich des 60. Geburtstags eines Firmenchefs im Dezember wird ein festliches Essen veranstaltet. Erarbeiten Sie einen Gestaltungsvorschlag für einen runden Tisch mit acht Personen. Begründen Sie die Werkstoffauswahl in Bezug auf Jahreszeit und Festlichkeit.

Aufgabe 292

? Für den Blumenschmuck einer Bühnenkante planen Sie eine Reihung. Erläutern Sie, welche Arten von Reihungen möglich sind.

Aufgabe 293

? Sie sollen einen kleinen Altar in der Seitenkapelle einer gotischen Kirche anlässlich eines kirchlichen Feiertags (Ihrer Wahl) schmücken.
a) Nennen Sie fünf architektonische Merkmale der Gotik.
b) Beschreiben Sie den passenden Blumenschmuck dazu.

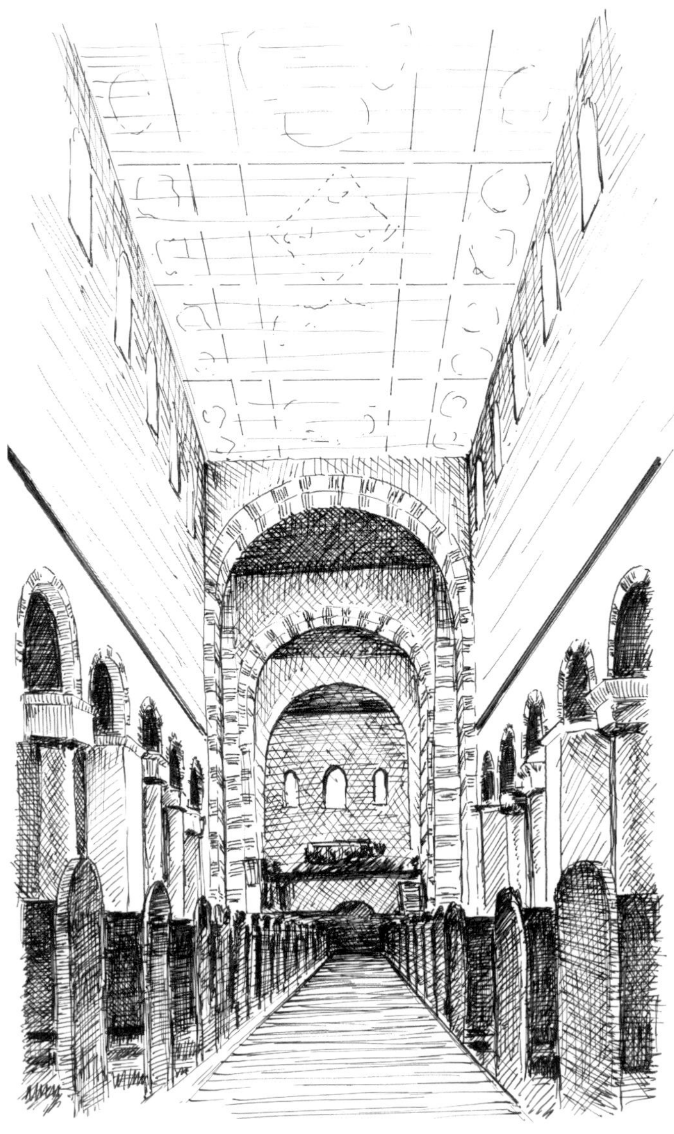

St. Michael, Hildesheim

Aufgabe 294

? In der auf Seite 63 abgebildeten Kirche findet im Frühling eine Trauung mit großer Hochzeitsgesellschaft statt.
a) Ordnen Sie diese Kirche einer Stilrichtung zu und belegen Sie die Zuordnung mit vier typischen Baumerkmalen.
b) Entwerfen Sie einen passenden Kirchenschmuck für diese Hochzeit und begründen Sie die gewählte Gestaltung und Farbauswahl.

Aufgabe 295

? „Gleichartiges verbindet.“ „Gegensätze ziehen sich an.“ Beschreiben Sie zu einem weißen Flieder im weißen Porzellanpokal die
a) verbindenden und
b) kontrastierenden Eigenschaften.

Aufgabe 296

? Brauchtumsbinderei beherbergt eine Vielzahl an Symbolen.
a) Beschreiben Sie am Beispiel eines traditionellen Adventskranzes gebunden aus Koniferengrün und immergrünem Blattwerk, geschmückt mit vier roten Kerzen, roten Zieräpfeln, vergoldeten Nüssen, Früchten und unbelaubten Zweigen die
- Formsymbolik,
- Farbsymbolik und
- symbolische Bedeutung der genannten Werkstoffe.

b) Nennen Sie drei weitere traditionelle Arbeiten für Advent.

Aufgabe 297

? Zu folgenden Anlässen sollen Sie Sträuße arbeiten:
a) zur Geburt eines Mädchens im Krankenhaus;
b) zum 50. Geburtstag einer Dame, die als anspruchsvoll und extravagant mit viel Gefühl für Farben beschrieben wird.
Beschreiben Sie diese Sträuße hinsichtlich
- ihrer Form und Wesensart,
- der Auswahl der Werkstoffe,
- ihrer Farbzusammenstellung.

Aufgabe 298

? Zweig- und Rankengerüste sind aus der modernen Straußbinderei nicht mehr wegzudenken.
a) Beschreiben Sie fünf Vorteile, die ein Gerüst bei der Straußgestaltung bietet.
b) Nennen Sie drei geeignete Gerüstmaterialien pflanzlichen Ursprungs mit botanischem Namen.

? a) Nennen Sie floristische Werkstücke für die Trauerbinderei, die Sie Ihren Kunden anbieten können. **Aufgabe 299**
b) Erläutern Sie an einem Werkstück aus a), was hinsichtlich Gestaltungsabsicht, Auswahl des Werkstoffs und der Farbwahl zu beachten ist.

? Auch mit Kranzschmuck muss die Symbolform eines Trauerkranzes spürbar sein. **Aufgabe 300**
a) Nennen Sie die Möglichkeiten, einen Trauerkranz zu schmücken.
b) Beschreiben Sie die wesentlichen Merkmale von zwei Kranzschmuckbeispielen.
c) Erläutern Sie fünf Maßnahmen, durch welche Sie die Haltbarkeit eines Kranzes mit Blumenschmuck verbessern können.

? a) Nennen Sie die Symbolik eines Trauerkranzes. **Aufgabe 301**
b) Beschreiben Sie drei Merkmale, die einen Gedenkkranz für ein Gefallenen-Mahnmal von einem Beisetzungskranz unterscheiden.

? Eine Witwe wünscht sich zur Beerdigung (Frühjahr) ihres verstorbenen Mannes einen Kranz ganz aus verschiedenen weißen Blumen. **Aufgabe 302**
a) Entwickeln Sie einen Vorschlag und beschreiben Sie die Werkstoffe und die Gestaltungsweise.
b) In welchem Verhältnis sollte die Breite des Kranzkörpers zum Durchmesser der Öffnung stehen? Begründen Sie diese Proportion.

? Pflanzschalen können nach unterschiedlichen Gesichtspunkten zusammengestellt werden. **Aufgabe 303**
a) Erläutern Sie die Merkmale zur Unterscheidung von einer saisonalen Pflanzschale und einer Dauerbepflanzung.
b) Nennen Sie Maßnahmen für eine optimale Haltbarkeit einer dauerhaften Pflanzschale.
c) Welche Keramikart ist für ein Zimmergefäß als Dauerpflanzschale geeignet? Begründen Sie Ihre Wahl.

? Jedes Werkstück sollte eine klare Aussage haben. **Aufgabe 304**
a) Beschreiben Sie vier Gesetzmäßigkeiten, die zu einer klaren Aussage bei einer Pflanzschale führen können.
b) Entwerfen Sie eine Pflanzschale mit einer Solitärpflanze, passenden Begleitpflanzen und entsprechender Bodengestaltung.

Aufgabe 305 ? In welcher Stilepoche sind folgende Formen der Malerei typisch für die Gestaltung profaner (weltlicher) und sakraler (kirchlicher) Innenräume?
Glasmalerei; Mosaik; Wandfresko; illusionistische Deckenmalerei.

Aufgabe 306 ? Ordnen Sie die vier Portale der jeweiligen Stilepoche zu und nennen Sie zu jeder Epoche vier markante Merkmale.

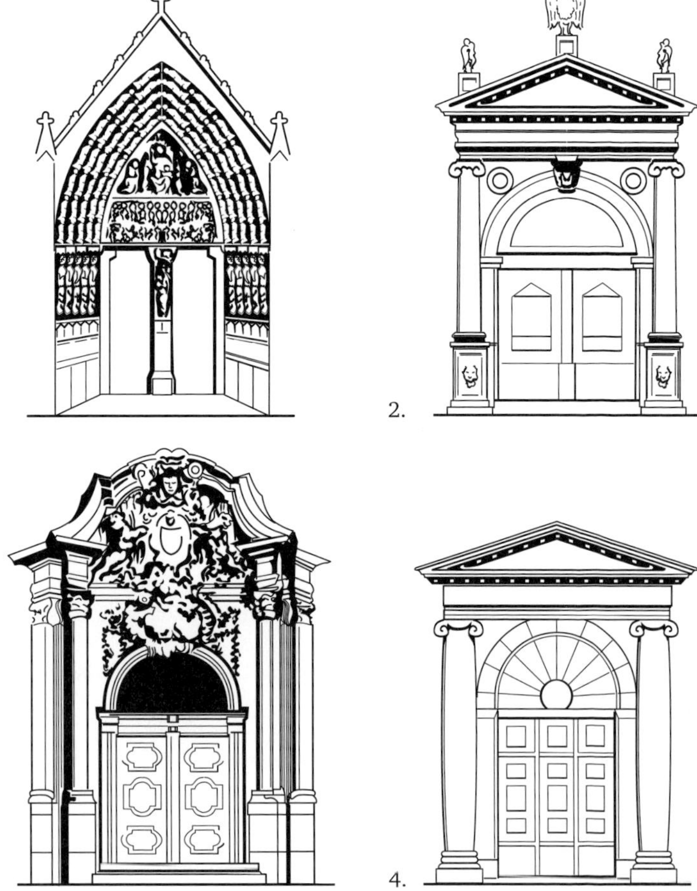

? Die Stilmerkmale eines Gebäudes finden sich auch in Treppenhäusern wieder. **Aufgabe 307**

a) Ordnen Sie die Abbildungen 1 bis 3 den Baustilen zu und nennen Sie jeweils drei typische Baustilmerkmale.

b) Beschreiben Sie in Abstimmung mit dem Baustil der Nummer 1, auf welche gestalterischen Besonderheiten Sie beim Herstellen von Blumenschmuck achten müssen.

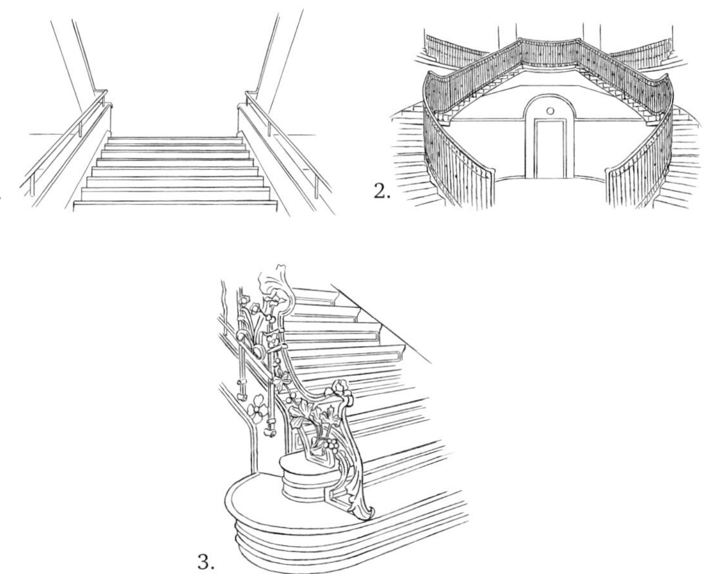

? Das Schaufenster eines Blumengeschäfts soll dauerhaft zum Thema „Ferienzeit" für zwei Wochen Betriebsurlaub geschmückt werden. Machen Sie einen ausführlichen Gestaltungsvorschlag (Werkstoffe, Dekorationsmittel, Gestaltungsart). **Aufgabe 308**

? Sie wissen, dass Sie mit einem Schaufenster Leute anlocken und in den Laden führen können. Es gibt Regeln zur Schaufenstergestaltung, die hierbei helfen. Beschreiben Sie fünf dieser Regeln. **Aufgabe 309**

Aufgabe 310

? Für eine Hochzeit in einer Barockkirche soll eine Kirchendekoration erarbeitet werden.
Machen Sie einen Vorschlag hinsichtlich Materialauswahl, Farbzusammenstellung und Gestaltungsart (Gestaltungsstil) unter Berücksichtigung dieses Baustils.

Aufgabe 311

? In dieser Dorfkirche (s. Abb.) soll ein Mädchen getauft werden.
a) Welcher Stilepoche würden Sie diese Kirche zuordnen? Belegen Sie Ihre Antwort mit Stilmerkmalen, die Sie im Bild erkennen können.
b) Sie sehen rechts unten im Bild einen Teil des Taufsteins, der geschmückt werden soll. Machen Sie einen entsprechenden Vorschlag für die Tauffeier.

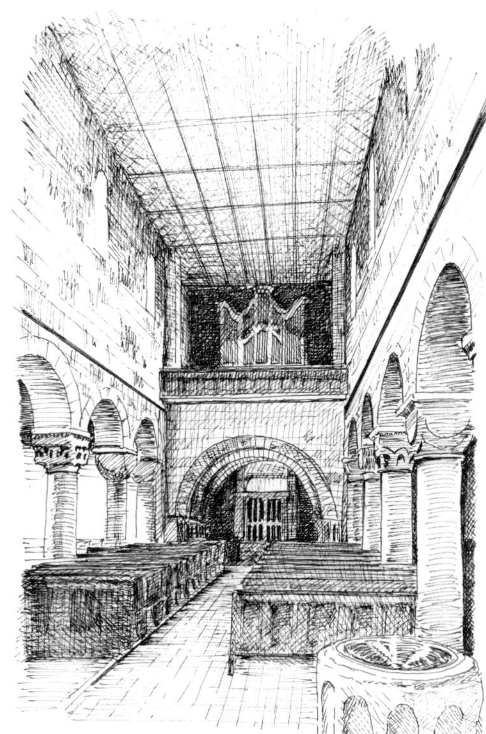

Evang. Stiftskirche Faurndau

? Brautschmuck hat nicht ausschließlich dekorativen Charakter. **Aufgabe 312**

a) Beschreiben Sie drei Elemente des pflanzlichen Brautschmucks, die traditionell auch symbolische Bedeutung besitzen.

b) Erläutern Sie, welche gestalterischen Eigenschaften jeder Brautstrauß besitzen sollte, damit er seiner Bestimmung gerecht wird.

? In dem abgebildeten klassizistischen Saal soll ein Stehempfang stattfinden. **Aufgabe 313**

a) Nennen Sie sechs Merkmale des Klassizismus, die Sie in der Abbildung erkennen.

b) Beschreiben Sie die Wirkung des Raums.

c) Entwerfen Sie einen Blumenschmuck, der die Mittelachse des Raums betont und begründen Sie Ihren Vorschlag.

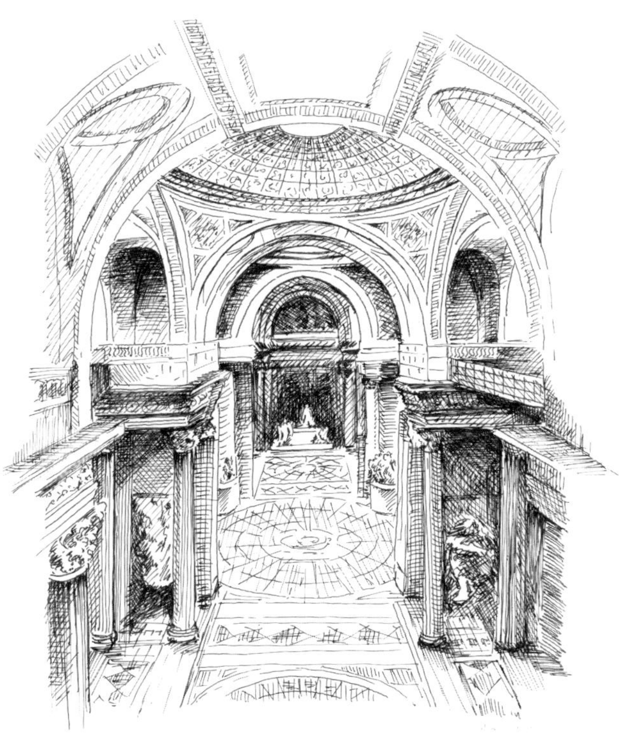

Sainte-Geneviève, Paris

Aufgabe 314

? Ein Modehaus plant zusammen mit Ihrem Ausbildungsbetrieb eine Modenschau, bei der Sommermode vorgeführt wird. Zeigen Sie die gestalterischen Möglichkeiten auf, mit denen Sie als Florist/-in zu diesem Ereignis beitragen können.

Aufgabe 315

? Sie binden für einen antik hergerichteten Raum Girlanden aus Jungfer im Grünen, Achillea millefolium und Efeuranken.

a) Ergänzen Sie die botanischen bzw. deutschen Namen dieser Pflanzen.

b) Welche Art Girlande würden Sie wählen?

c) Beschreiben Sie die Herstellung dieser Girlande.

Aufgabe 316

? Kennen Sie die Namen verschiedener griechischer Vasenformen? Schreiben Sie die Begriffe rechts neben die Abbildung:

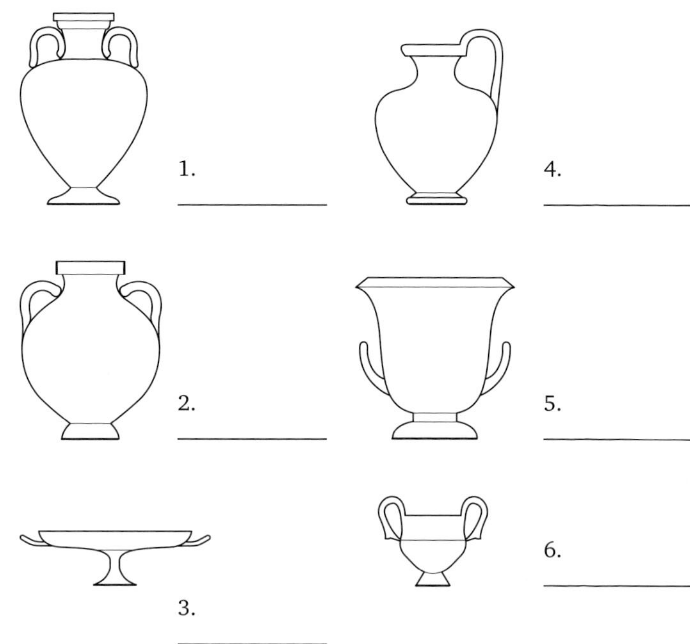

Materialkunde

? Es werden Gebrauchsgefäße in verschiedenen Größen bestellt. Wie sollen die Gefäße beschaffen sein bezüglich Material, Form, Farbe und Oberfläche, um den täglichen Anforderung zu entsprechen? **Aufgabe 317**

? Welche Blumen oder Pflanzen passen Ihrer Meinung nach besonders gut zu folgenden Gefäßen: **Aufgabe 318**
a) rustikaler Weidenkorb;
b) dunkelgrüne, dickwandige Glasvase in Kugelform;
c) weißes, glänzendes, zylindrisches Porzellangefäß?
Geben Sie jeweils ein Blumen- oder Pflanzenbeispiel mit Begründung.

? Bewerten Sie jeweils drei Eigenschaften von Glasgefäßen, die in der Floristik Verwendung finden, und zwar aus **Aufgabe 319**
a) gestalterischer Sicht;
b) Sicht des praktischen Umgangs mit dem Material Glas.

? Die Kerze ist als Gestaltungsmittel sehr beliebt. **Aufgabe 320**
a) Welche Ziele verfolgen Sie mit Kerzen in Werkstücken?
b) Erläutern Sie an sechs Beispielen, was Sie aus technischer Sicht bei der Verwendung von Kerzen in Tischgestecken beachten müssen.
c) Beschreiben Sie die Qualitätsmerkmale einer guten Kerze.
d) Erläutern Sie die Verwendung von drei unterschiedlichen Kerzenformen in Bezug zum Anlass und zum Werkstück.

? Bänder sind in der Floristik unentbehrlich. **Aufgabe 321**
a) Beschreiben Sie zwei Arten der Bandherstellung.
b) Erläutern Sie die Verwendung von Bändern.
c) Wie sollten Bänder gelagert werden?

? Eine Kundin möchte den Unterschied zwischen Porzellan, Steingut und Irdenware kennen lernen. **Aufgabe 322**
Geben Sie die Unterschiede und Erkennungsmerkmale an.

? Erläutern Sie, weshalb Holz als Material für große Pflanzgefäße fürs Freiland durchaus verwendet werden kann. **Aufgabe 323**

Aufgabe 324 ? a) Erklären Sie die Möglichkeiten, wie Weide hinsichtlich der äußeren Erscheinung verwendet werden kann.
b) Nennen und beschreiben Sie drei weitere heimische Materialien, die sich zur Herstellung von Flechtwerk eignen.
c) Beschreiben Sie vier wesentliche Gesichtspunkte, die bei der Lagerung von Weidekörben berücksichtigt werden müssen.

Aufgabe 325 ? Eine Kundin möchte ein Kupfergefäß bepflanzt haben. Was müssen Sie grundsätzlich beim Bepflanzen von Metallgefäßen beachten?

Aufgabe 326 ? Gefäße aus Stein eignen sich für Garten und Terrasse. Erläutern Sie je drei Vor- und Nachteile von Pflanzgefäßen aus Naturstein.

Aufgabe 327 ? Ihr Betrieb verkauft Blumen und Pflanzen sowie weitere empfindliche Waren wie Kerzen, Bänder, Glas- und Keramikgefäße.
Erläutern Sie für die oben genannten Waren mit je einem Beispiel, wie Sie durch sachgemäße Behandlung das Verlustrisiko begrenzen können.

Aufgabe 328 ? Unsere Umwelt ist mancherlei Belastungen ausgesetzt.
a) Nennen Sie fünf umweltfreundliche Hilfsmittel, die in der Floristik bei der Pflege und Herstellung floristischer Werkstücke verwendet werden können. Begründen Sie Ihre Vorschläge.
b) Nennen und begründen Sie drei organisatorische Maßnahmen, durch die ein Florist/eine Floristin die Umweltbelastung in der Alltagsarbeit verringern kann.

Aufgabe 329 ? Zu Beginn der Sommersaison findet in Ihrem Fachgeschäft eine „mediterrane Woche" statt.
a) Erklären Sie den Begriff „mediterran".
b) Nennen Sie drei unterschiedliche Warengruppen, die zu diesem Thema passen und begründen Sie Ihre Auswahl.
c) Beschreiben und beurteilen Sie die Möglichkeit, andere Geschäfte in diese Aktionen mit einzubeziehen.

Verkaufs- und Geschäftskunde

? Eine Floristin/ein Florist muss den Anforderungen eines Berufsalltags gewachsen sein. **Aufgabe 330**
a) Nennen Sie zehn Anforderungen, die eine Floristin/ein Florist als Fachverkäufer/-in erfüllen muss.
b) Erläutern Sie den Ablauf eines erfolgreichen Verkaufsgesprächs.

? Beim Telefonverkauf entfallen sämtliche optischen Eindrücke wie Mimik, Gestik oder die Farben der Pflanzen. Das Telefon wird zur akustischen (hörbaren) Visitenkarte. **Aufgabe 331**
a) Was gehört grundsätzlich an einen Telefonplatz?
b) Erläutern Sie fünf wesentliche Gesichtspunkte, die bei einem gut geführten Telefongespräch zu beachten sind.

? Ein Kunde bestellt telefonisch für die Frau eines verstorbenen Mitarbeiters einen Kondolenzstrauß mit Karte. **Aufgabe 332**
a) Welche Daten und in welcher Weise sind diese für den Auftrag zu erfassen?
b) Der Kunde reklamiert die verspätete Zustellung des Straußes. Nennen Sie vier Umstände, die zu der Reklamation geführt haben könnten.

? Nennen Sie jeweils drei „Vertrauensbringer" (Maßnahmen, die Vertrauen schaffen) und deren Bedeutung für den Kunden: **Aufgabe 333**
a) Vertrauensbringer der Verkäuferin/des Verkäufers,
b) Vertrauensbringer des Blumengeschäfts (der Firma).

? Die Sprache ist eines unserer wichtigsten Wirkungsmittel beim Verkauf. Beschreiben Sie fünf Punkte, worauf es hinsichtlich der Sprache beim Verkauf ankommt. **Aufgabe 334**

? Man unterscheidet **Aufgabe 335**
a) verstandesmäßige Kaufmotive und
b) gefühlsmäßige Kaufmotive.
Nennen Sie dazu je zwei Kaufmotive mit konkreten Kaufbeispielen.

Aufgabe 336 ? Die Braut Lena meldet sich zu einem Beratungsgespräch für Hochzeitsschmuck an. Ihre Mutter und ihre beste Freundin begleiten sie.
a) Beschreiben Sie, wie Sie sich am besten darauf vorbereiten.
b) Wie eröffnen Sie das Beratungsgespräch?
c) Es kommt im Laufe der Beratung zu Differenzen zwischen Braut und Brautmutter über die Gestaltung des Brautstraußes. Wie können Sie sich in dieser schwierigen Situation geschickt verhalten?

Aufgabe 337 ? a) Wie reagieren Sie, wenn die von einer Kundin verlangte Ware zur Zeit nicht vorhanden ist?
b) Empfehlen Sie für vier Waren Ihres Sortiments mögliche Ersatzwaren, die Sie Ihren Kunden im Ersatzverkauf anbieten können.

Aufgabe 338 ? a) Welche Artikel werden in der Regel als zusätzliches Verkaufsangebot (Zusatzartikel) im Blumenfachgeschäft angeboten?
b) Welche betriebswirtschaftliche Bedeutung hat ein Zusatzverkauf?
c) Zu welchem Zeitpunkt ist ein Zusatzangebot sinnvoll?

Aufgabe 339 ? Bei Kaufverträgen unterscheidet man zwischen Verpflichtungsgeschäft und Erfüllungsgeschäft. Erläutern Sie diese beiden Begriffe.

Aufgabe 340 ? Was sagen folgende Zusätze auf einer Rechnung aus:
a) Zahlbar sofort nach Erhalt der Rechnung.
b) Zahlbar innerhalb von 8 Tagen mit 2% Skonto oder innerhalb von 30 Tagen rein netto.
c) Zahlbar bis zum 16. Januar d. J., danach werden Verzugszinsen nach BGB verrechnet.

Aufgabe 341 ? Für den Betriebserfolg ist zunehmend das Online-Erscheinungsbild eines Betriebs entscheidend. Nennen und erläutern Sie vier Möglichkeiten für einen werbewirksamen Online-Auftritt.

Aufgabe 342 ? Corporate Identity ist ein wichtiger Fachbegriff im Marketing und steht für ein einheitliches Erscheinungsbild eines Betriebs.
Beschreiben Sie an je drei Beispielen, wie Corporate Identity innerhalb und außerhalb eines Blumenfachgeschäfts verwirklicht werden kann.

Aufgabe 343 ? Auch im Blumengeschäft sind Kinder wichtige Kunden.
a) Was müssen Sie beim Bedienen von Kindern besonders beachten?
b) Was machen Sie im Verkauf anders als beim erwachsenen Kunden?

? In unserer immer älter werdenden Gesellschaft müssen Bedienende den Senioren als Käufergruppe besondere Aufmerksamkeit schenken. Aufgabe 344
a) Nennen Sie sechs Beispiele, wie ein Blumengeschäft seniorengerecht ausgestattet werden kann.
b) Nennen Sie sechs Möglichkeiten, worauf Sie bei Ihrem Verhalten im Umgang mit älteren Personen besonders achten sollten.

? Neben dem Fachwissen und der Warenkenntnis ist für den Verkaufserfolg eine richtige Kundenberatung erforderlich. Aufgabe 345
Wie behandeln Sie
a) einen unentschlossenen Kunden,
b) einen sehr gesprächigen Kunden?

? Ein Betrieb ist auf Stammkunden angewiesen. Erörtern Sie vier Vorteile für ein Blumengeschäft, wenn viele Stammkunden einkaufen. Aufgabe 346

? a) Geschäftsbeziehungen zu Firmen sind besonders wertvoll. Beschreiben Sie vier Maßnahmen, mit denen Sie Firmenkunden an Ihr Geschäft binden können und nennen Sie zwei Vorteile für Ihren Betrieb. Aufgabe 347
b) Für einen Firmenauftrag können erfahrungsgemäß 48 Tischgestecke von drei Floristinnen in 2,5 Stunden hergestellt werden. Dieses Mal ist es besonders eilig, daher werden nach einer halben Stunde Arbeitszeit zwei weitere Floristinnen hinzugezogen. Wie viele Minuten können bei gleicher Arbeitsleistung eingespart werden?

? Die Angaben auf einem Preisschild müssen den Grundsätzen der Preisklarheit und Preiswahrheit entsprechen. Aufgabe 348
Welche Anforderungen muss ein Preisschild auf einer Ware für den Endverbraucher erfüllen?

? Gelegentlich gibt es im Blumengeschäft hohen Kundenandrang. Aufgabe 349
a) Nennen Sie fünf Gründe, die zu besonderen Hauptumsatzzeiten (Stoßzeiten) im Blumengeschäft führen (Tagesablauf, Wochen-, Monats- und Jahresablauf).
b) Erklären Sie, durch welche Maßnahmen sich solche Stoßzeiten im Blumengeschäft abmildern lassen.
c) Wie können Sie die Bedienzeit abkürzen?

Aufgabe 350

? Sie stellen fest, nachdem der Kunde gegangen ist, dass die „Stimmung" beim Verkauf nicht in Ordnung war, obwohl es fachlich gesehen keine Probleme gab. Geben Sie mögliche Ursachen dafür an.

Aufgabe 351

? Gelegentlich beschweren sich Kunden.
a) Erläutern Sie drei Beispiele einer berechtigten Reklamation.
b) Wie sollten Sie reagieren, wenn zwar die Reklamation nicht berechtigt, Sie den Stammkunden jedoch nicht verlieren möchten?

Aufgabe 352

? a) Erklären Sie drei Funktionen von Verpackungen, die unabhängig vom Verpackungsmaterial für alle Verpackungen gelten.
b) Nennen Sie fünf Verpackungsmittel/-materialien und bewerten Sie Ihre Auswahl hinsichtlich Materialeigenschaften, Verwendungsmöglichkeiten und Anforderungen.

Aufgabe 353

? Alle Kosten des Blumengeschäfts fließen in die Kalkulation ein.
a) Nennen Sie zehn Kostenarten, die bei der Kalkulation eines Preises berücksichtigt werden müssen.
b) Erläutern Sie an drei von Ihnen genannten Kostenarten Möglichkeiten der Kostensenkung.
c) Erklären Sie die Begriffe Rabatt, Skonto und Bonus.

Aufgabe 354

? Für eine Werbeaktion betragen die Bezugskosten für den Werkstoff eines Straußes nach Abzug von 15 % Rabatt und 2 % Skonto 18,50 Euro. Der Verkaufspreis wird mit dem Kalkulationsfaktor 2,6 berechnet. Während der Sonderaktion bindet eine Floristin 50 Sträuße, für welche sie einen Bonus von 4 % des Verkaufspreises erhält.
a) Berechnen Sie den Listenpreis des Werkstoffs (ohne Nachlass).
b) Wie viel Euro Bonus erhält die Floristin?

Aufgabe 355

? Zwei Kolleginnen möchten einen eigenen Blumenladen eröffnen.
a) Was spricht für, was gegen die Eröffnung eines Blumengeschäfts? Erläutern Sie jeweils vier Gesichtspunkte.
b) Veronika plädiert für ein exklusives Blumenstudio in Citylage, Mia findet ein Blumengeschäft mit Gärtnerei in Stadtrandlage besser. Wodurch unterscheiden sich diese beiden Blumenfachgeschäfte hinsichtlich Angebot, Preisgestaltung, Service und Dienstleistung?

? Eine Kollegin möchte kündigen, weil sie an einen anderen Ort zieht. Sie ist seit neun Jahren im Betrieb angestellt. Was muss sie beachten, damit die Kündigung zu einer bestimmten Frist wirksam wird? Aufgabe 356

? Die Konkurrenz durch Baumärkte und Supermärkte ist beim Verkauf von Beet- und Balkonpflanzen im Frühjahr recht groß. Aufgabe 357
a) Erläutern Sie fünf Maßnahmen, die ein Blumenfachgeschäft ergreifen kann, um keine Kunden an Baumärkte und andere „Billiganbieter" zu verlieren.
b) Viele Kunden werden durch den billigeren Preis in den Supermarkt gelockt. Formulieren Sie in wörtlicher Rede eine passende Antwort zu folgendem Kundeneinwand: „Das ist aber ein stolzer Preis für eine Fuchsie. Im Supermarkt kostet die gleiche Pflanze nur 1,99 Euro."
c) Die Kundin lässt sich überzeugen und erteilt einen Auftrag über das Bepflanzen von 12 Balkonkästen mit jeweils vier Pflanzen zu je 5,80 Euro. Es werden 350 Liter Pflanzerde gebraucht bei einem Kubikmeterpreis von 160 Euro. Die Arbeitszeit einer Floristin beträgt 1 Stunde und 10 Minuten bei einem verrechneten Stundenlohn von 18 Euro. Der Gemeinkostenzuschlag beträgt 60 %, der Gewinn 20 % und die Mehrwertsteuer 7 %. Berechnen Sie die Gesamtkosten.

? Das Gesetz des unlauteren Wettbewerbs (UWG) schützt z. B. Mitbewerber, die sonst am Markt Beteiligten und die Allgemeinheit. Aufgabe 358
Nennen Sie fünf Handlungen mit je einem Beispiel, mit welchen Sie während Ihrer Ausbildungszeit konfrontiert sein könnten, die aber Kraft dieses Gesetzes nicht erlaubt sind.

? Erläutern Sie folgende Begriffe zum Zwecke der Warenbeschaffung in einem Floristik-Betrieb: Aufgabe 359
a) Bedarfsrichtung und Bedarfszeitpunkt,
b) Anfrage und Angebot.

? Beim Verkauf von Waren werden Sie mit zwei Mehrwertsteuersätzen (Umsatzsteuer) konfrontiert. Aufgabe 360
a) Nennen Sie den MwSt.-Satz von Schnittblumen und Pflanzen und den von z. B. Keramikgefäßen, Trockenmaterialien und Dienstleistungen.
b) Berechnen Sie den Mehrwertsteuerbetrag von verkauften Gefäßen im Wert von 248,– Euro (Endpreis).

Pflanzenkenntnis/Botanik

Hinweise für die folgenden Aufgaben:

- Markieren Sie die Pflanzennamen, die Ihnen noch nicht so geläufig sind und lernen Sie diese besonders intensiv.
- Die Aufgabe 362 dürfen Sie gern mit den Merkmalen weiterer Pflanzenfamilien ergänzen.
- Achten Sie darauf, dass Sie bei den Teilaufgaben innerhalb einer Aufgabe keine Doppelnennungen von Pflanzen vornehmen.

Aufgabe 361 **?** Pflanzenauswahl:

Botanischer Name	Deutscher Name	Familie
Abies nordmanniana	Nordmanns-Tanne	Pinaceae
Achillea filipendulina	Gold-Garbe	Asteraceae
Aconitum carmichaelii	Chinesischer Eisenhut	Ranunculaceae
Adiantum raddianum	Dreieckiger Frauenhaarfarn	Adiantaceae
Agapanthus africanus	Afrikanische Schmucklilie	Alliaceae
Ageratum houstonianum	Leberbalsam	Asteraceae
Alchemilla mollis	Weicher Frauenmantel	Rosaceae
Allium giganteum	Riesen-Lauch	Alliaceae
Alstroemeria ligtu	Inkalilie	Alstroemeriaceae
Amaranthus caudatus	Garten-Fuchsschwanz	Amaranthaceae
Ammi visnaga	Zahnstocher-Ammi	Apiaceae
Anemone coronaria	Garten-Anemone, Kronen-Anemone	Ranunculaceae
Anigozanthos flavidus	Große Kängurupfote	Haemodoraceae
Anthurium andraeanum	Große Flamingoblume	Araceae
Antirrhinum majus	Garten-Löwenmaul	Scrophulariaceae
Asclepias fruticosa	Baumwoll-Seidenpflanze	Asclepiadaceae
Asclepias tuberosa	Knollige Seidenpflanze	Asclepiadaceae
Asparagus asparagoides	Stechwinden-Spargel	Asparagaceae
Asparagus densiflorus	Zier-Spargel 'Sprengeri', 'Myriocladus'	Asparagaceae
Asparagus setaceus	Feder-Spargel 'Plumosus', 'Pyramidalis'	Asparagaceae
Aster ericoides	Erika-Aster, „Septemberkraut“	Asteraceae
Bergenia cordifolia	Altai-Bergenie	Saxifragaceae
Buxus sempervirens	Europäischer Buchsbaum	Buxaceae
Calendula officinalis	Garten-Ringelblume	Asteraceae

Botanischer Name	Deutscher Name	Familie
Callistephus chinensis	Gartenaster, Sommeraster	Asteraceae
Campanula glomerata	Knäuel-Glockenblume	Campanulaceae
Celosia argentea var. cristata	Hahnenkamm	Amaranthaceae
Centaurea cyanus	Kornblume	Asteraceae
Chamaecyparis obtusa ‘Nana Gracilis’	Muschelzypresse	Cupressaceae
Chamaedorea elegans	Mexikanische Bergpalme, „Chicco”	Arecaceae
Chrysanthemum × grandiflorum	Garten-Chrysantheme	Asteraceae
Consolida ajacis	Garten-Feldrittersporn	Ranunculaceae
Convallaria majalis	Gewöhnliches Maiglöckchen	Convallariaceae
Cornus alba ‘Sibirica’	Rotholziger (Sibirischer), Hartriegel	Cornaceae
Corylus avellana ‘Contorta’	Korkenzieherhasel	Betulaceae
Cosmos bipinnatus	Fiederblättriges Schmuckkörbchen	Asteraceae
Cotinus coggygria	Europäischer Perückenstrauch	Anacardiaceae
Cyclamen persicum	Zimmer-Alpenveilchen	Primulaceae
Cymbidium hookerianum	Kahnorchis, „Cymbidie“	Orchidaceae
Dahlia × hortensis	Dahlie, Georgine	Asteraceae
Delphinium-Cult.-Belladonna-Grp.	Rittersporn	Ranunculaceae
Dianthus barbatus	Bart-Nelke	Caryophyllaceae
Dianthus caryophyllus	Garten-Nelke	Caryophyllaceae
Echinacea purpurea	Roter Scheinsonnenhut	Asteraceae
Eremurus robustus	Turkestan-Steppenkerze	Asphodelaceae
Eucalyptus gunnii	Mostgummi-Eukalyptus	Myrtaceae
Euphorbia fulgens	Korallenröschen	Euphorbiaceae
Euphorbia pulcherrima	Poinsettie, Weihnachtsstern	Euphorbiaceae
Eustoma grandiflorum	Großblütiger Prärieenzian	Gentianaceae
Forsythia × intermedia	Garten-Forsythie, Goldglöcken	Oleaceae
Freesia refracta	Freesie	Iridaceae
Fritillaria meleagris	Kiebitzei, Schachblume	Liliaceae
Galanthus nivalis	Kleines Schneeglöckchen	Amaryllidaceae
Galax urceolata	Bronzeblatt, „Galax“	Diapensiaceae
Gaultheria shallon	„Salal“, Hohe Rebhuhnbeere	Ericaceae
Gerbera jamesonii	Barberton-Gerbera,	Asteraceae
Gladiolus-Cultivars	Gladiole, Siegwurz in Sorten	Iridaceae
Gloriosa superba	Ruhmeskrone	Colchicaceae
Gomphrena globosa	Echter Kugelamaranth	Amaranthaceae
Gypsophila paniculata	Rispiges Gipskraut, Schleierkraut	Caryophyllaceae
Hedera helix	Gewöhnlicher Efeu	Araliaceae

Botanischer Name	Deutscher Name	Familie
Helianthus annuus	Gewöhnliche Sonnenblume	Asteraceae
Helleborus niger	Christrose, Schwarze Nieswurz	Ranunculaceae
Hosta-Cultivars	Funkie in Sorten	Hostaceae
Hyacinthus orientalis	Hyazinthe	Hyacinthaceae
Hydrangea macrophylla	Garten-Hortensie	Hydrangeaceae
Hypericum androsaemum	Mannsblut	Clusiaceae
Ilex aquifolium	Gewöhnliche Stechpalme, Hülse	Aquifoliaceae
Iris × hollandica	Holländische Iris	Iridaceae
Jasminum officinale	Echter Jasmin, Weißer Jasmin	Oleaceae
Kalanchoe beharensis	Kalanchoe, „Behaarte Kalanchoe“	Crassulaceae
Lagurus ovatus	Hasenschwanzgras	Poaceae
Lathyrus odoratus	Duft-Wicke, Duftende Platterbse	Fabaceae
Laurus nobilis	Lorbeerbaum	Lauraceae
Lavandula angustifolia	Echter Lavendel	Lamiaceae
Leucanthemum × superbum	Garten-Margerite	Asteraceae
Liatris spicata	Ährige Prachtscharte	Asteraceae
Lilium longiflorum	Oster-Lilie, „Langblütige Lilie“	Liliaceae
Limonium sinuatum	Meerlavendel, Strandflieder, „Statize“	Plumbaginaceae
Lunaria annua	Einjähriges Silberblatt	Brassicaceae
Mahonia aquifolium	Gewöhnliche Mahonie	Berberidaceae
Miscanthus sinensis	Silber-Chinaschilf	Poaceae
Moluccella laevis	Muschelblume	Lamiaceae
Muehlenbeckia complexa	Weißfrüchtiger Drahtstrauch	Polygonaceae
Muscari armeniacum	Armenische Traubenhyazinthe	Hyacinthaceae
Myrtus communis	Braut-Myrte	Myrtaceae
Narcissus pseudonarcissus	Osterglocke, Gelbe Narzisse	Amaryllidaceae
Narcissus tazetta	Echte Tazette	Amaryllidaceae
Nelumbo nucifera	Indische Lotosblume	Nelumbonaceae
Nephrolepis exaltata	Aufrechter Schwertfarn	Nephrolepidaceae
Nerine bowdenii	Nerine	Amaryllidaceae
Nigella damascena	Jungfer im Grünen, Gretel im Busch	Ranunculaceae
Olea europaea	Ölbaum, Olive	Oleaceae
Ornithogalum arabicum	Milchstern, Stern von Bethlehem	Hyacinthaceae
Paeonia officinalis	Bauern-Pfingstrose	Paeoniaceae
Panicum virgatum	Echte Rutenhirse	Poaceae
Papaver nudicaule	Island-Mohn	Papaveraceae
Phlox paniculata	Stauden-Phlox, Flammenblume	Polemoniaceae

Botanischer Name	Deutscher Name	Familie
Physalis alkekengi var. franchetii	Lampionpflanze	Solanaceae
Pinus strobus	Strobe, Weymouths Kiefer	Pinaceae
Pistacia lentiscus	Mastixbaum, Pistazie	Anacardiaceae
Pittosporum tenuifolium	Schmalblättriger Klebsame	Pittosporaceae
Prunus laurocerasus	Kirschlorbeer, Lorbeer-Kirsche	Rosaceae
Pycnosorus globosus	Trommelschlägel, Junggesellenknopf	Asteraceae
Quercus robur	Stiel-Eiche	Fagaceae
Ranunculus asiaticus	Ranunkel	Ranunculaceae
Rosa-Cultivars	Schnittrosen in Sorten	Rosaceae
Rudbeckia fulgida	Sonnenhut	Asteraceae
Rumohra adiantiformis	Lederfarn	Dryopteridaceae
Salix matsudana 'Tortuosa'	Korkenzieher-Weide	Salicaceae
Salvia officinalis	Echter Salbei	Lamiaceae
Scabiosa caucasica	Große Skabiose	Dipsacaceae
Sedum telephium	Purpur-Fetthenne	Crassulaceae
Solanum jasminoides	Jasmin-Nachtschatten	Solanaceae
Spathiphyllum wallisii	Zwerg-Blattfahne	Araceae
Sphagnum palustre	Torfmoos	Sphagnaceae
Stachys byzantina	Wollziest	Lamiaceae
Stephanotis floribunda	Madagaskar-Kranzschlinge	Asclepiadaceae
Strelitzia reginae	Paradiesvogelblume, Königs-Strelitzie	Strelitziaceae
Syringa vulgaris	Garten-Flieder, Gewöhnlicher Flieder	Oleaceae
Tagetes tenuifolia	Feinblatt-Studentenblume	Asteraceae
Tanacetum parthenium	Mutterkraut, „Matricarie“	Asteraceae
Thuja occidentalis	Abendländischer Lebensbaum	Cupressaceae
Tillandsia usneoides	Greisenbart, „Louisianamoos“	Bromeliaceae
Trachelium caeruleum	Blaues Halskraut	Campanulaceae
Tulipa-Cultivars	Tulpe in Sorten	Liliaceae
Typha latifolia	Breitblättriger Rohrkolben	Typhaceae
Vaccinium myrtillus	Blaubeere, Heidelbeere	Ericaceae
Viburnum opulus 'Sterile'	Gefüllter Schneeball	Caprifoliaceae
Viburnum tinus	Immergrüner Schneeball	Caprifoliaceae
Viscum album	Mistel	Viscaceae
Xerophyllum asphodeloides	Bärengras, Truthahnbart	Melanthiaceae
Zamioculcas zamiifolia	Fiederaron, „Zamioculcas“	Araceae
Zantedeschia aethiopica	Kalla	Araceae
Zinnia elegans	Garten-Zinnie, Prachtzinnie	Asteraceae

Aufgabe 362

? Pflanzen innerhalb einer Pflanzenfamilie haben oft gemeinsame charakteristische Merkmale.
Nennen Sie jeweils einen deutschen Oberbegriff, drei an den Pflanzen sichtbare Merkmale und je zwei in der Floristik brauchbare Pflanzenbeispiele mit botanischem Namen von folgenden Pflanzenfamilien: Asteraceae – Liliaceae – Pinaceae – Rosaceae.

Aufgabe 363

? a) Nennen Sie die Bedeutung folgender botanischer Zeichen:
⊙; ⊙̈; ♃; ♆; ⦚; ○; ◑; ⌃; VII–IX; ☠.
b) Geben Sie jeweils eine praktische Verwendung an, weshalb Sie bei Ihrer Tätigkeit als Florist/-in diese Zeichen kennen sollten.

Aufgabe 364

? Nennen Sie den botanischen und deutschen Namen sowie die Familie von
a) drei immergrünen Laubgehölzen, geeignet als Beiwerk;
b) drei duftenden Schnittblumen;
c) zwei Pflanzen für einen Balkonkasten in schattiger Lage;
d) zwei krautigen Pflanzen mit besonders schönem Fruchtschmuck.

Aufgabe 365

? Nennen Sie den botanischen und deutschen Namen sowie die Familie von
a) zwei im Spätwinter oder zeitigen Frühjahr blühenden Gehölzen;
b) zwei „heiklen" blühenden Topfpflanzen, die einen Wechsel des Standorts häufig mit Abwerfen der Blütenknospen bzw. der Blüte beantworten;
c) zwei Zwiebel- und Knollenpflanzen aus verschiedenen Familien;
d) zwei buntblättrigen Topfpflanzen;
e) zwei im Sommer blühenden Freilandstauden, die sich wegen ihrer Schnittlänge von etwa 1 m und mehr besonders für große Schnittblumenarrangements eignen.

Aufgabe 366

? Nennen Sie den botanischen und deutschen Namen sowie die Familie von
a) zwei Topfpflanzen oder Schnittblumen, die vor allem wegen ihres Namens zu ganz bestimmten Festtagen bevorzugt gekauft werden;
b) zwei Nadelgehölzen aus zwei verschiedenen Familien;
c) zwei Gehölzen, die als Kübelpflanzen beliebt sind;
d) zwei Farnen, die sowohl als Topfpflanzen verkauft werden, aber auch als Beiwerk in Sträußen beliebt sind.

? Nennen Sie den botanischen und deutschen Namen sowie die Familie von **Aufgabe 367**
a) drei Nadelgehölzen, bei denen sowohl das Grün als auch die Zapfen in der Binderei verwendet werden;
b) drei Topfpflanzen, die auch für eine etwas dunklere Zimmerecke noch geeignet sind;
c) zwei Pflanzen, deren Fruchtstände im getrockneten Zustand verwendet werden.

? Nennen Sie den botanischen und deutschen Namen sowie die Familie von **Aufgabe 368**
a) drei blühenden Topfpflanzen mit windender oder rankender Wuchsform;
b) drei einjährigen Sommerblumen, die zur Bepflanzung eines halbschattigen Balkons geeignet sind;
c) zwei gelb blühenden Stauden.

? a) Mit Hilfe botanischer Zeichen werden Pflanzen und ihre Eigenschaften beschrieben. Skizzieren Sie sechs botanische Zeichen, die zu Hedera helix passen und nennen Sie ihre Bedeutung. **Aufgabe 369**
b) In einem Fachbuch lesen Sie folgenden Text:
„Hedera helix gehört zu den **bedecktsamigen**, zweikeimblättrigen Gewächsen. Die Blüten sind **zwittrig** und in **Dolden** angeordnet. Die ledrigen Blätter sind gelappt bis rautenförmig und wechselständig. Es gibt eine große Anzahl von Gartenformen mit **panaschierten** Blättern."
Erklären Sie die fett gedruckten Fachbegriffe.

? Nennen Sie die botanischen und deutschen Namen für **Aufgabe 370**
a) drei Nadelgehölze und
b) drei Laubgehölze,
die Sie als Kranzbindegrün verwenden können.

? Nennen Sie den deutschen und den botanischen Namen sowie die Familie von **Aufgabe 371**
a) drei Blattpflanzen für kühle und relativ schattige Standorte;
b) drei Pflanzen, welche für die Balkonbepflanzung auf der Südseite eines Hauses geeignet sind;
c) zwei Freilandschnittblumen, deren Blüten oder Blütenstände sowohl als Frischblumen als auch in der Trockenbinderei Verwendung finden;
d) zwei Gehölze mit schwarzem Fruchtschmuck im Herbst.

Aufgabe 372

? Ergänzen Sie die für einen Strauß und eine Pflanzschale ausgesuchten Pflanzen mit dem entsprechenden deutschen oder botanischen Namen (s. Tabelle):

	Botanischer Name	Deutscher Name
a) Strauß		Großblütiger Prärieenzian
	Dianthus barbatus	
		Blauer Eisenhut
	Anthriscus cerefolium var.	
		Skabiose
b) Pflanzschale	Pteris cretica	
		Kolbenfaden
	Nephrolepis exaltata	
		Schmalblättriger, gerandeter Drachenbaum
	Ficus pumila	

c) Fügen Sie dem Strauß zwei weiß blühende Pflanzen und drei Pflanzen mit schmückenden Blättern zu und notieren Sie die ausführlichen Pflanzennamen.

Aufgabe 373

? Blütenpflanzen werden in die Klassen der Ein- und Zweikeimblättrigen eingeteilt.

a) Nennen Sie dafür die botanischen Fachbegriffe und jeweils zwei dazugehörige Familien mit botanischem Namen.

b) Vergleichen Sie
- die Wurzelsysteme
- den morphologischen Bau eines Laubblattes
- den Sprossquerschnitt von ein- und zweikeimblättrigen Pflanzen.

c) Leiten Sie aus dem Sprossaufbau das unterschiedliche Dickenwachstum von ein- und zweikeimblättrigen Pflanzen ab.

? a) Benennen Sie die in der Abbildung gekennzeichneten Bestandteile einer Zelle. Aufgabe 374
b) Erläutern Sie die Aufgabe des Zellbestandteils mit der Nummer 1.
c) Beschreiben Sie, wo sich das Blattgrün befindet.
d) Beschreiben Sie den Entwicklungszustand der abgebildeten Zelle.
e) Mehrere gleichgebaute Zellen, die die gleiche Funktion ausüben, bilden ein Gewebe. Nennen Sie drei Gewebearten und erklären Sie deren Funktion.

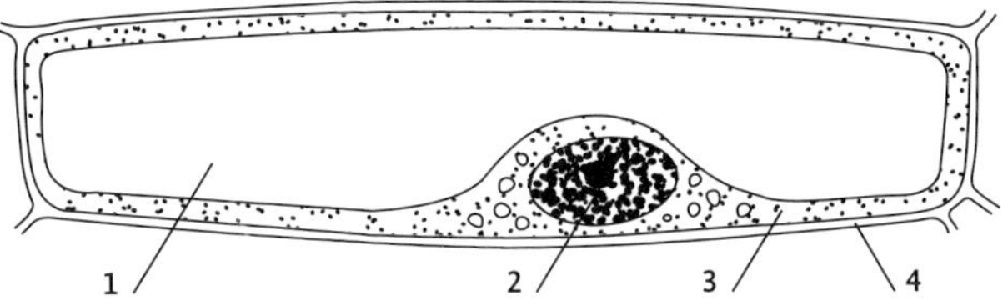

? Fotosynthese (Assimilation) und Zellatmung (Dissimilation) sind zwei voneinander abhängige, aber gegensätzliche Lebensvorgänge der Pflanze. Aufgabe 375
a) Beschreiben Sie die beiden Vorgänge und zeigen Sie deren gegenseitige Abhängigkeit auf.
b) Welche pflegerischen Maßnahmen kennen Sie, um die Fotosynthese zu erhöhen?
c) Durch welche pflegerischen Maßnahmen können Sie die Dissimilation einschränken?

? Die Blätter der Pflanzen erfüllen wichtige Aufgaben, sie prägen auch durch unterschiedliche Formen und Farben das Aussehen. Aufgabe 376
a) Geben Sie vier Farberscheinungen von Blättern an und nennen Sie die Farbstoffe, die diese Erscheinungen verursachen. Nennen Sie dazu je ein Pflanzenbeispiel.
b) Nennen Sie drei unterschiedliche Blattmetamorphosen und deren besondere Aufgabe.

? Beschreiben Sie Unterschiede zwischen Aufgabe 377
a) generativer und
b) vegetativer
Vermehrung hinsichtlich
- der physiologischen Abläufe,

– der Pflanzenteile, in denen die Vorgänge stattfinden,
– der Ergebnisse.

c) Nennen Sie vier vegetative Vermehrungsarten mit je einem Pflanzenbeispiel.

Aufgabe 378 **?** a) Benennen Sie die wichtigsten Teile einer Zwitterblüte und geben Sie deren Aufgaben an.

b) Worin unterscheidet sich der Blütenaufbau zweihäusiger Pflanzen von dem der zwitterblütigen Pflanzen?

Aufgabe 379 **?** Wichtige Merkmale zur Pflanzenbestimmung sind 1) Blütendiagramm (= Blütengrundriss) und 2) Blütenlängsschnitt.

a) Welche vier wichtigen Blütenteile sind bei beiden Skizzen dargestellt?

b) Welche Aufgaben erfüllen diese Blütenteile?

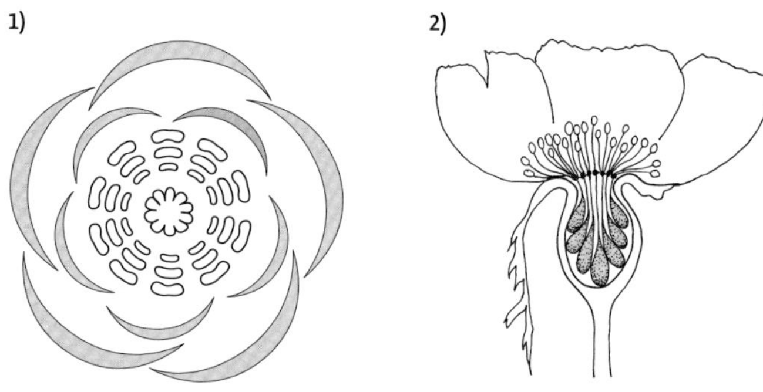

c) Für welche Pflanzenfamilie ist dieser Blütenaufbau charakteristisch?

d) Vergleichen Sie den Aufbau einer Rosenblüte mit dem einer Lilienblüte.

Aufgabe 380 **?** Man spricht im Allgemeinen von Blüten des Weihnachtssterns und von Callablüten – was jedoch botanisch nicht richtig ist.

Erklären Sie diese Art „Blüten“ und deren Aufgaben.

? Die folgenden Abbildungen von Mohn, Gras und Löwenzahn zeigen verschiedene Sprossformen. **Aufgabe 381**

a) Benennen Sie diese Sprossformen mit ihren Merkmalen.

b) Beschreiben Sie den inneren Bau einer Sprossachse.

c) Nennen Sie drei Sprossmetamorphosen mit je einem Beispiel.

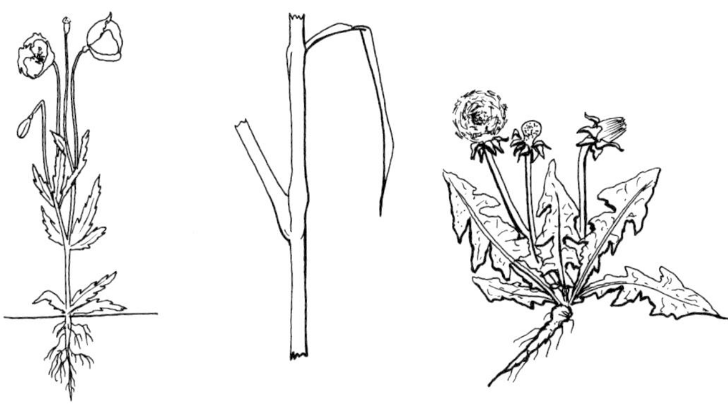

? a) Erläutern Sie an drei Beispielen, wofür Pflanzen Wasser brauchen. **Aufgabe 382**

b) Nennen Sie vier Möglichkeiten der Wasseraufnahme und des Wassertransports von der Wurzel bis zum Blatt.

? Pflanzen passen sich an ihre Umwelt an. Bereits an einer Pflanze können Sonnen- und Schattenblätter vorhanden sein, die sich im Bau unterscheiden. **Aufgabe 383**

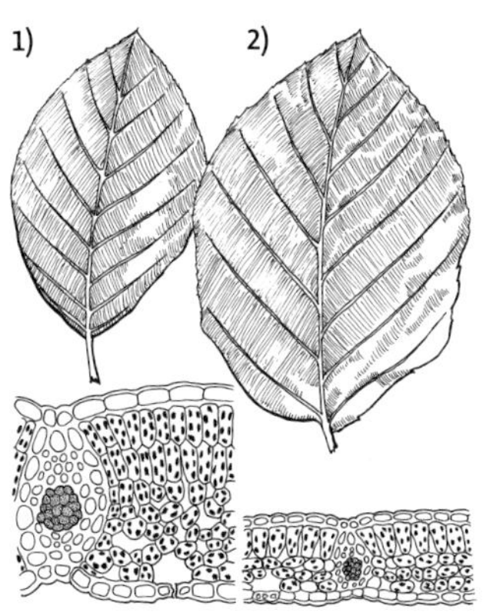

a) Geben Sie an, welches der beiden abgebildeten Blätter 1) und 2) das Sonnenblatt bzw. Schattenblatt darstellt.

b) Erläutern Sie diese unterschiedliche Bauweise der Blätter.

c) Nennen Sie aus vier verschiedenen Familien jeweils eine Pflanze, die sich für heiße und trockene Standorte eignet.

Aufgabe 384

? Im Verlauf Ihrer Ausbildung pflanzen Sie Frühlingsschalen und binden Trockensträuße. Dazu benötigen Sie folgende Pflanzen, die Sie für Ihr Berichtsheft mit dem deutschen bzw. botanischen Namen ergänzen sollten:

	Botanischer Name	Deutscher Name
Frühlingsschale	Muscari armeniacum	
		Echte Tazette
	Viola × wittrockiana	
		Frühlings-Krokus
	Bellis perennis	
Trockensträuße		Silberdistel
	Lavandula angustifolia	
		Strohblume
	Limonium sinuatum	
		Jungfer im Grünen

Pflanzenpflege/Pflanzenschutz

Aufgabe 385

? Nennen Sie je eine mögliche Ursache für folgende Schadbilder und beschreiben Sie in Stichworten, wie sich der jeweilige Schaden beheben lässt:

a) Die Blätter einer Dieffenbachie vergrünen.

b) Die jungen Triebe von Impatiens walleriana kräuseln sich, auf den Laubblättern sind klebrige, teilweise schwarze Beläge zu sehen.

c) Blätter und Blüten einer Primula vulgaris welken, obwohl die Erde feucht ist.

d) Auf den Blättern von Cyclamen persicum bildet sich ein weiß-grauer Belag, der stark stäubt. Teilweise sind auch nass-faule Stellen sichtbar.

e) Die Blattoberseite von Hedera helix ist weißlich, gelb gesprenkelt, auf der Blattunterseite sind feine Gespinste sichtbar.

? Pflanzenschutzmittel werden nach ihrer Wirkung in Gruppen eingeteilt. Gegen welche Schädlinge wirken Fungizide, Insektizide, Herbizide und Akarizide? **Aufgabe 386**

? a) Erklären Sie, was physiologisch in einer Pflanze vor sich geht, wenn folgende Pflegefehler gemacht werden: **Aufgabe 387**
- Nach dem Transport wurde eine Rose nicht frisch angeschnitten.
- Eine Passiflora caerulea wurde zu viel gegossen.
- Die Blätter einer Spathiphyllum wallisii sind völlig verstaubt.

b) Wie sehen die Pflanzen jeweils aus bzw. welche Schäden können Sie beobachten?

? Im Zusammenhang mit dem Pflanzenschutz lesen Sie folgende Begriffe: **Aufgabe 388**
a) systemische Wirkung,
b) Kontaktgift,
c) bienengefährlich,
d) selektives Pflanzenschutzmittel,
e) Resistenz.
Erklären Sie, was diese Begriffe jeweils bedeuten.

? Schädlinge sind häufige „Begleiter" unserer Kulturpflanzen. **Aufgabe 389**
a) Beschreiben Sie die Lebensweise der Blattläuse.
b) Welche Schäden werden durch Blattlausbefall hervorgerufen?
c) Welche Bekämpfungsmaßnahmen empfehlen Sie einem Kunden, dessen Balkonpflanzen von Blattläusen befallen sind?
d) Nennen Sie fünf weitere Schädlinge und deren bevorzugtes Pflanzenteil.

? Auch Spinnmilben schädigen häufig die Zimmerpflanzen. **Aufgabe 390**
a) Beschreiben Sie Schadbild und Lebensweise der Spinnmilben.
b) Erklären Sie die Wirkung von drei unterschiedlichen Pflanzenschutzmaßnahmen zur Bekämpfung von Spinnmilben.
c) Nennen Sie drei Zimmerpflanzen mit dem botanischen und deutschen Namen, die häufig von Spinnmilben befallen werden.

Aufgabe 391

? Mehltaupilze sind zwei häufige Blattparasiten.
a) Was sind Parasiten?
b) Wie unterscheiden sich falscher und echter Mehltau?
c) Nennen Sie drei Pflanzen, auf die die beiden Mehltauarten besonders spezialisiert sind.

Aufgabe 392

? Beim Umtopfen mancher Topfpflanzen kann man in der Erde die Larve des in der Abbildung dargestellten Schädlings finden.
a) Um welchen Schädling handelt es sich?
b) Welche Pflanzen werden bevorzugt von diesem Schädling befallen?
c) Beschreiben Sie die Lebensweise des Schädlings.
d) Nennen Sie die Symptome des Schädlingsbefalls und die Möglichkeiten der Bekämpfung.

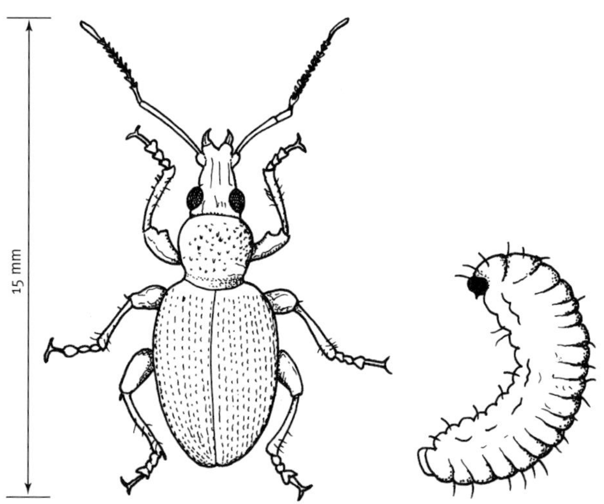

Aufgabe 393

? Kunden kommen oft mit schadhaften Pflanzen zu Ihnen in das Geschäft. Nennen Sie die Ursachen folgender Schadbilder an Topfpflanzen und geben Sie eine geeignete Gegenmaßnahme an:
a) braune, eingetrocknete Blattränder/-spitzen,
b) fahle Blätter, Blattsprenkelungen, Gespinste,
c) Buchtenfraß an Blatträndern,
d) weißer Belag auf Blättern, Knospen und z. T. auf dem Stängel,
e) Welkerscheinungen.

? Eine Kundin bringt gleich drei schadhafte Pflanzen mit ins Geschäft und möchte sich beraten lassen. Sie stellen folgende Schäden fest: **Aufgabe 394**

- Neue Triebe von Codiaeum variegatum vergrünen, die Internodien sind deutlich länger.
- Ficus benjamina hat auf den Blattunterseiten bräunliche Höcker, die Blätter sind etwas klebrig, teilweise ist an der Blattoberseite ein schwarzer Belag sichtbar.
- Die jüngeren Blätter von Hydrangea macrophylla sind chlorotisch, nur die Blattadern sind grün.

a) Nennen Sie je eine mögliche Ursache für diese drei Schadbilder.
b) Erläutern Sie der Kundin je eine wirkungsvolle Gegenmaßnahme, sodass der Schaden wieder behoben werden kann.

? Kunden entscheiden sich gern für schnell wirkende chemische Pflanzenschutzmittel. Formulieren Sie fünf „Regeln“, die Kunden beachten müssen, wenn sie mit chemischen Pflanzenschutzmitteln umgehen. **Aufgabe 395**

? Pflanzenschutzmittel werden nach ihrer Gefährlichkeit eingestuft und entsprechend gekennzeichnet (Gefahrstoffverordnung). **Aufgabe 396**
a) Wer prüft die Wirksamkeit und den Nutzen der Pflanzenschutzmittel und gibt sie zur Anwendung frei?
b) Erläutern Sie folgende Gefahrenpiktogramme für die Kennzeichnung von Pflanzenschutzmitteln:

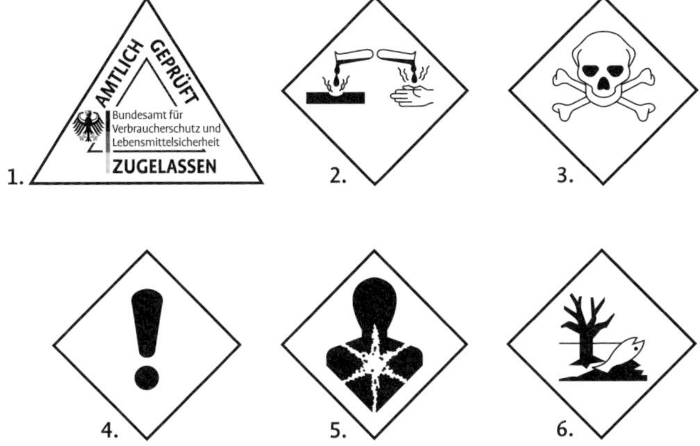

Aufgabe 397

? Der Verkauf von Pflanzenschutzmitteln kann im Blumenfachgeschäft erfolgen. Für die Anwendung müssen Sie jedoch die erforderlichen fachlichen Kenntnisse und Fertigkeiten laut Pflanzenschutz-Sachkundeverordnung § 1 (BVL) nachweisen. Nennen Sie zwei Voraussetzungen, die ein Blumenfachgeschäft erfüllen muss, damit dort Pflanzenschutzmittel verkauft werden dürfen.

Aufgabe 398

? Pflanzen zeigen nur ein erfreuliches Wachstum, wenn die Wachstumsfaktoren optimal zur Verfügung stehen.
a) Nennen Sie die fünf Wachstumsfaktoren.
b) Geben Sie für die folgenden Pflanzengruppen je zwei Pflegebedingungen an: 1) Orchideen; 2) Kakteen; 3) Kübelpflanzen mediterraner Herkunft; 4) Gesneriengewächse, wie z. B. Columnea.
c) Falsche Pflege ruft oft nichtparasitäre Pflanzenschäden hervor. Erläutern Sie fünf nichtparasitäre Schäden und deren Ursachen.

Aufgabe 399

? a) Erklären Sie den Unterschied zwischen Verblühen und Welken bei Schnittblumen.
b) Nennen Sie je drei Maßnahmen, um Verblühen bzw. Welken zu verzögern.
c) Geben Sie bei den folgenden Schnittblumen das richtige Erntestadium an: Tulpen, Nelken, Gerbera, Weihnachtsstern.
d) Welche Besonderheiten sollten Sie bei Anschnitt und Einstellen angelieferter Ware von folgenden Schnittblumen beachten?
Narzissen – Euphorbia fulgens – Christrosen – Flieder

Aufgabe 400

? a) Wie wirken sich Kälteschäden und zu starke Sonneneinstrahlung bei Pflanzen aus?
b) Welche Folgen kann es haben, wenn Topfpflanzen unregelmäßig gegossen werden?

Aufgabe 401

? Florales Material ist verderblicher Werkstoff.
a) Erläutern Sie fünf Faktoren, die bewirken können, dass Schnittblumen durch den Transport Ihres Lieferanten hin und wieder unansehnlich bzw. verdorben sind.
b) Welche Möglichkeiten haben Sie, um nach dem Erhalt der Blumen den wirtschaftlichen Schaden zu begrenzen?

? a) Erläutern Sie vier Gründe, warum bestimmte Schnittblumen das ganze Jahr über verfügbar sind. Aufgabe 402

b) Beschreiben Sie drei Ursachen vorzeitiger Welke von Schnittblumen nach der Ernte.

? Gelegentlich müssen Pflanzen umgetopft werden. Aufgabe 403

a) Erläutern Sie, wann es notwendig wird, Pflanzen umzutopfen.

b) Erklären Sie, wie Sie beim Umtopfen vorgehen.

? Für eine Schalenbepflanzung werden folgende Pflanzen ausgewählt: Codiaeum variegatum, Ficus pumila, Anthurium andraeanum. Welche Ansprüche stellen diese Pflanzen an Aufgabe 404

a) Substrat,

b) Feuchtigkeit, Luftfeuchtigkeit,

c) Temperatur und Standort.

? Der Wasserverbrauch einer Topfpflanze hängt von verschiedenen Faktoren ab. Beschreiben Sie Aufgabe 405

a) die Blätter einer Pflanze,

b) den Standort einer Pflanze,

c) das Substrat einer Pflanze,

die *viel* Wasser braucht.

? Zur Gesunderhaltung von Pflanzen sind die Inhaltsstoffe eines Substrats von besonderer Bedeutung. Aufgabe 406

a) Auf einem Ballen für Beet- und Balkonpflanzenerde finden Sie die Angaben N, P, K, Fe. Erklären Sie diese Abkürzungen und deren Bedeutung für ein gesundes Pflanzenwachstum und nennen Sie auch Mangelerscheinungen.

b) Außerdem werden die Begriffe Torf, Ton und Perlite genannt. Beurteilen Sie diese Inhaltsstoffe.

c) Begründen Sie, weshalb ein reines Torf-Ton-Substrat für eine Pflanzschale mit Sukkulenten ungeeignet ist.

? Um wachsen zu können, braucht die Pflanze Nährstoffe. Aufgabe 407

a) Teilen Sie folgende Nährelemente in zwei Gruppen ein, nennen Sie die chemischen Zeichen und erläutern Sie die Bedeutung der Nährelemente: Kalium, Kalzium, Magnesium, Eisen, Mangan, Phosphor, Kupfer, Stickstoff, Zink, Schwefel.

b) Was versteht man unter dem Begriff Volldünger?

Aufgabe 408

? a) Rindenstücke von Gehölzen sind für winterliche Arbeiten ein reizvoller Werkstoff. Beschreiben Sie, wie es zur Rindenbildung kommt.
b) Auch für Vorfrühlingsdekorationen sind Gehölze mit schöner Rindenfärbung beliebt. Nennen Sie zwei Pflanzen mit deutschem und botanischem Namen.

Aufgabe 409

? a) Erläutern Sie an drei Merkmalen die Unterschiede bedecktsamiger und nacktsamiger Pflanzen.
b) Welche äußeren Bedingungen sind für die Keimung eines Samens notwendig? Beschreiben Sie vier Bedingungen.
c) Was versteht man unter Lichtkeimer und Dunkelkeimer? Nennen Sie jeweils drei Pflanzenbeispiele dazu.

Aufgabe 410

? Früchte sind in der Floristik wichtiges Beiwerk und ergänzen die Blüten ganz natürlich.
a) Welche Aufgaben soll eine Blüte erfüllen?
b) Früchte entstehen erst durch Bestäubung und Befruchtung. Erläutern Sie diese beiden Begriffe.
c) Beschreiben Sie die Merkmale folgender Fruchtarten und nennen Sie zwei Pflanzenbeispiele dazu:
1) Hülse; 2) Schote; 3) Kapsel; 4) Nuss; 5) Beere.
d) Ordnen Sie die Abbildungen A–E den Fruchtarten 1–5 zu.

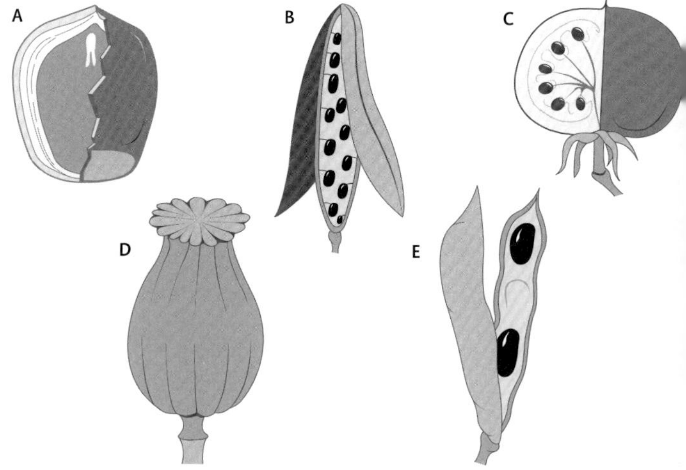

Teil 3

Praxis- und situationsorientierte Aufgaben

Praxis- und situationsorientierte Aufgaben

Sie sind nun so fit, dass Sie Ihr Fachwissen sicher im Betrieb anwenden können. Wenn ein Kunde mit einem Problem zu Ihnen kommt, müssen Sie selbstständig und kreativ reagieren können. Aus diesem Grund erhalten Sie in den folgenden Aufgaben nicht immer einen konkreten Arbeitsauftrag; dieser ergibt sich aus dem Kundenwunsch und muss von Ihnen erkannt werden.

Was kann ich erreichen?

- Fachkompetenz;
- guter sprachlicher Ausdruck;
- überzeugende Argumentation;
- Flexibilität auf allen Ebenen der Floristik;
- ideale Voraussetzungen für das Beratungsgespräch;
- ideale Voraussetzungen für eine erfolgreiche Prüfung.

Wie gehe ich vor?

- Lösungsheft (Schulheft) bereitlegen;
- auf die Aufgabe gedanklich einstellen (einlesen);
- bisher Gelerntes auf die spezielle Situation übertragen (Transfer);
- Stichwörter (Gedankenblitze) neben der Aufgabe in das freie Feld notieren;
- Erläuterungen zu den Stichwörtern ins Lösungsheft schreiben.

Die Aufgaben könnten betrieblichen Situationen entsprungen sein. Sie sind nicht nach Sachgebieten sortiert, damit Sie sich wie im täglichen Betriebsablauf immer wieder neu auf eine Aufgabe einstellen und konzentrieren müssen. Geben Sie Ihren Gedanken viel Spielraum und notieren Sie alles, was Ihnen zum Thema einfällt. Entwickeln Sie daraus Lösungen für die Kunden.

Aufgabe 411

Eine Kundin möchte ihr stilecht eingerichtetes Biedermeierzimmer mit Blumen schmücken und für eine Einladung zum Kaffee einen Tischschmuck für den ovalen Tisch bestellen (Jahreszeit: Frühling).

Aufgabe 412

Der Betriebsinhaber einer kleinen Bäckerei an der Hauptstraße möchte für die Sommerzeit seinen Eingangsbereich im Südosten von Ihnen einladend gestalten lassen. Der Kunde wünscht sich rechts und links der ebenerdigen Eingangstür Pflanzgefäße. Die Gehwegbreite beträgt an dieser Stelle etwa 2,5 m. Der Bäckermeister wünscht sich eine Skizze zu Ihrem Vorschlag (Draufsicht, Anordnung der Gefäße) für eine eventuelle Genehmigung bei der Stadt.

Aufgabe 413

Sie erhalten von Ihrer Ausbilderin den Auftrag, das Schaufenster Ihres Blumengeschäfts zum Thema „Herbstzauber“ zu dekorieren. Verwenden Sie hierfür acht verschiedene Pflanzen und schreiben Sie Informationskärtchen mit botanischem und deutschem Namen sowie der Stofflichkeit und Farbe dieser Pflanzen.

Aufgabe 414

Eine Kundin möchte für ihren Garten Empfehlungen für eine bunte Vielfalt an Zwiebelpflanzen, die alle im Frühjahr etwa zur gleichen Zeit blühen.

Notieren Sie für diese Kundin sieben jahreszeitlich passende Zwiebelpflanzen mit botanischem und deutschem Namen, nennen Sie deren Farbe und die Blühzeit.

Aufgabe 415

Der Besitzer eines Biergartens klagt bei Ihnen über Blattläuse und schlechten Wuchs an seinen im Freien aufgestellten Kübelpflanzen. Er möchte von Ihnen wissen,

a) wie er diese Blattläuse bekämpfen kann und

b) mit welchen Maßnahmen er in Zukunft seinen Kübelpflanzen bessere Wachstumsbedingungen bieten kann.

Aufgabe 416

Beim Beratungsgespräch mit der Ehefrau eines Verstorbenen legen Sie Abbildungen über Kränze vor. Die Kundin ist etwas durcheinander und kann sich nicht entscheiden zwischen

a) einem aus Eichenlaub gebundenen und mit Rosen dekorativ geschmückten Kranz und

b) einem Kranz mit verschiedenen Blüten und Blättern rundherum gesteckt.

Mit welchen Argumenten für den einen und den anderen Kranz können Sie der Kundin die Entscheidung erleichtern?

Aufgabe 417

Der Balkon an der Süd-West-Seite eines altrosa gestrichenen Hauses mit grauen Fenster- und Türlaibungen wird für den Sommer mit bepflanzten Balkonkästen geschmückt. (Laibung = bei Türen und Fenstern die der Öffnung zugekehrten Mauerflächen.)

Der Kunde wünscht sich von Ihnen einen Pflanzvorschlag unter Berücksichtigung von Pflanzenformen, Blattstrukturen und der farblichen Beziehung von Haus und Schmuck.

Aufgabe 418

Eine Kundin möchte in einer romanischen Kirche heiraten. Sie erscheint zum Beratungsgespräch außerhalb der Öffnungszeit Ihres Betriebs. Neben dem üblichen Brautschmuck möchte Sie den Kirchenraum, dem Baustil angepasst, von Ihnen schmücken lassen.

Aufgabe 419

Für eine Bepflanzung stehen zwei eigenwillige Gefäße zur Verfügung; der jeweilige Gefäßcharakter soll erhalten bleiben:

a) Runde, unglasierte Tonschale mit nach innen gezogenem Rand und

b) runde, deckend weiß glasierte Schale mit weit nach außen gezogenem Rand.

Die Kundin wünscht, dass Sie ihr vor dem Bepflanzen erläutern, wie Sie auf den Gefäßcharakter eingehen möchten.

Aufgabe 420

Ein Kunde kauft wiederholt einen Fuchsien-Hochstamm und möchte diesen auch überwintern. Die letzte Fuchsie hat nicht überlebt, weshalb der Kunde nun ganz genaue Anweisungen von Ihnen wünscht, wie er die Pflanze das Jahr über zu behandeln hat. Seinen Ausführungen entsprechend sind weiße Fliegen und/oder Spinnmilben aufgetreten. Für diesen Fall bittet er auch um eine Beratung zur Behandlung solcher Schädlinge.

Aufgabe 421

Während der etwas verkaufsärmeren Sommerzeit gibt Ihnen Ihre Chefin zwei besondere Aufträge: Sie sollten sich Gedanken und schriftliche Notizen über

a) ein einheitliches Erscheinungsbild Ihres Floristikgeschäfts (= Corporate identity) und

b) eine altenfreundliche Gestaltung des Verkaufsraums machen.

Aufgabe 422

Ein Unternehmen beauftragt Ihr Fachgeschäft, die Ausgestaltung einer Halle (Raumschmuck) für eine Betriebsfeier durchzuführen. Ihre Chefin wiederum beauftragt Sie, vorab für die Beratung wesentliche Inhalte für eine Checkliste zu erstellen.

Aufgabe 423

Die Belegschaft eines exklusiven Modegeschäfts will der Chefin zu einem runden Geburtstag eine große, transparente, quaderförmige Glasvase mit entsprechender Blumenfüllung schenken. Die Damen überlegen sich, ob auch eine Gestaltung im Gefäß in Frage kommt. Wirken Sie beratend und entwerfen Sie eine extravagante Vasenfüllung für eine außergewöhnliche Frau.

Aufgabe 424

Eine Stammkundin hat folgende Wünsche:

a) Auf der Terrasse soll eine Dauerbepflanzung mit wenigstens acht Pflanzen angelegt werden.

b) Für den Wintergarten (Sommer sonnig, Winter hell, kühl, frostfrei) möchte die Kundin drei Kübelpflanzen.

c) Für das relativ dunkle Wohnzimmer (durch den Wintergarten bedingt) möchte die Kundin zwei Topfpflanzen.

Da die Kundin ihre Pflanzenkenntnis erweitern möchte, bittet sie zusätzlich zum deutschen Pflanzennamen auch um den botanischen Namen.

Aufgabe 425

Der Trachten- und Heimatverein einer Gemeinde feiert im Juni sein hundertjähriges Jubiläum mit einem großen Fest. Sie erhalten den Auftrag, die Bühne zu schmücken und den Tischschmuck zu fertigen.
Vorab bitten die Verantwortlichen um eine Skizze zu Ihrem Vorschlag.

Aufgabe 426

Im Barockschloss „Fürstenlust" gibt es ein elegantes Restaurant, das eine Terrasse mit Blick auf den angrenzenden Schlossgarten besitzt. Für den Schmuck der Terrasse werden repräsentative Gefäße mit passender Pflanzung für die Sommerzeit gewünscht.

Aufgabe 427
Eine Kundin möchte bei Ihnen Beet- und Balkonpflanzenerde kaufen, die momentan besonders günstig angeboten wird. Nebenbei erzählt sie, dass sie endlich die vielen Kakteen umtopfen muss. Das lässt Sie hellhörig werden. Erklären Sie der Kundin, warum Kakteen nicht in ein Substrat für Beet- und Balkonpflanzen gesetzt werden sollten.

Aufgabe 428
Drei Geschwister kommen zur Beratung wegen eines Sargschmucks für ihre Mutter. Sie wünschen sich für den schlichten, hellen Holzsarg einen Schmuck, der die heitere, unkomplizierte Lebensauffassung der Verstorbenen widerspiegelt. Die Geschwister möchten auch einen Kostenvoranschlag von Ihnen.

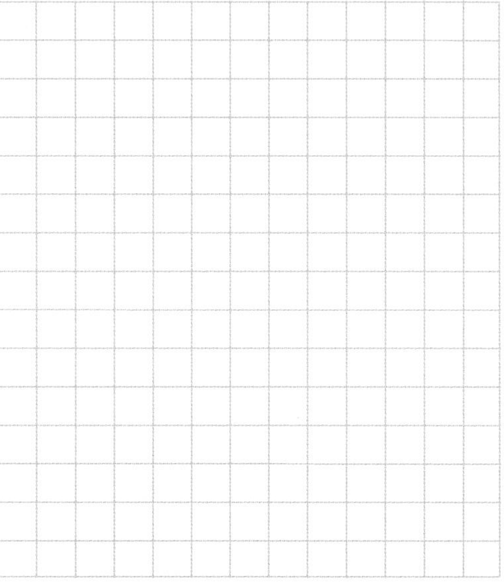

Aufgabe 429

Es ist kurz vor Valentinstag. Sie erinnern sich noch an die Hektik im Vorjahr. Überlegen Sie sich Maßnahmen, wie sich ein Blumengeschäft auf einen solchen „Hochbetriebstag“ einstellen kann, damit der Verkauf reibungslos verlaufen kann.

Aufgabe 430

Sie führen mit einer selbstbewussten jungen Frau ein Beratungsgespräch für die Hochzeit. Die Braut ist extravagant, ihre blonden Haare trägt sie hochgesteckt.

Das Brautkleid ist weiß, sommerlich, figurbetont (s. Abb.).

Sie nimmt die Planung ihrer Hochzeit selbst in die Hand und wünscht sich nun von Ihnen eine umfassende und kompetente Beratung über Hochzeitsschmuck. Der Blumenschmuck soll reichhaltig sein; ein finanzielles Limit setzt sie nicht voraus.

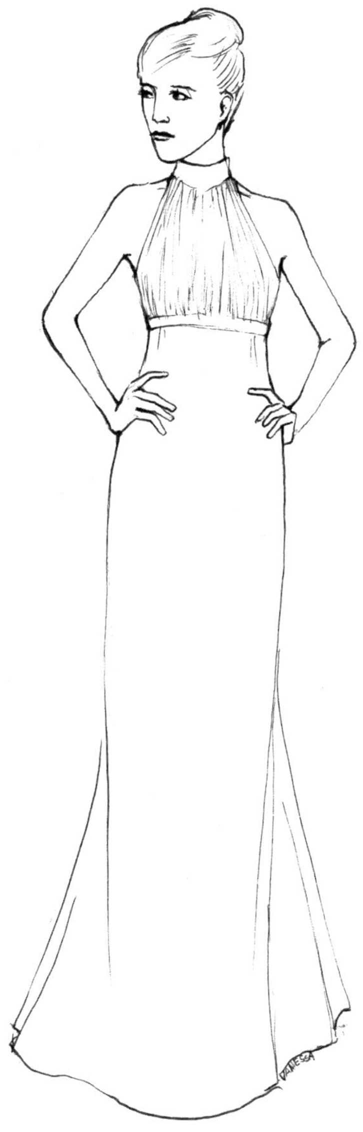

Aufgabe 431

Die Stadtverwaltung beauftragt Sie, zur Verleihung des Bundesverdienstkreuzes an einen Bürger der Stadt Blumenschmuck für den Raum zu fertigen. Die Veranstaltung findet im Barocksaal des Rathauses statt. Es sind ca. 50 geladene Gäste anwesend.

Aufgabe 432

Ein Kunde betritt den Verkaufsraum mit einer Pflanze im Arm. Er ist sehr aufgebracht und beklagt sich bei Ihnen, dass diese Schefflera gelbe Blätter hat, obwohl er sie erst vor vier Monaten bei Ihnen gekauft hat.

Aufgabe 433

Sie sind jung und können sich in den folgenden Auftrag besonders gut hineindenken. Ihre Ausbilderin bittet Sie deshalb, die Vorüberlegungen für diese Situation zu formulieren:

Eine Schulklasse möchte nach bestandener Prüfung im Keller einer Schülerin ein schönes Fest feiern. Dazu bestellt die Klasse Tischschmuck für zwei Tischreihen mit je 3 m Länge. Der Tischschmuck sollte natürlich nicht zu teuer sein.

Aufgabe 434

Ein älterer Herr betritt den Laden und Sie erkennen, dass er sehr nervös und unsicher ist. Zu Beginn des Verkaufsgesprächs stellt sich heraus, dass er einen Kranz für seine verstorbene Frau bestellen möchte.

Er möchte den Kranz am anderen Morgen abholen und wünscht auch eine Rechnung von Ihnen.

Aufgabe 435
Ihr Betrieb plant eine Werbeveranstaltung zusammen mit anderen Blumenfachgeschäften für eine Verbraucherausstellung an einem Wochenende (von Freitag bis Sonntag). Es sollen 1400 Blumensträuße verkauft werden. Fünf Auszubildende sind eingeplant, an diesen drei Tagen zu je sechs Stunden Arbeitszeit 1400 Sträuße zu binden. Eine Floristin entschuldigt sich jedoch kurz vorher, sie kann am dritten Tag nicht teilnehmen. Ersatzhilfskräfte können Sie nicht mehr finden. Wie lange müssen die restlichen Auszubildenden bei gleicher Leistung am dritten Tag arbeiten, um die übrigen Sträuße binden und verkaufen zu können?

Aufgabe 436
Ihr Betrieb wird beauftragt, für ein öffentliches Konzert auf dem Vorplatz eines Kurhauses die florale Gestaltung zu übernehmen. Für den Betrieb ist das eine wunderbare Möglichkeit, sich werbewirksam zu präsentieren. Sie übernehmen diese Aufgabe.

Aufgabe 437

Renovierungsarbeiten sind fällig: Die Schaufensterfront soll bis zum großen Stadtfest im Oktober neu gestaltet werden, damit sie besser in die Ladengestaltung integriert werden kann. Der Kostenvoranschlag über 14500 Euro liegt vor. Zu den Baukosten gibt es 5% Zuschuss, allerdings erst nach der Fertigstellung. Zur Finanzierung wird ein Kredit vom 16.6. d. J. bis zum Jahresende über die Höhe der Baukosten beansprucht.

Berechnen Sie Zuschuss, Zinsbelastung bei einem Zinssatz von 2,5 % und die gesamten Umbaukosten, die die Inhaberin zu tragen hat.

Aufgabe 438

Eine Braut betritt mit ihrer Mutter und zwei Freundinnen gleichzeitig das Geschäft. Diese vier Damen sind ganz interessiert und auch sehr motiviert, einen besonders schönen Brautschmuck zu bestellen. Die Damen wünschen ein Beratungsgespräch.

Aufgabe 439
Sie haben gelernt, dass sich der Tischschmuck immer der Situation anpassen muss. Nun bitten Sie zwei Mitglieder des Angelsportvereins zum 25-jährigen Jubiläum um einen Tischschmuck. Das Fest findet an einem warmen Frühlingstag geschützt im Freien direkt am Weiher statt. Es stehen rechteckige Tische zur Verfügung, an denen jeweils zehn Personen sitzen. Lassen Sie sich etwas einfallen – begründen Sie auch Ihre Angaben.

Aufgabe 440
Zusammen mit einem Hauhaltswarengeschäft planen Sie im Frühjahr eine Ausstellung zum Thema „Tischkultur im Jugendstil“. Sie selbst werden beauftragt, sich mit dem Thema zu befassen und für das vorgegebenen Gefäß einen Blumenschmuck zu entwickeln (silbrig glänzendes Metall, Innenschale Glas; Ansicht s. Abb.).

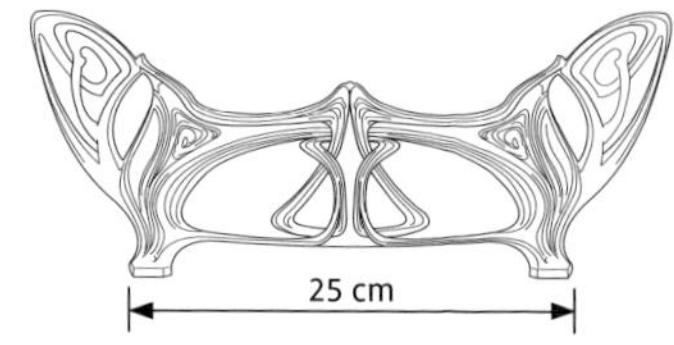

Aufgabe 441

Sie müssen anlässlich des Osterfestes den Chorraum einer gotischen Kirche schmücken. Natürlich machen Sie sich Gedanken zum Baustil und zum Fest an sich, um einen optimalen Schmuck entwerfen zu können. Der Pfarrer wünscht eine Beschreibung des Schmucks und auch eine Skizze über die Art der Anordnung.

Aufgabe 442

Das Autohaus einer Nobelmarke möchte von nun an bei jedem Autokauf dem neuen Besitzer einen Blumenstrauß überreichen. Dieser Strauß soll das Autohaus repräsentieren und darf 50 Euro kosten. Diese Aufgabe wird Ihnen zugeteilt.

Aufgabe 443

Im Freibad wird der zehntausendste Besucher erwartet. Wie jedes Jahr bekommt dieser Glückliche eine Freibad-Jahreskarte für die nächste Saison und einen Blumenstrauß. Diesen Strauß sollen Sie fertigen.

Aufgabe 444

Ein Kunde hat zum sommerlichen Abendessen auf seiner Terrasse eingeladen. Der Tisch wird mit weißem Geschirr, lavendelfarbenen Servietten und Kerzen eingedeckt. Er wünscht sich von Ihnen eine Beratung über einen Tischschmuck, der nicht groß, aber stimmungsvoll sein soll.

Aufgabe 445
Zur Eröffnung einer Bar werden Grünpflanzen gewünscht, die eine dekorative Wirkung haben sollen. Sie erläutern dem Kunden Vor- und Nachteile bestimmter Pflanzen und machen ihm Vorschläge.

Aufgabe 446
Zum alljährlichen Erntedankfest schmücken die Bürger den Altarraum der alten, romanischen Dorfkirche mit Obst, Gemüse und Backwaren. Sie werden beauftragt, darauf abgestimmt Blumenschmuck zu fertigen.

Aufgabe 447

Im Frühjahr findet der Abschlussball einer Tanzschule statt. Um ein einheitliches Bild zu vermitteln und Konkurrenzkampf auszuschließen, werden von nun an die Abschlussballsträuße der 40 Mädchen von den Jungs nicht mehr einzeln besorgt, sondern zentral von der Tanzschule bestellt. Der Strauß soll zierlich sein und darf 15 Euro kosten. Die Tanzschule möchte einen Vorschlag einschließlich Kalkulation für die 40 Sträuße.

Aufgabe 448

Ihr Betrieb beschäftigt für zwei Wochen eine Praktikantin, die gern Floristin werden möchte. Weil Sie selbst am Ende des dritten Lehrjahres bereits den Überblick haben, sollen Sie sich Gedanken machen, mit welchen Aufgaben Sie die Schülerin motivieren können, damit sie am Beruf Freude entwickelt. Stellen Sie einen Zwei-Wochen-Plan auf.

Aufgabe 449

Sie erhalten eine großartige Aufgabe: Das VIP-Zelt bei einem bekannten Tennisturnier soll anspruchsvoll mit Blumen geschmückt werden (VIP = very important persons/sehr wichtige Persönlichkeiten). Die Gestaltung muss über zehn Tage haltbar sein, bzw. es können auch einzelne Blumen ausgetauscht werden.

Aufgabe 450

Eine ältere Dame kommt mit einem besonderen Wunsch ins Blumengeschäft. Sie hat in ihrem Wohnzimmer ein sogenanntes Blumenfenster mit Beleuchtung, integrierter Pflanzwanne, Bodenheizung, Dränage und Wasserabzug nach außen. Das Fenster soll mit Epiphyten neu gestaltet werden. Diesen Auftrag übernehmen Sie.

Teil 4

Übungsaufgaben zur Komplexen Prüfungs-aufgabe

Übungsaufgaben zur Komplexen Prüfungsaufgabe

Folgende Übungsaufgaben zur „Komplexen Prüfungsaufgabe“ sollten Sie prüfungsrelevant ausarbeiten (Liste, Kalkulation, Skizze), damit Sie später flexibel und kompetent auf Ihr Prüfungsthema eingehen können. Beachten Sie, dass Ihre praktischen Lösungen der geforderten Prüfzeit entsprechen (90 bis 100 Minuten).
Im Lösungsteil finden Sie Hinweise, aber keine fertigen Entwürfe. Sie haben einen zusätzlichen Lerneffekt, wenn Sie Ihre individuellen Ausführungen mit den Ausbildenden besprechen.

Wie löse ich eine Übungsaufgabe im Idealfall?

- Lesen der Aufgabe, Gedankenblitze notieren;
- Schlüsselwörter unterstreichen, die zur optimalen praktischen Lösung erforderlich sind, sowie optische Wahrnehmungen aus einer Abbildung, z. B. Brautkleid, notieren;
- Assoziationen (Gedankenverknüpfungen) zur Floristik herstellen und praktische Ideen entwickeln;
- Werkstück skizzieren (Veranschaulichung einer Idee);
- Pflanzenliste und Kostenaufstellung fertigen;
- Werkstück selbstständig herstellen;
- Selbstkontrolle (nebenstehende Bewertungsliste ausfüllen) und Fremdkontrolle (Korrekturen durch Ausbildende).

Was kann ich tun, wenn im Betrieb die Übungsmöglichkeiten nicht gegeben sind?

- Einen Kundenauftrag (z. B. Raumschmuck) zur Übung verwenden;
- Beratung des Kunden selbst durchführen und dabei eigene Ideen entwickeln;
- Skizze, Pflanzenliste und Kostenaufstellung zu Hause fertigen;
- Kundenauftrag nach Prüfungsbedingungen umsetzen;
- Selbst- und Fremdkontrolle durchführen.

Diese **Bewertungsliste** unterstützt Sie bei der Beurteilung Ihrer unterschiedlichen Übungs-Werkstücke. Für Ihre eigenen Evaluationszwecke dürfen Sie diese Liste kopieren.

Mögliche Bewertungskriterien für die KPA	sehr gut gelöst	ordentlich	größere Mängel
Werkstoffauswahl und Technik			
Auswahl der Werkstoffe und Gestaltungsmittel mit Bezug zur Aufgabenstellung			
Vorbereitung und Versorgung der Werkstoffe (Entblättern, Anschnitt, Stützen, Wattieren und Kautschukieren, Tapen u. a.)			
Einwandfreie Technik und Stabilität der verarbeiteten Gestaltungsmittel im Werkstück, Sauberkeit und Sorgfalt			
Kriterien je nach KPA-Wahlbereich, z. B. Wasserversorgung / Haltbarkeit / Pflegbarkeit / Standfestigkeit / Zweckmäßigkeit / Handhabung			
Werkstoffeinsatz und Gestaltung			
Eindeutige Aussage der Schmuckform bzw. Gestaltungsart mit Bezug zum Entwurf (Skizze)			
Ausgewogenheit in der Formgebung / Umriss und Linienführung; Beachtung der Geltungs- und Bewegungsformen; Gruppierung und Staffelung			
Verteilung der Formen, Farben und Stofflichkeiten (Texturen)			
Proportion innerhalb des Werkstücks und zu den Vorgaben (z. B. Berücksichtigung von Braut, Tischform, Trauerfall, Raum)			
Idee und gestalterischer Gesamteindruck in Bezug zur Aufgabe			

Komplexe Prüfungsaufgabe: Hochzeitsschmuck

Die Abbildungen der Bräute zu den entsprechenden Aufgaben finden Sie gesammelt im Anschluss an den Aufgabenteil. Selbstverständlich können Sie auch eine Aufgabe mit einem beliebigen Brautkleid kombinieren.

Aufgabe 451 ? Eine junge, romantische Braut wünscht sich einen zarten Brautstrauß, fließend und mit duftenden Blüten. Ihr Brautkleid aus Organza ist bodenlang mit kleiner Schleppe, ärmellos, es hat keine weiteren Verzierungen.

Aufgabe 452 ? Entwerfen Sie für dieses sehr repräsentative Brautkleid einen besonderen Brautschmuck (s. Abb. 1). Die Braut sagt Ihnen ausdrücklich: „Ich möchte keinen herkömmlichen Strauß, wie ihn alle tragen."

Aufgabe 453 ? Natürlichkeit ist der Braut sehr wichtig (s. Abb. 2). Sie stellt sich, abgestimmt zum Brautkleid, einen frischen und leicht wirkenden Strauß vor. Sie denkt an Margeriten und andere sommerliche Blüten in Anlehnung an eine Sommerwiese.

Aufgabe 454 ? Lilian ist eine junge Braut und wirkt sehr zierlich. Als begeisterte Tänzerin hat sie sich für Ihre Trauung ein knielanges Brautkleid mit weitem, schwingendem Rock aus feinem Stoff ausgesucht. Wie könnte ihr Brautstrauß dazu aussehen?

Aufgabe 455 ? Sie werden beauftragt, für ein voluminöses weißes Tüllkleid („Prinzessinnenkleid") einen Strauß mit abfließenden Elementen zu fertigen. Die Braut möchte ausschließlich weiße Blüten mit zartem Grün.

Aufgabe 456 ? Ihre Freundin Mia heiratet im Spitzen-Seiden-Kleid mit Schleppe (s. Abb. 3). Oberteil und Schleppe sind aus cremefarbener Seide und der Bereich um die Hüfte aus Spitzenstoff in derselben Farbe. Sie wünscht sich von Ihnen einen Brautschmuck besonderer Art, der den Schnitt des Brautkleids betont.

? Ein junges Paar plant das Hochzeitsfest mit zahlreichen Freunden am Ufer eines Sees. Es soll ein fröhliches, beschwingtes, sommerliches Fest werden. Das Brautkleid ist hellblau, kurz und eng anliegend, der Bräutigam hat sich für einen dunkelblauen sportlichen Anzug entschieden. Entwerfen Sie für diese Hochzeit einen Brautstrauß und einen Anstecker für den Bräutigam. **Aufgabe 457**

? Sie werden beauftragt, im Winter für eine große, etwas ältere Braut einen Brautstrauß zu fertigen. Das Kleid ist weiß, bodenlang und schmal, dazu trägt die Braut eine taillenlange Jacke aus weißem Pelz-Imitat. Beachten Sie bei der Auswahl der Werkstoffe den winterlichen Reiz des Jäckchens. **Aufgabe 458**

? Eine sportliche Braut lehnt jeden Luxus einer Hochzeit ab und heiratet im cremefarbenen Hosenanzug nur standesamtlich (s. Abb. 4). Die ihr empfohlene Stoffblüte als Haarschmuck möchte sie nicht tragen, dafür lieber einen anderen Brautschmuck oder Brautstrauß. Entwerfen Sie ein entsprechendes Werkstück. **Aufgabe 459**

? Die junge Mutter von dreijährigen Zwillingsmädchen möchte nun doch noch ganz in Weiß heiraten (s. Abb. 5). Das vom Brautmodengeschäft vorgeschlagene Diadem am Schleieransatz soll durch ein blumiges Diadem ersetzt werden. Dazu passend wünscht sie sich einen einfachen Brautstrauß. Auch die Mädchen sollen einen kleinen Schmuck erhalten. Machen Sie ihr einen Vorschlag. **Aufgabe 460**

? Das Brautpaar fährt mit der Kutsche, gezogen von zwei Pferden, in die Kirche. Entwickeln Sie einen Schmuck für die Kutsche und auch für die Pferde. Ebenso möchte die Braut, dass dieselben Blumen in einem kleinen, runden Brautstrauß mit Naturstielen vorkommen. *Hinweis*: Diese Aufgabe ist eine reine Übungsaufgabe; der Umfang würde die Prüfzeit sprengen. **Aufgabe 461**

? Zwei ganz enge Freundinnen heiraten am gleichen Tag. Sie haben sich ähnliche Brautkleider ausgesucht, die sich nur im Oberteil unterscheiden (s. Abb. 6). Nun werden Sie beauftragt, zwei genau gleiche Brautsträuße zu fertigen, die sich farblich unterscheiden dürfen. Unterbreiten Sie einen Vorschlag. **Aufgabe 462**

Aufgabe 463 ? Ein älteres Paar möchte für seine Hochzeit die Flower-Power-Zeit der 70er-Jahre aufleben lassen. Sie heiratet im langen geblümten Baumwollkleid, er in Jeans und weißem Hemd. Ein Blumenkranz im Haar ist obligatorisch. Sie können dem Paar jedoch weiteren Blumenschmuck empfehlen, insbesondere einen Autoschmuck für seinen Kleinwagen.

Aufgabe 464 ? Zwei Frauen möchten eine gleichgeschlechtliche Lebenspartnerschaft eingehen. Zum Fest tragen sie schmale, knielange, sommerliche Kleider mit farbigem Blumendruck; der Blumenschmuck soll daher sehr zurückhaltend sein. Entwerfen Sie für die beiden Damen einen blumigen Schmuck.

Aufgabe 465 ? In manchen Gegenden wird Brauchtum gepflegt und gern noch in Tracht geheiratet. Die Tracht besteht üblicherweise aus einem Oberteil mit weißer Bluse, oft bestickt, darüber ein farbiges Miederteil, geknöpft oder geschnürt. Der meist dunkle Rock ist in der Taille angesetzt und weit, er bedeckt das Knie oder ist wadenlang und wird mit oder ohne Schürze getragen. Welche Art Brautstrauß eignet sich dafür? Entwerfen Sie einen Strauß.

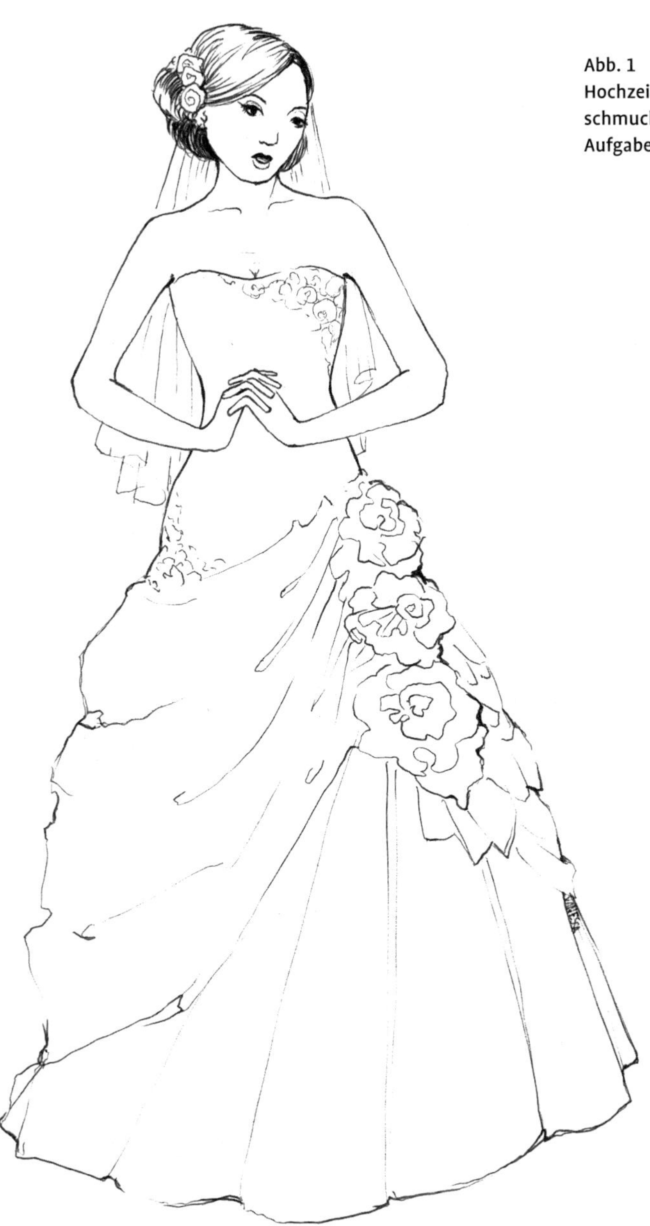

Abb. 1
Hochzeits-
schmuck,
Aufgabe 452

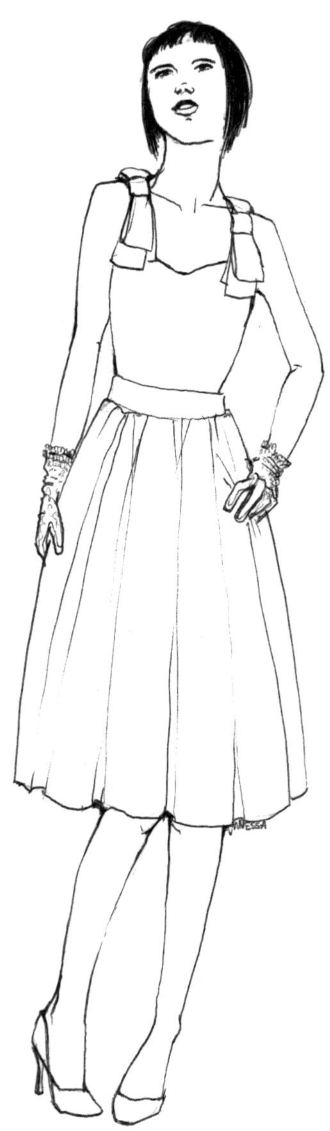

Abb. 2
Hochzeits-
schmuck,
Aufgabe 453

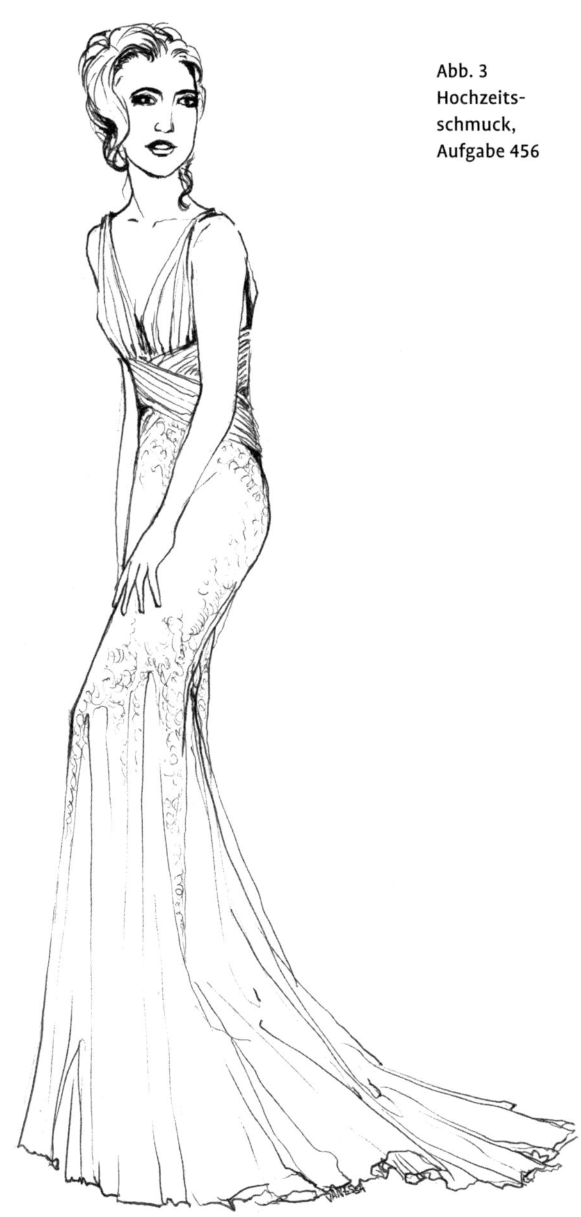

Abb. 3
Hochzeits-
schmuck,
Aufgabe 456

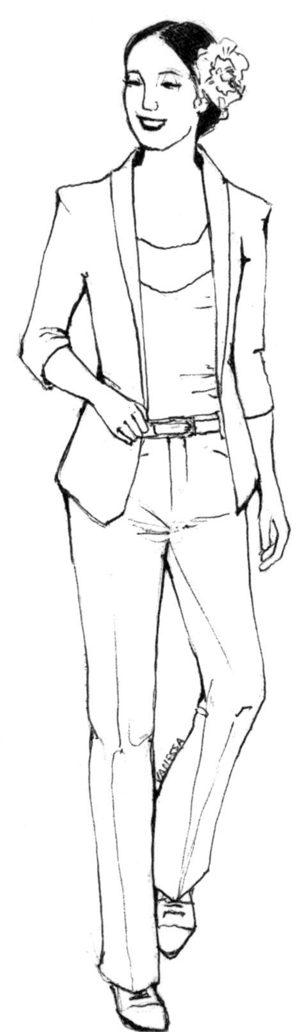

Abb. 4
Hochzeits-
schmuck,
Aufgabe 459

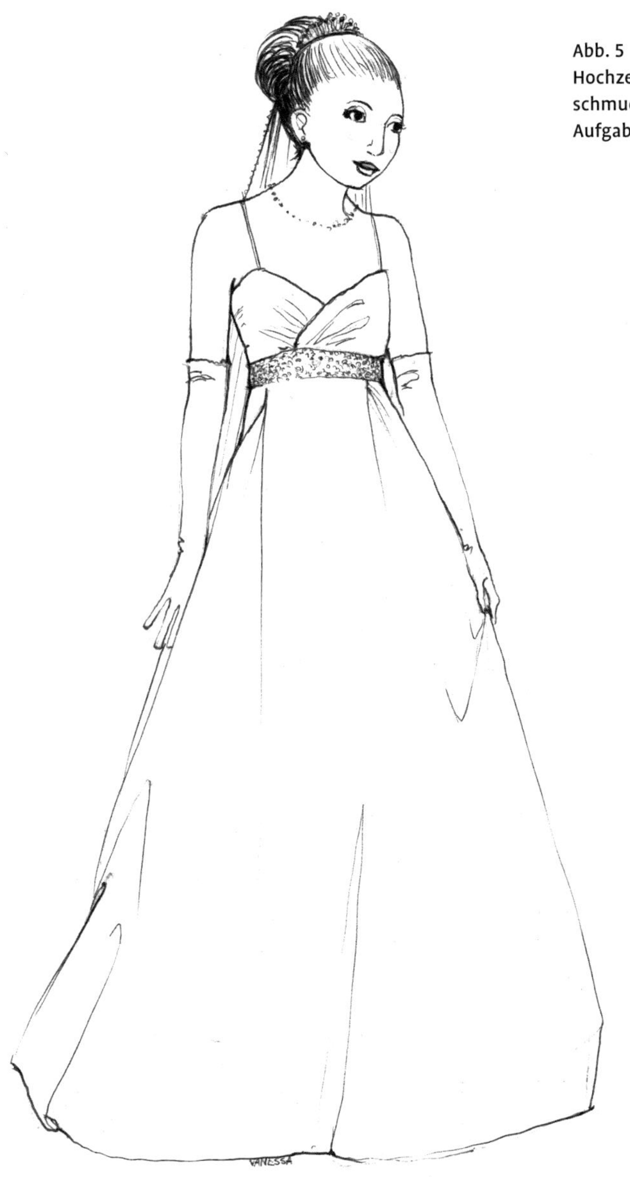

Abb. 5
Hochzeits-
schmuck,
Aufgabe 460

Abb. 6
Hochzeits-
schmuck,
Aufgabe 462

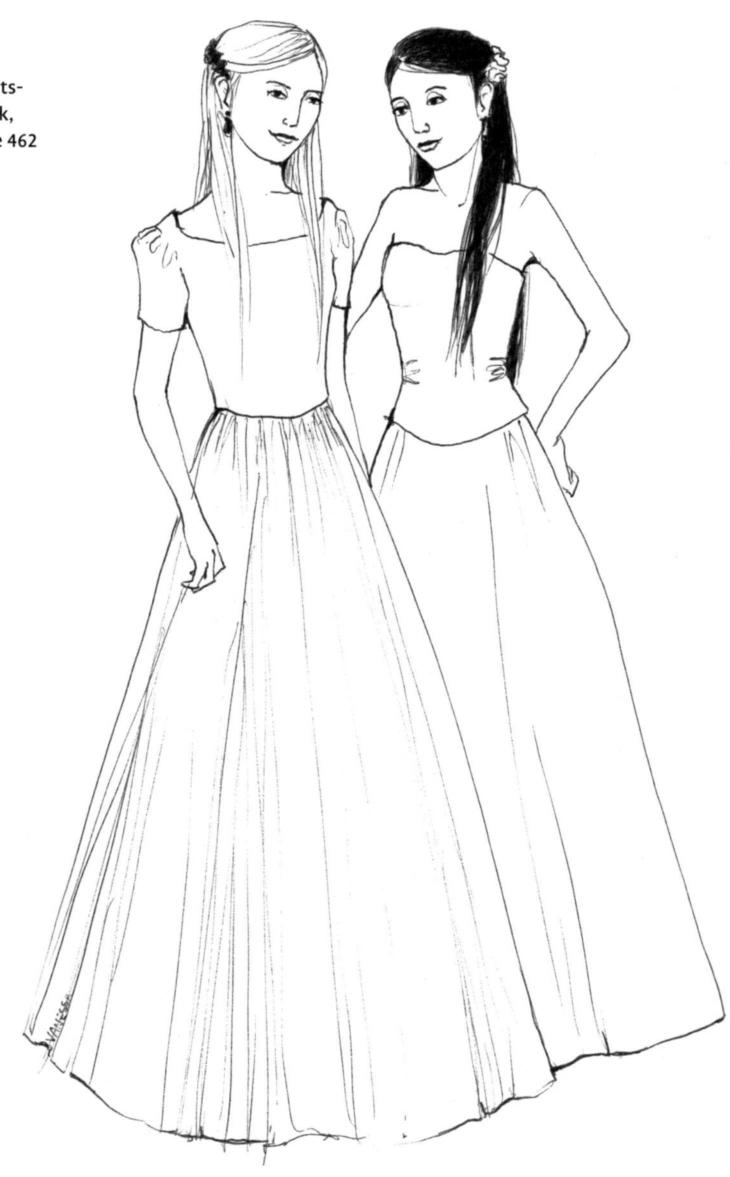

Komplexe Prüfungsaufgabe: Tischschmuck

? Eine adlige Dame feiert mit ihren fünf Freundinnen ihren siebzigsten Geburtstag im großzügigen Gartenhaus, das im Biedermeier-Stil eingerichtet ist. Das Geschirr ist blumig bemalt, die Tischdecke sehr hell, aber nicht ganz weiß. Die Kundin liebt üppigen Blumenschmuck. Ein runder Tisch mit einem Durchmesser von etwa 150 cm soll von Ihnen floristisch geschmückt werden. Aufgabe 466

? Zum festlichen Kaffee anlässlich des 10-jährigen Bestehens des Kindergartens „Margerite" werden im Garten große Doppeltische für jeweils zwölf Personen aufgestellt. Für den Tischschmuck werden farbenfrohe Sommerblumen gewünscht. Entwerfen Sie einen lieblichen, kindgerechten Blumenschmuck für einen der Tische. Aufgabe 467

? Entwerfen und fertigen Sie einen Tischschmuck für die Kaffeetafel zur Taufe eines kleinen Jungen. Die Feier findet im Juli in privaten Räumen statt und es nehmen zehn Personen teil. Der Tisch ist rechteckig und beidseitig mit jeweils fünf Personen besetzt. Das Gedeck ist weiß. Aufgabe 468

? In der Ruine einer alten Festung soll ein Rittermahl stattfinden. Der Tisch besteht aus rauen Holzbrettern und ist etwa 2,5 m lang. Es wird Geschirr aus Steinzeug verwendet; Kerzen sollen den Tisch erhellen. Entwerfen Sie für das üppige Mahl und das rustikale Ambiente einen passenden Blumenschmuck mit Kerzen. Aufgabe 469

? Mit einem zünftigen Grillfest auf einer Streuobstwiese möchten acht Hochschulabsolventen ihre bestandene Prüfung feiern Es werden Tische zu einer quadratischen Fläche mit einer Seitenlänge von etwa 1,6 m zusammengestellt. Sie werden beauftragt, für die Mitte des Tisches Blumenschmuck zu fertigen, welcher der Situation standhält. Aufgabe 470

? Am Ende eines heißen Sommertags feiern sieben Freundinnen ihre Florist-Meisterprüfung. Aus Freude darüber spendieren die Eltern der Gastgeberin einen üppigen Tischschmuck. Außerdem werden weiße Kerzen auf silbernen Leuchtern eingeplant, die auf dem Tisch oder durchaus auch auf einer Anrichte, blumig geschmückt, platziert werden können. Entscheiden Sie selbst über die Tischform und Tischgröße und Aufgabe 471 legen Sie die Farbe des Tischtuchs fest. Entwickeln Sie einen Vorschlag, der den Meisterinnen gerecht wird.

Aufgabe 472

? Das Restaurant „Mühlbach“ befindet sich in einer sehr ländlichen Umgebung und ist für seine regionale Küche mit frischen Kräutern und den Kreationen mit heimischen Wildblumen bekannt. Im Juli lädt der Wirt seine besten sechs Freunde auf der rustikalen Terrasse zu einem Schlemmeressen ein. Der Tisch ist rechteckig und aus rohem Holz gefertigt. Entwerfen Sie einen Tischschmuck, der dieser natürlichen Umgebung und der Art der Küche entspricht.

Aufgabe 473

? Für seine Traumhochzeit wünscht sich das Paar einen romantischen Tischschmuck. Die runden Tische für jeweils acht Personen werden weiß eingedeckt. Entwerfen Sie für einen Tisch einen gefühlsbetonten Tischschmuck.

Aufgabe 474

? Der Touristikverein tauft ein neues Ausflugsboot. Der Kapitän wünscht sich zum Gala-Abend einen Tischschmuck, der die Gäste beeindruckt. Gefäße für den Tischschmuck werden geliehen. Ein Tisch hat die Maße 100 × 220 cm. Entwickeln Sie einen besonderen Tischschmuck.

Aufgabe 475

? Aus Anlass der Eröffnung eines Keller-Restaurants findet für geladene Gäste ein Abendessen statt. Ausstattung des Raums: brauner Holzboden, Möbel aus braunem Holz im Landhausstil, weiße Wand, Tischtücher und Servietten in hellem Creme. Der Kunde wünscht sich einen Tischschmuck passend zu den vorherrschenden Farben, jedoch so gestaltet, dass man auch durch Farbakzente den durchbrechenden Frühling spürt.
Die Verwendung von Kerzen wird Ihnen freigestellt; diese müssten jedoch aus Sicherheitsgründen in ein Kerzenglas gestellt werden. Ein Tisch ist 2 m lang und 1,2 m breit; er wird an den langen Seiten eingedeckt.

Aufgabe 476

? Ein Ehepaar möchte seine Goldene Hochzeit mit drei befreundeten Paaren abends in einer feinen Weinstube feiern. Ein vornehmer Tischschmuck mit Kerzen soll das Fest stimmungsvoll unterstreichen. Der runde Tisch hat einen Durchmesser von 180 cm, das Tischtuch ist weiß. Entwerfen Sie einen edlen Tischschmuck.

? Zehn Personen wollen sich in einer alten Scheune zum Brunch treffen. Entwerfen Sie für dieses gemütliche Beisammensein einen rustikalen Tischschmuck. Die Tischgröße und Tischform sowie das Gedeck dürfen Sie frei wählen. Aufgabe 477

? Die Eltern bestellen zur Konfirmation ihrer Tochter einen Tischschmuck, der jung und charmant wirken aber auch dem festlichen Anlass entsprechen soll. Die Tischwäsche ist weiß. Es werden Doppeltische gestellt mit einer Länge von 1,8 m und einer Breite von insgesamt 1,6 m. Entwerfen Sie einen festlichen Tischschmuck. Aufgabe 478

? Ein namhaftes Unternehmen in Ihrer Region lädt zum Firmenjubiläum ein. Die zweihundert geladenen Personen sitzen an langen Tafeln. Der Tischschmuck muss besonders schmal sein, weil die Tische nur eine Breite von 80 cm aufweisen. Die Firmenfarben sind Orange und Weiß. Entwerfen Sie einen Tischschmuck für einen 2 m langen Abschnitt einer Tischreihe. Aufgabe 479

? Im Sommer findet ein kulinarisches Festessen mit mediterranem Ambiente statt, für welches Sie Tischschmuck fertigen sollen. Es handelt sich um eine vornehme Gesellschaft von neun Personen. Der runde Tisch hat einen Durchmesser von 180 cm. Aufgabe 480

Komplexe Prüfungsaufgabe: Trauerschmuck

? Zum Todestag ihrer Mutter möchten die Angehörigen einen Kranz auf das Grab legen (Gedenktag im Juni). Sie möchten keinen rundgesteckten Blütenkranz. Empfehlen Sie einen Kranz, der die sommerliche Wärme verträgt. Aufgabe 481

? Eine Kundin bestellt zur Beerdigung ihrer Patentante einen Sargschmuck. Der Sarg ist aus hellem Holz ohne weitere Verzierungen. Für den Schmuck wünscht sie sich eine üppige Verwendung von weißen Lilien mit grünem Beiwerk, dazu eine Schleife. Erfüllen Sie ihr diesen Wunsch. Aufgabe 482

Aufgabe 483

? Für die Beerdigung eines fünfzigjährigen Mannes, der bei einem Segelflug-Unfall ums Leben kam, bestellt der Club eine Trauerspende, welche die Lebensfreude und Naturverbundenheit ihres Freundes widerspiegeln soll. Für den Schmuck haben die Freunde 340 Euro gesammelt. Schlagen Sie ein geeignetes Werkstück vor.

Aufgabe 484

? Ein älterer Forstarbeiter ist bei Baumfällarbeiten ums Leben gekommen. Seine Kollegen möchten für ihn einen würdigen Trauerschmuck bestellen, der die Natur und speziell den Wald harmonisch vereint. Entwerfen Sie ein entsprechendes Werkstück, das nach der Beerdigung auf das Grab gelegt werden kann. Der Schmuck wird zum 20 km entfernten Friedhof geliefert.

Aufgabe 485

? Eine Gärtnermeisterin pflegte ihr Leben lang den botanischen Garten ihrer Heimatstadt mit besonderer Vorliebe für den Staudengarten. Zu ihrer Beerdigung wird Trauerschmuck bestellt. Der Schmuck soll die Vielfalt und Schönheit ihrer geliebten Stauden zur Geltung bringen – verwirklichen Sie dies an einem auserlesenen Werkstück.

Aufgabe 486

? Zur Beerdigung einer Mitschülerin bestellt die Schulklasse ein großes Herz aus Frischblumen. Dieses Herz soll auch noch einige Tage auf dem Grab gut aussehen. Beraten Sie die Klasse und fertigen Sie ein Blumenherz.

Aufgabe 487

? Zum Tode ihres geliebten Vaters wünschen sich die drei Töchter eine nicht alltägliche Trauerspende zur Urnenbestattung mit vielerlei sommerlichen Blüten. Entwickeln Sie eine besondere Idee.

Aufgabe 488

? Eine junge Frau und ihre beiden Kinder wünschen sich zum ersten Todestag ihres Mannes und Vaters der Kinder einen verspielten, farbenfrohen, blumigen Kranz. Entwerfen Sie einen Kranz, der fertig einen Durchmesser von 80 cm aufweist, damit er gerade so die Grabplatte des Urnengrabs bedeckt.

Aufgabe 489

? Zur Beerdigung eines zweijährigen Kindes wird Sargschmuck bestellt, der den kompletten Sarg blumig überdecken soll. Entwerfen Sie einen kindlichen Schmuck.

? Eine liebevolle, zarte Dame ist mit vierundneunzig Jahren gestorben. Sie war der Mittelpunkt der Familie und eine ganz besondere Blumenliebhaberin; vor allem liebte sie weiße Phalaenopsis. Für die Trauerfeier mit Urne wünschen die Angehörigen, dass die Urne komplett mit Blumen umspielt wird. Entwerfen Sie einen wirkungsvollen Blumenschmuck für die Urnenbestattung im Februar. Aufgabe 490

? Zum Todestag Anfang März möchten die beiden Söhne zum Gedenken an ihren Vater einen blumigen Schmuck auf das Grab legen. Dieser Trauerschmuck soll auch zeigen, dass bald der Winter und die Trauer besiegt sind und sanft der Frühling durchbricht. Aufgabe 491

? Zur Beerdigung eines jungen, nach langer schwerer Krankheit verstorbenen Mannes möchten seine Freunde einen Kranz niederlegen. Der Verstorbene war lange Zeit diesem Freundeskreis eng verbunden; alle waren jedoch auf seinen Tod vorbereitet. Entwerfen Sie einen passenden Kranz. Aufgabe 492

? Ende März ist eine junge Frau verstorben. Ihre Freundinnen möchten zur Beerdigung einen Kranz bestellen, der die Fröhlichkeit ihrer Freundin widerspiegelt. Aufgabe 493
Weil die Temperaturen zurzeit nicht mehr winterlich sind, empfehlen Sie einen Kranz rundum aus Frühlingsblumen. Mit diesem Vorschlag sind die jungen Frauen einverstanden.

? Zum Gedenken ihrer Toten des vergangenen Jahres bestellt ein Verein einen Kranz zum Hängen. Die Verantwortlichen wünschen sich einen üppigen Blumenschmuck in den Vereinsfarben Gelb und Weiß sowie eine Schleife mit Aufdruck. Es werden 300 Euro zur Verfügung gestellt. Der Kranz wird im Dezember an die Gedenkstelle gehängt. Aufgabe 494

? Die offizielle Trauerfeier eines Politikers findet in einem barocken Saal statt. Der Sarg wird seitlich des Rednerpults aufgestellt. Da der Sarg mit der Landesflagge zugedeckt wird, dürfen Sie nur zusätzlichen Blumenschmuck fertigen. Entwerfen Sie für zwei hohe Ständer Blumenschmuck als letzten Gruß für den Verstorbenen. Aufgabe 495

Komplexe Prüfungsaufgabe: Raumschmuck

Aufgabe 496

? In einem modernen Möbelhaus soll die Eingangshalle mit einem freistehenden Objekt geschmückt werden. Es wird eine klare, geometrische Linie bevorzugt. Entwerfen Sie einen 1,5 bis 2 m hohen Blumenschmuck.

Aufgabe 497

? Der Kunde wünscht sich, dass zur Einweihung seines renovierten Bürogebäudes die künstliche Palme, die bisher da stand, durch ein florales Objekt ersetzt werden soll. Dieses Objekt soll so geplant werden, dass wöchentlich nur Frischblumen ausgewechselt werden müssen. Stellen Sie sich dieser Herausforderung.

Aufgabe 498

? Sie werden beauftragt, für den Platz links neben der Kinokasse zur Premiere eines Utopia-Films einen Raumschmuck zu fertigen. Das Gebäude ist im Bauhaustil errichtet. Der zu fertigende Schmuck soll freistehend, nicht höher als 2,2 m und mindestens drei Tage haltbar sein.

Aufgabe 499

? Ihre Ausbildungsfirma erhält einen interessanten Auftrag. Für das Pferde-Dressur- und Springfestival dürfen Sie den kompletten Blumenschmuck fertigen. Das erste Objekt ist für die Konferenz der Verantwortlichen bestimmt, noch bevor die eigentliche Veranstaltung losgeht. Entwerfen Sie ein freistehendes Werkstück für den Sitzungssaal.

Aufgabe 500

? Für ein Klavierkonzert bestellt der Veranstalter einen freistehenden Bühnenschmuck für das linke Drittel der Bühne. Die Bühne ist schlicht, weiß und schwarz. Es steht Ihnen frei, ob Sie sich für einen ein- oder mehrteiligen Schmuck entscheiden. Entwerfen Sie einen passenden, freistehenden Bühnenschmuck.

Aufgabe 501

? Anlässlich einer Ausstellungseröffnung zum Thema „Kunst der Farbe“ sollen Sie für den Eingang der städtischen Galerie Blumenschmuck fertigen. Entscheiden Sie sich für ein freistehendes Werkstück, das die Besucher in die Ausstellung thematisch begleitet.

? Ihr Auftrag besteht aus einer Bepflanzung für den Innenbereich eines Thermalbads. Es steht eine Fläche von 1,5 × 3 m zur Verfügung, die jedoch nicht der vollen Sonne ausgesetzt ist. Es ist hell, drei Seiten sind voll verglast. Erzeugen Sie durch Ihre Pflanzenauswahl ein wenig Urlaubsstimmung. **Aufgabe 502**

? Entwerfen Sie für ein reich mit Ornamenten verziertes Treppenhaus im Jugendstil einen Blumenschmuck. Er soll die Gäste stilvoll begrüßen, die zur Einweihung des gerade renovierten Hauses geladen wurden. **Aufgabe 503**

? Es steht ein außergewöhnlicher Gestaltungsauftrag an. Sie werden gebeten, zur Eröffnung eines Modell-Eisenbahn-Museums einen bepflanzten Raumschmuck zu fertigen, der etwa 2 m lang, 40 cm breit aber nicht sehr hoch sein soll. Dieser Schmuck soll eine Gebirgslandschaft darstellen; er wird als Hintergrund eines Modellbahn-Abschnitts zur Wand hin aufgestellt. Erfüllen Sie diesen Auftrag milieugerecht. **Aufgabe 504**

? Sie selbst wollen Ihre Abschlussprüfung feiern und einen Blumenbogen zum Empfang an Ihre Eingangstür stellen. Entwerfen Sie für Ihre speziellen Gegebenheiten ein solches Schmuckstück, das sie vielleicht noch einige Zeit verwenden und blumig umgestalten können. **Aufgabe 505**

? Der Altarraum einer romanischen Kirche soll anlässlich einer Hochzeit geschmückt werden. Schlagen Sie einen dem Baustil angepassten Blumenschmuck vor, der auf einer Seite neben dem Altar aus Stein frei stehen kann. **Aufgabe 506**

? Ein neues Automodell einer namhaften Autofirma wird vorgestellt. Die feierliche Präsentation findet im firmeneigenen Veranstaltungsraum statt; dieser ist schlicht in Grau, Blau und Silber gehalten. Entwickeln Sie einen farbneutralen, schlichten aber raumerfassenden Blumenschmuck. **Aufgabe 507**

? Im Café „süß und literarisch“ finden ab und zu Lesungen zu Neuerscheinungen statt. Sie werden beauftragt, für einen solchen Anlass einen Eingangsschmuck zu fertigen. Dieser soll eher schmal und hoch sein. Das Mobiliar ist weiß, die Dekoration in Weiß, Rosé und Gold gehalten. Haben Sie eine „süß-literarische“ Idee? **Aufgabe 508**

Aufgabe 509 ? Für eine Bilder-Ausstellung zum Thema „Landleben in den 60er-Jahren" müssen Sie einen Raumschmuck fertigen, der die Besucher auf das Thema einstimmt. Recherchieren Sie in alten Floristikbüchern oder im Internet über Blumenschmuck der damaligen Zeit und passen Sie Ihre Idee entsprechend an. *Hinweis*: Diese Aufgabe ist eine reine Übungsaufgabe; sie kann, so formuliert, keine Prüfungsaufgabe sein.

Aufgabe 510 ? Grundsätzlich soll sich der Blumenschmuck dem Baustil der Kirche anpassen. Welche Kriterien müssen Sie zugrunde legen, wenn für eine barocke Kirche Blumenschmuck für eine Kommunion verlangt wird? Entwickeln Sie einen theoretischen Vorschlag für einen sehr aufwändigen Schmuck für die gesamte Kirche. *Hinweis*: Diese Aufgabe ist eine reine Übungsaufgabe; der Umfang würde die Prüfzeit sprengen.

Teil 5

Countdown: 10 Wochen vor der Prüfung

Countdown: 10 Wochen vor der Prüfung

Sie sind jetzt so gut vorbereitet, dass Ihr ganzes Wissen in den letzten zehn Wochen vor der Prüfung ganz spontan abrufbereit ist. Es gibt für diese Arbeitsaufträge keine Lösungsvorschläge; Sie sind nun auf sich selbst und Ihre Fachkompetenz angewiesen.
Selbstverständlich können Sie diesen Abschnitt auch auf zehn Tage komprimieren und die fachpraktischen Hinweise, soweit es möglich ist, theoretisch lösen.

Wie gehe ich vor?

- Teilen Sie sich die Zeit klug ein und befassen Sie sich ausführlich mit dem vorgeschlagenen Thema.
- Je nach betrieblichen Bedürfnissen sind die Themen auch austauschbar.
- Unterstreichen Sie bei jedem Abschnitt die Fachbegriffe und erläutern Sie diese möglichst schriftlich.
- Nehmen Sie sich vor, dass Sie sich beim Bedienen von Kunden fachlich korrekt ausdrücken und den Kundenwunsch perfekt erfüllen.
- Kontrollieren Sie selbst Ihre schriftlichen Aufzeichnungen und Ihren sprachlichen Ausdruck im Betrieb (Selbstkontrolle).
- Bitten Sie die Ausbildenden, Ihnen gelegentlich beim Beraten zuzuhören und Ihre Mitschriften zu kommentieren (Fremdkontrolle).

Und noch ein Tipp:

- Sind Sie ein bisschen streng mit sich selbst – Sie wollen doch demnächst Höchstleistungen vollbringen!

Woche 10

Aufgabe 511

vom ________

bis ________

Machen Sie sich Gedanken beim täglichen Sträuße binden zu Form, Bewegung, Stofflichkeit und Farbe des Werkstoffs, zu den Geltungsansprüchen der Blumen und deren Verteilung im Strauß (z. B. Staffelung, Gruppierung, Gesetz der Rangordnung, Gesetz der Beschränkung). Achten Sie auf eine eindeutige gestalterische Aussage innerhalb des Straußes und bezüglich des Kundenwunsches.

Notieren Sie die botanischen und deutschen Namen der aktuellen Schnittblumen und des Beiwerks im Betrieb.

Aufgabe 512

Woche 9

vom ________

bis ________

Weil Sträuße Ihr tägliches Brot sind, sollten Sie sich noch einmal mit diesem Thema befassen. Diese Woche wiederholen Sie die verschiedenen Straußarten und ihre typischen Merkmale; damit verbunden die verschiedenen Gestaltungsstile (-arten), sowie die Ordnungsarten (Symmetrie und Asymmetrie). Konzentrieren Sie sich auch auf den Kundenwunsch und beraten Sie gezielt – nicht pauschal!

Notieren Sie auch diese Woche noch einmal die deutschen und botanischen Namen der neuen Schnittware und zusätzlich die Namen der Topfpflanzen im Betrieb.

Woche 8

Aufgabe 513

vom ______

bis ______

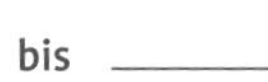

Wenden Sie nun Ihr Augenmerk besonders auf die Gesetzmäßigkeiten zur Gruppenbildung bei Gefäßfüllungen (Gestecke).
Die Lerninhalte werden auf zwei Wochen aufgeteilt. Diese Woche: Allgemeine Merkmale der geschlossenen und aufgelockerten Gruppe, optisches Gewicht und Gleichgewicht, Hebelgesetz. Außerdem sollten Sie den Wuchsmittelpunkt bei Gestecken bewusst festlegen und auf die Bewegungsabstimmung sowie auf sammelnde und anziehende Kräfte achten. Wählen Sie ganz gezielt die geeigneten Steckhilfsmittel aus.

Notieren Sie die botanischen und deutschen Namen des Werkstoffs, den Sie für Gefäßfüllungen verwenden. Vergleichen Sie die Eignung verschiedener Steckhilfsmittel.

Aufgabe 514

Woche 7

vom ________

bis ________

Bei Gefäßfüllungen in dieser Woche sollten Sie die verschiedenen Gestaltungsstile aufarbeiten. Außerdem beachten Sie bei der Arbeit besonders die Gesetzmäßigkeiten von Parallelität, landschaftlicher Zuordnung und die Proportion innerhalb der Arbeit und zum Gefäß. Überlegen Sie, welche gestalterische Bedeutung das Gefäß bei den verschiedenen Gestaltungsstilen hat.

Vergleichen Sie die für das Zimmer geeigneten Steckgefäße in Ihrem Betrieb und wiederholen Sie die Materialeigenschaften. Stellen Sie sich bei jedem Gefäß die Frage, ob dieses auch für eine Zimmerbepflanzung geeignet wäre. Notieren oder zeichnen Sie mögliche Gefäßformen für Tischgestecke.

Woche 6

Aufgabe 515

vom ________

bis ________

Diese Woche und nächste Woche sind Pflanzschalen an der Reihe. Sie können hierbei umfangreich aufarbeiten. Zuerst wiederholen Sie die verschiedenen Substrate und die Nährstoffe, die allgemeinen Kriterien zur Werkstoffauswahl mit Bezug zum Gefäß und die milieugerechte Auswahl sowie die Auswahl der Werkstoffe für die Bodengestaltung. Wiederholen Sie auch Pflanztechniken und beurteilen Sie Gefäßformen und die Gefäßgröße in Bezug zu Ihrer Pflanzarbeit.

Notieren Sie die botanischen und deutschen Namen von Pflanzen für Saisonschalen im Sommer. Beschreiben Sie die Eigenschaften von Freilandgefäßen für Balkonware.

Aufgabe 516

Woche 5

vom ________

bis ________

Achten Sie bei den Pflanzschalen für diese Woche besonders auf die einheitlichen Pflegebedingungen und die Pflegbarkeit, die Gruppierung und optische Ausgewogenheit, Proportion zum Gefäß, Abstimmung von Formen, Farben, Strukturen und die Bodengestaltung. Stellen Sie diese Woche möglichst viele Dauerbepflanzungen zusammen (theoretisch) und notieren Sie die Wachstumsbedingungen.

Wiederholen Sie die Schädlingsbekämpfung an Zimmerpflanzen. Beraten Sie Kunden beim Kauf von Zimmerpflanzen, wie sie Schädlingen vorbeugen können. Verkaufen Sie Schädlingsbekämpfungsmittel nicht nur aus dem Schrank heraus, geben Sie dazu Erklärungen.

Woche 4

Aufgabe 517

vom ________

bis ________

Machen Sie sich diese Woche auf den Weg, Dekorationen außerhalb auszuführen. Dazu benötigt man eine detaillierte Planung: Beratung über die Dekoration, Vorschlag mit Skizze, Bestellung der Ware, Planung des Verlaufs (zeitlich und personell), Aufbau, Abbau, Kalkulation. Eine Checkliste kann nützlich sein. Vorgesetzte helfen Ihnen dabei, aber den Überblick sollten Sie schon behalten. Manche Planungen gehen über mehrere Wochen – bleiben Sie am Ball.

Schreiben Sie über Telefonate ausführliche Telefonnotizen. Gehen Sie mit zum Blumeneinkauf. Schreiben Sie sich Preislisten für die gängigen Waren, denn Sie benötigen die Einzelpreise für Ihre Kostenaufstellung bei der Prüfung.

Aufgabe 518

Woche 3

vom ________

bis ________

Jetzt ist vorbildhaftes Verkaufen angesagt. Üben Sie beim täglichen Verkauf ganz bewusst die Stufen des Verkaufsgesprächs. Achten Sie auf Ihre Haltung, Stimmführung, Ausdrucksweise, auf gute Beschreibungen der Ware, respektieren Sie die Kundenwünsche, üben Sie Fachkompetenz und Sozialkompetenz. Lernen Sie, weshalb Ersatz- und Zusatzverkäufe wichtig sind und bieten Sie diese an.

Notieren Sie, was Ihnen beim Verkauf auffällt, das Sie unbedingt ändern möchten (bezüglich der eigenen Person, der Kunden, der Umgebung). Schreiben Sie Rechnungen und Quittungen.

Woche 2

Aufgabe 519

vom ________

bis ________

Zwischendurch haben Sie sich bestimmt schon mit Ihrem Wahlthema befasst. Jetzt müssen Sie gezielt üben. Egal, was Sie gewählt haben: Die grundsätzlichen Gesetzmäßigkeiten der Gestaltung können Sie immer anwenden. Denken Sie an Form, Farbe, Bewegung, Struktur und die Geltungsansprüche der Pflanzen. Stellen Sie sich die verschiedensten Situationen vor (vgl. Teil 4 in diesem Buch) und lassen Sie sich nicht durch Spekulationen beeinflussen.

Lernen Sie alle Pflanzen mit botanischem und deutschem Namen, die für Ihr Wahlthema in Frage kommen. Merken Sie sich die Preise. Befassen Sie sich mit Alternativen.

Aufgabe 520

Woche 1

vom ________

bis ________

Das wichtigste in dieser Woche ist, dass Sie Ruhe bewahren. Sie haben viel gelernt. Üben Sie noch einmal Ihr Wahlthema. Blättern Sie Ihre Aufschriebe durch, verweilen Sie dort, wo Sie meinen, noch etwas aufarbeiten zu können. Gehen Sie in die Kirchen Ihrer Umgebung, besuchen Sie historisch bedeutende Gebäude und arbeiten Sie noch an Stilkunde – das beruhigt außerdem. Stilkunde ist aber nicht nur Baustilkunde, sondern auch die Fähigkeit, stilgerecht zu arbeiten.

Greifen Sie irgendeine Aufgabe aus dem Alltag zu Ihrem Wahlthema auf und notieren Sie sich die verschiedenen Möglichkeiten, die in Frage kommen. Sie werden sehen, dass Sie flexibel geworden sind; Sie haben viele Ideen. Zeichnen Sie die eine oder andere Skizze dazu – auch das beruhigt.

Woche 0

In dieser Woche findet die Prüfung statt. Sie haben das schöne Ziel, das Ende Ihrer Lehrzeit, erreicht und starten demnächst als Floristin/als Florist in den Berufsalltag; dazu wünsche ich Ihnen alles Gute.

vom ________

bis ________

Viel Glück und Erfolg für Ihre bevorstehende Prüfung!
„Achtung verdient, wer erfüllt, was er vermag."
(Sophokles, 496–405 v. Chr.)

Notieren Sie hier, wie Sie sich fühlen:

Lösungen

Lösungen Teil 1

Tipps

- Lesen Sie den ausführlichen Text zu den einzelnen Lösungen im Schulbuch nach.
- Die Lösungen werden in der Waagerechten angegeben und entsprechen der Reihenfolge der senkrechten Kästchen im Aufgabenteil.

Aufgabe 1 1): b), f); 2): c), e); 3): a), d

Aufgabe 2 c)

Aufgabe 3 c)

Aufgabe 4 b)

Aufgabe 5 a)

Aufgabe 6 a): 6; b): 3; c): 2; d): 1

Aufgabe 7 e)

Aufgabe 8 a), b), c)

Aufgabe 9 b)

Aufgabe 10 a): 4; b): 5; c): 3; d): 6; e): 2; f): 1

Aufgabe 11 e)

Aufgabe 12 e)

Aufgabe 13 b), c), d)

Aufgabe 14 d)

Aufgabe 15 c)

Aufgabe 16 a), d)

Aufgabe 17 c)

Aufgabe 18 b)

Aufgabe 19 a)

Aufgabe 20 b), d)

Aufgabe 21 b), d)

Aufgabe 22 d)

Aufgabe 23 a), b), c), e)

Aufgabe 24 a)

Aufgabe 25 c)

Aufgabe 26 a)

Aufgabe 27 a) b)

Aufgabe 28 b) c)

Aufgabe 29 d)

Aufgabe 30 a), b), d)

Aufgabe 31 a), b)

Aufgabe 32 b)

Aufgabe 33 a), c)

Aufgabe 34 b)

Aufgabe 35 a), b), c)

Aufgabe 36 b), d)

Aufgabe 37 c)

Aufgabe 38 a)

Aufgabe 39 c)

Aufgabe 40	b)
Aufgabe 41	d)
Aufgabe 42	c)
Aufgabe 43	a), c), d)
Aufgabe 44	b), c), d)
Aufgabe 45	a)
Aufgabe 46	a): 2; b): 3; c): 1
Aufgabe 47	c)
Aufgabe 48	b)
Aufgabe 49	a)
Aufgabe 50	c)
Aufgabe 51	b)
Aufgabe 52	b)
Aufgabe 53	a), c)
Aufgabe 54	a)
Aufgabe 55	a)
Aufgabe 56	a), e), f)
Aufgabe 57	a): 6; b): 5; c): 2; d): 4; e): 3; f): 1
Aufgabe 58	d)
Aufgabe 59	f), g)
Aufgabe 60	a), b), c), d), e)
Aufgabe 61	a)
Aufgabe 62	b)
Aufgabe 63	b), c)
Aufgabe 64	b)
Aufgabe 65	b), d)
Aufgabe 66	c), d), f)
Aufgabe 67	b)
Aufgabe 68	d)
Aufgabe 69	a), c), d)
Aufgabe 70	a), c)
Aufgabe 71	b), c), d), e)
Aufgabe 72	b), c)
Aufgabe 73	a), b), c)
Aufgabe 74	b), e), f)
Aufgabe 75	b), c), d)
Aufgabe 76	b), c), e)
Aufgabe 77	b), d), f)
Aufgabe 78	a), c), d)
Aufgabe 79	b), d), e)
Aufgabe 80	a): 4; b): 1; c): 5; d): 2; e): 3; f); 6
Aufgabe 81	c)
Aufgabe 82	c)
Aufgabe 83	d)
Aufgabe 84	a), b), d), e)
Aufgabe 85	c)
Aufgabe 86	a), b), c), e), f)
Aufgabe 87	a), c), e)
Aufgabe 88	a)
Aufgabe 89	b), c)
Aufgabe 90	a): 3; b): 1; c): 2
Aufgabe 91	a), c), d), e), f)
Aufgabe 92	b), d)
Aufgabe 93	c)

Aufgabe 94	a), b), c), d)
Aufgabe 95	a)
Aufgabe 96	b), d), e)
Aufgabe 97	b), c)
Aufgabe 98	a): 2; b): 3; c): 1; d): 5; e): 4
Aufgabe 99	d)
Aufgabe 100	a), c)
Aufgabe 101	a): 3; b): 1; c): 2; d): 5; e): 4
Aufgabe 102	a), c), d)
Aufgabe 103	b)
Aufgabe 104	c), d)
Aufgabe 105	c), d)
Aufgabe 106	d), e)
Aufgabe 107	a)
Aufgabe 108	b), c), d)
Aufgabe 109	b)
Aufgabe 110	a), e)
Aufgabe 111	a), b), d)
Aufgabe 112	c)
Aufgabe 113	a)
Aufgabe 114	d)
Aufgabe 115	b)
Aufgabe 116	b)
Aufgabe 117	a)
Aufgabe 118	b), e)
Aufgabe 119	a), d)
Aufgabe 120	d)
Aufgabe 121	b)
Aufgabe 122	a), b)
Aufgabe 123	b)
Aufgabe 124	a), b), c), e)
Aufgabe 125	a), b), d), e), f)
Aufgabe 126	b)
Aufgabe 127	a), b), c), d)
Aufgabe 128	b), c), d)
Aufgabe 129	a), c)
Aufgabe 130	b)
Aufgabe 131	a)
Aufgabe 132	d)
Aufgabe 133	b), c)
Aufgabe 134	a)
Aufgabe 135	c)
Aufgabe 136	d)
Aufgabe 137	b)
Aufgabe 138	b), d)
Aufgabe 139	b)
Aufgabe 140	a)
Aufgabe 141	a)
Aufgabe 142	a), b)
Aufgabe 143	a), c), d), e)
Aufgabe 144	b)
Aufgabe 145	b)
Aufgabe 146	e)
Aufgabe 147	a): 2; d): 3; e): 1
Aufgabe 148	b)

Aufgabe 149 b)

Aufgabe 150 a), d)

Aufgabe 151 a): 1; b): 4; c): 3; d): 2

Aufgabe 152 d)

Aufgabe 153 e)

Aufgabe 154 e)

Aufgabe 155 a)

Aufgabe 156 c)

Aufgabe 157 c), d)

Aufgabe 158 a)

Aufgabe 159 a), b)

Aufgabe 160 a)

Aufgabe 161 b)

Aufgabe 162 b)

Aufgabe 163 b)

Aufgabe 164 a), b)

Aufgabe 165 b)

Aufgabe 166 a)

Aufgabe 167 a), b)

Aufgabe 168 a), b)

Aufgabe 169 b)

Aufgabe 170 a), b)

Aufgabe 171 b)

Aufgabe 172 a)

Aufgabe 173 b)

Aufgabe 174 a), b)

Aufgabe 175 a), b)

Aufgabe 176 a), b)

Aufgabe 177 a)

Aufgabe 178 a)

Aufgabe 179 b)

Aufgabe 180 a), b)

Aufgabe 181 a), b)

Aufgabe 182 a)

Aufgabe 183 a), b)

Aufgabe 184 a), b)

Aufgabe 185 a), b)

Aufgabe 186 b)

Aufgabe 187 a)

Aufgabe 188 a)

Aufgabe 189 a), b)

Aufgabe 190 a)

Aufgabe 191 a)

Aufgabe 192 a)

Aufgabe 193 a)

Aufgabe 194 b)

Aufgabe 195 a), b)

Aufgabe 196 a)

Aufgabe 197 a)

Aufgabe 198 a), b)

Aufgabe 199 a)

Aufgabe 200 a), b)

Aufgabe 201 a), b)

Aufgabe 202 a)

Aufgabe 203 b)

Aufgabe 204 b)

Aufgabe 205 a)

Aufgabe 206 a)

Aufgabe 207 b)

Aufgabe 208 a), b)

Aufgabe 209 a)

Aufgabe 210 a), b)

Aufgabe 211 a), b)

Aufgabe 212 b)

Aufgabe 213 a)

Aufgabe 214 a), b)

Aufgabe 215 a), b)

Aufgabe 216 a), b)

Aufgabe 217 a), b)

Aufgabe 218 a)

Aufgabe 219 a), b)

Aufgabe 220 b)

Aufgabe 221 a)

Aufgabe 222 a), b)

Aufgabe 223 a), b)

Aufgabe 224 a)

Aufgabe 225 a)

Aufgabe 226 a), b)

Aufgabe 227 b)

Aufgabe 228 a), b)

Aufgabe 229 a), b)

Aufgabe 230 a), b)

Aufgabe 231 a), b)

Aufgabe 232 b)

Aufgabe 233 a)

Aufgabe 234 a), b)

Aufgabe 235 a)

Aufgabe 236 a), b)

Aufgabe 237 a), b)

Aufgabe 238 a), b)

Aufgabe 239 a), b)

Aufgabe 240 a)

Aufgabe 241 a), b)

Aufgabe 242 a)

Aufgabe 243 b)

Aufgabe 244 b)

Aufgabe 245 a)

Aufgabe 246 a), b)

Aufgabe 247 a), b)

Aufgabe 248 a), b)

Aufgabe 249 b)

Aufgabe 250 a), b)

Aufgabe 251 a), b)

Aufgabe 252 a), b)

Aufgabe 253 a)

Aufgabe 254 a)

Aufgabe 255 a), b)

Lösungsvorschläge Teil 2

Gestaltungselemente: Form, Bewegung, Stofflichkeit, Farbe

! Aufgabe 256

	a) Grundformen	b) gestalterische Ansprüche
Eremurus:	Dreieck, linear	Mitte, oben, herrschaftlich
Liatris:	Rechteck, linear	Mitte, oben, herrschaftlich
Miscanthus:	Dreieck, linear,	Außenbereiche, verbindend
Gerbera:	Kreis, flächig	mittlere Bereiche
Freesie:	Dreieck, körperhaft	mittlere Bereiche, außen
Kiefernzapfen:	Kreis, körperhaft	Basisnähe, sammelnd

! Aufgabe 257

Kreis + Blau: Form und Farbe sind in sich gekehrt, haben keine Wirkung in den Raum, wirken geschlossen.
Dreieck + Gelb: Beides tendiert nach außen, dringt in den Raum hinein, das Dreieck durch die Spitzen, Gelb durch die Helligkeit. Grenzen scheinen sich aufzulösen.
Quadrat + Rot: Quadrat steht symbolisch für das Feld, den Acker, das, woraus unsere Nahrung wächst. Rot symbolisiert das Leben, die Lebenskraft. Beides wirkt begrenzt, aber stark.

! Aufgabe 258

aktiv	vermittelnd	passiv
Aufstrebend, aufstrebend einseitig entfaltend, aufstrebend allseitig entfalten, aufstrebend mit rundem Endpunkt	Ausschwingend, spielend, brüchig	Allseitig entfaltend, lagernd, abfließend
Grundsätzlich nach oben strebend, stark, kräftig, stolz, mit rundem Endpunkt jedoch etwas lastend, drückend	Die Mitte ausfüllend, weich, sanft, schwingend, brüchig wirkt härter	Anpassend, niedrig, drückend, verbindend

Aufgabe 259

! a) Die Statik befasst sich mit dem Gleichgewicht der Kräfte an ruhenden Körpern, Lehre vom Gleichgewicht der Kräfte. Dazu gehören pflanzliche Bewegungsformen, die ausgleichend sind, ruhig in der Wirkung, geschlossen.
Die Dynamik befasst sich mit Bewegungsvorgängen von Körpern, die auf einwirkende Kräfte zurückzuführen sind. Es sind pflanzliche Bewegungsformen, die in den Raum drängen, Aktivität zeigen, wegstreben.
b) Statische Bewegungsformen (z. B. lagernd) geben in der Basis den wegstrebenden Formen Halt, wirken sammelnd, ausgleichend und ruhig.
Dynamische Bewegungsformen (z. B. aufstrebend) müssen in die oberen und äußeren Bereiche, damit sie Freiraum zur Entfaltung haben.
c) Statisch: Formarbeit; dynamisch: formal-linear.
d) Statik: Romanik; Dynamik: Gotik.

Aufgabe 260

!

		wirkungssteigernde Farben	wirkungsabschwächende Farben
weich:	seidig	Pastellfarben, Rosa	trübe Farben, Braun
	wollig	getrübte Farben, Grau	Pastellfarben, zartes Blau
	samtig	kräftige, dunkle Farben, Dunkelrot	helle Farben und Pastellfarben, Gelb, Rosa
hart:	rustikal	Erdfarben, Braun	Pastellfarben, helle Farben zartes Rosa oder Grün
	porzellanartig	reine, helle Farben, besonders Weiß, Gelb	trübe Farben, Braun, Schwarz
	metallisch	starke Farben, leuchtendes Rot, Blau	schwere, trübe Farben, Braun

Aufgabe 261

! Metallisch: Anthurie. Licht wird durch die glatte Oberfläche reflektiert, Rot wirkt glänzend, kühler, optisch leichter, heller.
Flauschig: Gloxinie. Licht wird durch die raue Oberfläche absorbiert, Rot wirkt matt, warm, optisch schwerer, dunkler.

! Aufgabe 262

	seidig	porzellanartig	wollig
a)	weich, fein, zart, duftig, dünn, durchscheinend	hart, fest, zerbrechlich wirkend, edel	weich, haarig, flauschig, anschmiegsam
b)	Wicke, Mohn, Malve	Maiglöckchen, Lilie, Hyazinthe	Perückenstrauch, reife Frucht der Clematis, Greisenhauptkaktus
c)	feine Formen, Kelchglas, Dreieck	Zylinder, klare, eckige, geometrische Formen	runde Formen, Kugelvase

! Beispiel: Farbfamilie Blau Aufgabe 263

- Großer Hell-Dunkel-Kontrast (z. B. Hellblau und Dunkelblau)
- Kalt-Warm-Kontrast (z. B. Blautöne und Hintergrund Gelborange)
- Qualitätskontrast (viele feine Abstufungen von Blau bis zum Weiß)
- Quantitätskontrast (z. B. viele Blautöne, wenig Akzente von z. B. der Komplementärfarbe Orange oder der Nichtfarbe Weiß oder Schwarz)

! a) Aufstrebende Bewegungsform, sich einseitig entfaltend; herzförmiges Hochblatt („Blüte"); metallische bis porzellanartige Oberfläche; aktive, geltungsfordernde Farbe und hohe Geltung. Ihr Wesen ist edel, exotisch. Aufgabe 264

b) Hortensie (Basis, lagernd, ruhig), Kängurupfote, grün (flauschig), Aristea-Blätter (lineare Form), Philodendron (sattes Grün als Komplementärfarbe).

! a) Im Farbkreis gegenüberliegende Farben sind komplementär. Sie ergänzen sich, beinhalten alle drei Grundfarben, verstärken sich zu höchster Leuchtkraft im Nebeneinander und ergeben in der Mischung Grau. Aufgabe 265

b) Violett und Gelb, Blau und Orange, Rot und Grün

c) Blau und Orange: Im Nebeneinander, z. B. im Strauß, erscheinen sie jeweils leuchtender, vordergründiger. Als Quantitätskontrast (wenig Blau, viel Orange) kann das Freundliche von Orange noch stärker hervorgehoben werden, diese Wirkung ist jedoch bereits durch den erhöhten Lichtwert auch bei gleicher Flächenverteilung gegeben. Der Kontrast kann auch gesteigert werden, wenn sich die Farben auf glänzenden Stofflichkeiten oder vor dunklem Hintergrund befinden.

Aufgabe 266

! a) Frühling: leicht, fein, spielerisch, duftig, transparent, aufbauend, entwickelnd, hell.
Drei zarte Rosatöne oder drei feine Gelbabstufungen aus dem Pastellbereich, die sich bis hin zu kräftigen Farben entwickeln, z. B. aus Rosa wird kräftiges Rot. Die Aufhellungen einer Farbe wirken ebenso zart und fein, sich entwickelnd wie der Frühling.
Herbst: üppig, drall, fruchtig, schwer, satt, reich, schwindend bis modrig.
Drei Farbabstufungen aus dem Bereich der Trübungen, z. B. Dunkelrottöne oder Dunkelgrünschattierungen. Bei getrübten Farben schwindet die Helligkeit, wie auch im Herbst das Licht nachlässt. Trübungen wirken satt, gefüllt, die Farbaktivität ist vergänglich.
b) Frühling: seidig (fein, zart), porzellanartig (fest, klar).
Herbst: flauschig (warm, optisch schwer), rustikal (derb, rau).
c) Frühling: porzellanartig (Narzisse) und rustikal (leicht angetriebene Zweige).
Herbst: rustikal (blattlose Zweige) und metallisch (Beeren), z. B. Hagebuttenzweig.

Aufgabe 267

! Sommerliche Fülle (Weiß, Gelb, Rot, Violett, Grüntöne) vermittelt ein Gefühl von Freude und Glück. Ein Farbe-an-sich-Kontrast drückt Lebensfreude aus.
An sehr heißen Tagen empfindet man kühlere Farbkombinationen als Erfrischung, denkt an Wasser und Abkühlung, z. B. Rittersporn oder hellblaue Skabiosen, kombiniert mit Weiß (Margeriten).
Ganz weiße Sträuße aus sommerlichen Blüten mit hellerem Grün wirken sehr rein, edel, vornehm, frisch, neutral, passend für jeden Raum.

Aufgabe 268

! a) Die für die Gestaltung wichtigen Farbkontraste nach Itten sind:
- Farbe-an-sich-Kontrast (Grundfarben sind enthalten, stark, laut, kräftig, bunt);
- Hell-Dunkel-Kontrast (starker Kontrast durch sehr helle und sehr dunkle Farben);
- Kalt-Warm-Kontrast (warm = Gelb-, Rottöne; kalt = Grün-, Blautöne);
- Komplementärkontrast (im Farbkreis gegenüberliegende Farben);
- Qualitätskontrast (Abstufungen einer Farbe mit Hell- und Dunkelwerten);
- Quantitätskontrast (Mengenkontrast, unterschiedliche Mengen von Farben).

b) Farbbeispiele und Wirkung sind vom gewählten Werkstück abhängig. Vergleichen Sie Ihre Notizen zur Wirkung mit den Kontrastbeispielen in a).

Aufgabe 269

! a) Zweiklang kann ein Komplementärkontrast sein, im Farbkreis gegenüberliegende Farben, was z. B. bereits bei einem Rosenstrauß mit zwei Farben (rote Blüten, Grün) gegeben ist. Die Wirkung ist kräftig, laut, stark, sich gegenseitig steigernd.
b) Dreiklang besteht immer aus drei Farben, z. B. Grundfarbendreieck (sehr kräftig in der Wirkung, stark, bunt z. B. für einen Geschenkstrauß zu einem fröhlichen Anlass) oder z. B. drei Nachbarfarben in eher ruhiger Wirkung für einen Krankenhausstrauß (z. B. Gelb, Gelborange, Orange).
c) Vierklang wirkt durch die vielen Farben schon recht bunt, wenn er in der quadratischen oder rechteckigen Beziehungsfigur mit jeweils zwei komplementären Farbpaaren kombiniert ist. Für die Dekoration einer Faschingsveranstaltung wäre dies angemessen.
d) Farbfamilie – das sind mit einer Farbe (z. B. Blau) verwandte Farben aus den Nachbarfarben, Pastellfarben und Trübungen und aus der Richtung zur Komplementärfarbe. Die Kombination gibt eine hauptsächliche Farbe und damit die entsprechende Stimmung an. Nur Blautöne in einem Werkstück wirken etwas mystisch, in sich gekehrt, verschlossen. Eine Auflockerung mit Weiß oder einer komplementären Farbe tut gut, heitert auf.

Aufgabe 270

! a) Kleiner Farbkontrast: Qualitätskontrast. Eine Farbe (hier Gelb) wird mit Weiß aufgehellt und mit Schwarz getrübt. Hell-Dunkel-Reihe aus Gelbtönen (Ton-in-Ton). Feine Abstufungen, zart, lieblich besonders im hellen Bereich.
Großer Farbkontrast: Zweiklang aus Orange und Blau, Komplementärkontrast und gleichzeitig Hell-Dunkel-Kontrast und Kalt-Warm-Kontrast. Sehr stark in der Wirkung, vordergründig, sich steigernd.
b) Gegensatz zum 1. Beispiel: Komplementärfarbe Violett zu Gelb, die feinen Farbabstufungen bekommen Konkurrenz, das dunkle Violett steigert die Wirkung und ergänzt im Hell-Dunkel-Kontrast, es entsteht Spannung.
Im 2. Beispiel kann mehr Ruhe entstehen durch unterschiedliche Farbflächen (Quantitätskontrast), viel Orange, wenig Blau, damit wird auch die Konkurrenz geringer, Orange bestimmt die Wirkung. Zusätzlich trennen weiße Farbflächen, lassen die Gestaltung ruhiger erscheinen.

Aufgabe 271

! a) Gegenstände erscheinen farbig, weil bestimmte Wellenlängen des Lichtspektrums von ihnen absorbiert oder reflektiert werden. Der Gegenstand erscheint in der Farbe der von ihm reflektierten Wellenlänge. Die anderen Spektralfarben treten nicht in Erscheinung, weil sie absorbiert werden. So z. B. erscheint eine Mohnblüte rot, weil sie die Rotstrahlung reflektiert.

b) **Künstliche Lichtquellen** enthalten unterschiedliche Wellenlängenanteile des Lichts, z. B. langwellige (Rot, Orange) oder kurzwellige (Blau, Violett). Gegenstände können nur die Wellenlängen reflektieren, von denen sie auch bestrahlt werden. Folge: Farbtöne verändern sich. So z. B. wirkt das Blau im gelblichen Licht stumpfer, Rotorange strahlender.

Oberfläche beeinflusst die Lichtreflexion: Glatte, glänzende Oberflächen reflektieren die Lichtstrahlen einheitlich. Bei rauen Oberflächen wird das Licht in unterschiedlichen Winkeln gebrochen und dadurch gestreut, Oberfläche erscheint dunkler, matter oder zeigt Helligkeitsabstufungen der Farbe.

c) Zwei Komplementärfarben steigern sich im Nebeneinander zu höchster Leuchtkraft, z. B. wirkt Rot neben Grün sehr viel leuchtender. Die optische Wirkung einer Farbe wird geschwächt, wenn ein ähnlicher Farbton zugeordnet wird, z. B. Gelb und Pastellgelb. Die Leuchtkraft einer Farbe wird gesteigert, wenn sie sich vor einem dunklen Hintergrund befindet, z. B. Orange auf Schwarz, sie wird aber vor einem hellen Hintergrund gemindert, z. B. Orange auf Weiß.

Aufgabe 272

! a) Reine, helle, warme, leuchtende Farben treten hervor, kühle, dunkle, getrübte, erdhafte Farben treten zurück.

b) Matte, raue Strukturen (Zweige) treten optisch zurück, Licht wird absorbiert. Glatte, glänzende Strukturen (Anthurie) kommen optisch in den Vordergrund, Licht wird reflektiert.

c) Blumen mit hohem Geltungsanspruch (Strelitzie) benötigen Freiraum zur vollen Entfaltung ihres Wesens (Kostbarkeit, Größe, Herrschaftlichkeit, edler Charakter). Pflanzen mit niedriger Geltung (Fruchtstände oder Moose) bevorzugen ganz natürlich die Masse, sind bescheiden und werden so verarbeitet, ihr Anspruch ist gering.

! Grundsätzlich entspricht die Zahl 3 dem Gesetz der Beschränkung und meint, dass man sich auf drei gestalterische Einheiten begrenzt. **Aufgabe 273**

- Drei Grundformen, drei Bewegungsformen im z. B. dekorativ gestaffelten Strauß.
- Drei Grundfarben, Farbdreiklänge, drei Farbenrichtungen im z. B. Strauß.
- Goldener Schnitt, Staffelung, verschiedene Proportionsverhältnisse z. B. $\frac{1}{3}$ Blumenstiele und $\frac{2}{3}$ Blumenfülle, Kranzschmuck bedeckt den Kranzkörper zu einem Drittel, u. a.

! **Aufgabe 274**

Wirkung	Formen	Farben	Strukturen
besinnlich	sammelnd, weich schwingend, rund	getrübt, ruhig, dunkle Farbtöne	rustikal, wollig, samtig
lustig	bewegte Formen, aufstrebend	Gelb, Orange, Grundfarben	Strukturkontraste, rustikal bis glänzend
naturhaft	Kugel, Quader, Naturformen	trübe Farben, Braun, Grün	rustikal, flauschig, Strukturkontraste
repräsentativ	groß, schwellend, aufstrebend	reine Farben, Gelborange (Gold)	porzellanartig, samtig, metallisch
kraftvoll, aktiv	aufstrebend, entfaltend, stark	aktive, reine Farben, Rot	fest, metallisch, porzellanartig

! a) Sie schaffen Blickpunkte durch die Besonderheit der Oberfläche, z. B. glatt und glänzend oder rau und derb. **Aufgabe 275**

Sie kommen als flächige Gestaltung ganz besonders zur Geltung: die Einzelblüte tritt in den Hintergrund, die Oberfläche wirkt durch die Masse einheitlich.

Sie beleben ein Werkstück durch Textur-Kontraste, beispielsweise im Strukturstrauß.

b) Umwickeln: Naturbast, dicke, auch mehrere Wicklungen als Bindung beim Parallelstrauß.

Weben: Typhablätter zur Fläche verweben.

Flechten: langstielige Wiesengräser zum Zopf flechten.

Auffädeln: Zapfenschuppen zur rustikalen Kette auffädeln.

Kleben: Hoyablätter (gefärbt) auf Styropor®-Kugel kleben.

Aufgabe 276 !

a)	optisch leicht	optisch schwer
Stofflichkeit	seidig, porzellanartig	samtig, rustikal
Farbe	Pastellfarben, Gelb	Trübungen, Blau
Bewegung	aufstrebend, ausschwingend	lastend, abfließend
Blütenform	Dreieck, stehendes Rechteck	Kreis, liegendes Rechteck

b) Der Eindruck des Leichten entsteht durch die Tendenz nach oben (langer Stängel, helle, lichthafte Farben und zarte Strukturen), das Wegstrebende, die Bewegung zum Licht hin und durch das Feingliedrige. Schwer wirkt eine Pflanze, wenn sie gedrungen und kompakt gewachsen ist, sich zur Erde „bewegt", eher statisch sich in Bodennähe aufhält und nicht die Kraft aufwendet, sich gegen die Erdanziehungskraft zu wehren. Dieselbe Tendenz nach unten haben dunkle Farben und raue Strukturen.
c) In der Gestaltung achtet man den Bewegungswillen der Pflanzen und setzt sie entsprechend ein: Grundsätzlich gehört Leichtes nach oben, Schweres nach unten in Basisnähe.
d) Ein dunkelblauer Eisenhut hat widerstrebende Eigenschaften. Das dunkle Blau gehört nach unten, das Aufstrebende nach oben. In diesem Fall gilt „Form vor Farbe". Die Form hat Vorrang!

Gestaltung und Stilkunde

Aufgabe 277 ! **Symmetrie:** Rechts und links der Gruppenachse (geometrische Mitte, Symmetrieachse) gleiche Anordnung der Nebenmotive; gleich in Form, Farbe, Bewegung, Struktur. Hauptmotiv auf der Symmetrieachse, Beziehungsfigur gleichschenkliges Dreieck, Wirkung: ruhig, klar, konstruiert, überschaubar, streng, statisch.
Asymmetrie: Hauptmotiv außerhalb der geometrischen Mitte (rechts oder links versetzt), dem Hauptmotiv wird das Nebenmotiv zugeordnet (unterstreicht dieses), auf der anderen Seite der Gruppenachse liegt das Gegenmotiv – es dient dem Gewichtsausgleich, Beziehungsfigur ungleichseitiges Dreieck, Wirkung: lebendig, bewegt, dynamisch.

Aufgabe 278

! Das Massenanziehungsgesetz besagt: Große Massen ziehen kleine an, wobei die Anziehungskraft mit der Entfernung nachlässt. Beim Staffeln werden die Blüten aus einer Blumenart nach diesem Gesetz geordnet: Große Blüten in die Basis, kleiner werdende Blüten in größer werdenden Abständen nach oben. Die anziehende Kraft bewirkt einen Zusammenhalt.

Aufgabe 279

! a) **Blumige Basis:** Gestaltung mit Blüten bis in die Basis; bevorzugt runde, sammelnde Blüten, weil die Basis optisch alle wegstrebenden Blumen zu sich nach unten zieht (Zentripetalkraft, Gravitation).
b) **Bewegungsmittelpunkt:** Wuchsmittelpunkt, Zentrum – aus ihm entspringen optisch alle Werkstoffe, das ergibt einen optischen Zusammenhalt. Im Strauß ist der Bewegungsmittelpunkt auch real durch die Bindestelle markiert.
c) **Staffelung:** Gruppierung innerhalb einer Blumenart nach dem Prinzip des Massenanziehungsgesetzes; Umsetzung des Gravitationsgesetzes (vgl. Lösung der Aufgabe 278).

Aufgabe 280

! a) Goldener Schnitt. Eine Strecke wird so in zwei Abschnitte geteilt, dass sich der kleinere Teil proportional gleich zum größeren so verhält, wie der größere Teil zur gesamten Strecke, nämlich 1:1,6.
b) Aufstrebende **Bewegungsformen** (hohe, schlanke Blumen) wirken leichter und können deshalb höher angeordnet werden als optisch schwer wirkende, lastende Bewegungen. Helle **Blütenfarben** streben optisch in den Raum, sind optisch leichter und können deshalb höher eingesetzt werden. Dunkle Farben drücken, sie werden deshalb niedriger verwendet. Optisch schwer wirkendes **Gefäßmaterial**, wie z. B. Keramik, kann durch die Massenwirkung eine höhere Ausdehnung an Blumen vertragen als z. B. optisch leichte, durchscheinende Glasvasen. Auch **Gefäßformen** mit stabiler Standfläche (Würfel, breite Formen) können mit Blumen höher gefüllt werden als z. B. Kelchgefäße.
c) Dunkles Kranzkörpermaterial schluckt das Licht, zieht sich deshalb optisch zusammen, wirkt kleiner, d.h., die Wulst wirkt schmaler und die Öffnung größer. Die Öffnung muss deshalb im Vergleich zum Goldenen Schnitt auf z. B. 1:1,4:1 verkleinert werden. So erscheint der Kranz harmonisch proportioniert.
d) 90 cm / 3,4; gerundet 26,5 cm; Öffnung = 37 cm.

Aufgabe 281

! a) Hebelgesetz (Kraft × Kraftarm = Last × Lastarm): Rechts und links der gedachten Gruppenachse muss das optische Gewicht ausgeglichen sein. Finden seitliche Kräfte keinen ausreichenden Halt, entsteht der Eindruck des Kippens.
b) Goldener Schnitt: Kranzkörper ist im Verhältnis zur Kranzöffnung zu breit, Kranz wirkt wulstig und schwer und zieht nach innen (Zentripetalkraft).
c) Geltungsanspruch/Rangordnung: Anspruch der Blume entsteht durch die formale Ausdruckskraft und ihre Größe. In der Basis kann sich die Lilie nicht entfalten.

Aufgabe 282

! a) Anordnung im gleichen Nebeneinander, waagerecht, senkrecht oder auch diagonal. Die Stiele verlaufen in gleichen Abständen; kann streng, konstruiert (formal-linear), nach dem natürlichen Vorbild (vegetativ) oder füllig repräsentativ (dekorativ) gestaltet sein. Verbindend wirkt hier das Nebeneinander, die Zuwendung der Bewegungen, Überschneidungen, Verflechtungen, Verschlingungen.
b) Alle Teile „wachsen" aus einem Punkt (verbindendes Prinzip), dieser Wuchsmittelpunkt kann auch optisch unter dem Gefäß liegen. Auch hier sind je nach Menge und Art des Werkstoffs alle Gestaltungsstile möglich. Im Strauß wird der Bewegungsmittelpunkt durch die Bindestelle betont.

Aufgabe 283

! **Größe:** groß dominiert über klein, z. B. große Dracaena (Solitärpflanze) und kleine Dracaena
Farbe: hell dominiert über dunkel, z. B. sonniges Gelb über Braun
Geltungsanspruch: Herrschaftsform über Gemeinschaftsform, z. B. Strelitzie über verschiedene Blattformen oder Früchte in der Basis
Bewegungsform: aufstrebend über lagernd, z. B. Lilien über Chrysanthemenblüten
Stofflichkeit: metallisch (glänzend) über rustikal (matt), z. B. Anthurie über Zweige oder Wurzeln
Farbreinheit: reine Farben über getrübten Farben, z. B. reines Blau über Dunkelblau

Aufgabe 284

! a) Formal-linear: Formen und Linien sind wesentlich. Die Herrschaftsform wird als Hauptform eingesetzt: charaktervoll, erhaben, stolz, alleine stehend, viel Freiraum. Beiwerk unterstreicht die Herrschaftsform, z. B. formal-linearer Strauß mit einer Strelitzie oder Strelitzien-Gruppe als Blickpunkt.

b) Formbinderei: Die gesamte, geometrische Umrissform ist wesentlich. Die Gemeinschaftsform wirkt in der Masse, ist Farbe und Struktur, ordnet sich einer Gesamtform unter, z. B. Pyramide oder halbkugeliger Strauß aus kleinen, runden Blüten.
c) Dekorativ: Die Wirkung ist üppig, repräsentativ, was durch große Blüten, also Prunkformen erreicht werden kann. In der Masse ihresgleichen kommt die Prunkform am besten zur Geltung, z. B. dekorativer Strauß aus Päonien.

Aufgabe 285

! a) Eine flächige Gestaltung ist eine zweidimensionale Gestaltung in Länge und Breite. Die Höhe ergibt sich nur durch die Höhe der verwendeten Blumen.
b) Biedermeierstrauß: Kopf-an-Kopf-Verarbeitung von runden Blüten in Kuppelform; Anordnung der Blüten in Parallelkreisen (Reihung), Prinzip der Streuung (gleichmäßig oder mit Schwerpunkt) oder spiralförmige Anordnung.
Tischfries: Anordnung in Gruppen nach dem Prinzip der Streuung mit Schwerpunkt, symmetrisch oder asymmetrisch oder die Aufteilung in Teilflächen, wobei jede Teilfläche mit einer Struktur gefüllt wird.

Aufgabe 286

! Gestaltungsstil formal-linear.
- Gesetz der Rangordnung: aufstrebende, geltungsfordernde Formen stehen über lagernden Formen.
- Optisches Gewicht: schwere Formen gehören in die Basis, um das Gewicht von oben aufzufangen.
- Sammelnde Kraft in der Basis (runde Formen), sie ziehen optisch wegstrebende Formen nach unten und garantieren so einen Zusammenhalt (Zentripetalkraft).
- Asymmetrie: ungleiche Anordnung rechts und links des Waagepunkts mit optischem Gewichtsausgleich.
- Hebelgesetz = Optisches Gleichgewicht: nach rechts gerichtete Blüte muss links ausgeglichen werden.

Aufgabe 287

! a) Vegetativ im Sinne von Werkstoffauswahl, aus einer Landschaft und Jahreszeit, natürlich, zusammengehörend.
Lagernde oder polsterbildende Werkstoffe (Moose, Flechten, Wurzeln) ergänzen Lineares (Ranken, dünne Zweige, Halme) oder Eigenwilliges (Blätter, Blüten, Baumpilze). Durchgesteckter Kranz.

b) Unterformen werden umrankt, umschlungen oder überlagert. Die Gruppierung, der Rhythmus, darf die symbolische Kreisform nicht zerstören, klare, gut gewölbte Kranzkörperform (Profil) trotz stark räumlicher Gestaltung. Dekorative Wirkung.

Aufgabe 288

! a) Frische: frische Ware verwenden, frisch anschneiden, überschüssige Blätter entfernen (geringere Verdunstung) und mindestens einen Tag ins Wasser stellen, saubere und einwandfreie Technik (Wattieren, Kautschukieren), Strauß bis zur Abholung kühl stellen, wenn es die Blumen erlauben auch besprühen.
b) Handhabung: fester Griff, gut abgewickelt, nicht zu dick und auch nicht zu dünn, Drahtstiele weich umwickeln, Formgebung so, dass der Strauß nicht kippt, Verarbeitung mit möglichst geringem Gewicht.
c) Form: einwandfreies Verarbeiten der Einzelblüten (Blüten dürfen sich nicht lösen), natürliche Stiele bei lockeren Sträußen möglichst bis oberhalb der Bindestelle, damit sich die Stiele nicht verbiegen und der Strauß aus der Form gerät, fest abgewickelter Griff (Strauß wird bei Hochzeiten nach altem Brauch oft geworfen).

Aufgabe 289

! **Natürliche Blumenstiele:** Blumen Kopf an Kopf, Stiele werden parallel angelegt und mit Band (das kein Wasser zieht) abgewickelt; die Stielenden bleiben frei, Strauß muss ins Wasser gestellt werden.
Wattieren und Kautschukieren: Einzelblüten oberhalb der Bindestelle wattieren und kautschukieren, Drahtstiele können in Form gebogen werden. Griff weich polstern und abwickeln, unten geschlossen, Strauß muss nicht ins Wasser gestellt werden.
Brautstraußhalter: Stiele werden in industriell gefertigte Brautstraußhalter gesteckt, verankert. Geringe Gestaltungsmöglichkeiten. Griff aus Kunststoff – zum Tragen weniger angenehm.

Aufgabe 290

! **Größe:** Kompaktes nicht zu hoch (20–25 cm), damit man sich noch sehen kann, nicht zu breit, damit der Tischschmuck beim Essen nicht stört. Essplatz in der Breite ca. 70 cm frei lassen, in der Tiefe mindestens 35 cm.
Form: der Tischform angepasst, längliches Werkstück auf lange Tafel, Kranzform oder Quadrat auf rundem Tisch.
Farbe und **Stil** dem Gedeck angepasst: farbiges Tischtuch, gemustertes Geschirr beachten, edles Geschirr verlangt auch einen vornehmen Tischschmuck.

Gestaltungsstil: dem Anlass angepasst, insgesamt nicht zu wuchtig und kompakt, auf das Fest einstimmen.
Standfestigkeit: Stellfläche beachten, standfeste Gefäße verwenden, hohe Gestelle sicher konstruieren, Gestaltungsstil ausgewogen (im Gleichgewicht).
Blumenschmuck darf nichts beschmutzen, keine färbenden Bänder auf dem Tisch (Vorsicht: manche Bänder ziehen Wasser), wasserdichtes Gefäß, keine Pflanzen in Erde, keine selbst gesammelten Ranken oder Moos (Insekten!).

Aufgabe 291

! Farben Weiß, Gold, Grün, Creme; feine Strukturen, wie z. B. Glas, Silber, Seidenbänder; schlanke Kerzenformen (Spitz- oder Stabkerzen) wirken festlich; pflanzliche Werkstoffe, wie z. B. Euphorbia fulgens, Christrosen, Seidenkiefer. Individueller Gestaltungsvorschlag unter Berücksichtigung eines runden Tisches!

Aufgabe 292

! **Stetige Reihe:** Lauter gleiche Teile, gleich in Art, Form, Farbe, Struktur usw. werden aneinandergereiht.
Abgestufte Reihe: Ähnliche Teile, die sich z. B. in der Größe unterscheiden, werden aneinandergereiht, sodass sich ein Schwerpunkt bildet.
Rhythmische Reihe: Unterschiedliche Teile werden aneinandergereiht und in bestimmten Intervallen mindestens dreimal wiederholt.
Freie Reihe: Verschiedene Teile werden ohne Prinzip einer Wiederholung oder Abfolge aneinandergereiht. Die Art der linearen Ordnung ist individuell.

Aufgabe 293

! a) Betonung des Hochaufstrebenden, Transparenz durch Auflösung der Wände, Spitzbogen, Rippengewölbe, Maßwerk, Fialen usw.
b) Verschiedene Antworten möglich unter Berücksichtigung von aufstrebenden Bewegungsformen, hellen Farben, Überhöhung durch z. B. Gerüste, evtl. Parallelarbeit – diese streckt, Berücksichtigung von Symbolblumen beim entsprechenden selbstgewählten Anlass.

Aufgabe 294

! a) Romanik. Dreischiffige Kirche (im Bild zu erkennen), Grundriss ist das Kreuz. Säulen mit Würfelkapitellen, Rundbögen über den Säulen, geschlossenes, massives Mauerwerk, Rundbogenfenster, flaches Holzdach.
b) Unterschiedliche Lösungen; z. B. dekorativer Gestaltungsstil, kompakt, füllig, geschlossener Umriss (massiv, schwer), symmetrisch, halb-

rund (vgl. Architektur). Beispiel: zwei kelchförmige Gefäße rechts und links vom Altar. Farben: Gelb, Orange, Rot – gute Fernwirkung, gibt dem Raum Helligkeit, Festlichkeit.

Aufgabe 295

! a) Gleiche Stofflichkeit: Porzellangefäß und porzellanartige Struktur der Blüte.
Farbgleichheit: Weiß (Blüte und Gefäß), beides edle Wirkung.
b) Formkontraste: Blüte, Blatt, Stiel.
Erscheinung: Konstruktive Form der Vase im Gegensatz zur gewachsenen Form der Pflanze; massive Erscheinung der Vase und durchbrochene, feine Blüte.
Farbkontrast: Farbe-Nichtfarbe-Kontrast, Grün und Weiß.

Aufgabe 296

! a) Formsymbolik: Kranz = Kirchenjahr, Lebenskreislauf;
Farbsymbolik: Rot = Lebenskraft; Gold = wärmendes Licht; Grün = Hoffnung
Symbolische Bedeutung: Kerzen = Licht, Glaube, Wärme; Äpfel, Nüsse, Früchte = neues Leben; unbelaubte Zweige = Erneuerung, Kraft
b) Pyramide, Türkranz, Früchtestab

Aufgabe 297

! a) **Geburt**
- rund gebunden, klein
- kleinblütige Rosen, Bellis, Margeriten, Schleierkraut
- Harmonie des Gleichklangs; Rosatöne

b) **50. Geburtstag**
- formal-linear
- aufstrebend sich entfaltend (kräftig farbige Strelitzie) und lagernd, schwingend (farbige Früchte und Blattbeiwerk)
- gemischter Kontrast, Komplementärkontrast

Aufgabe 298

! a) Form und Größe des Straußes werden von vornherein festgelegt. Herz- oder Bogenformen werden erst durch Gerüste möglich.
Sträuße werden leichter. Sträuße werden breiter – weniger Grün als Abstandshalter nötig. Blüten und Blätter finden im Gerüst Halt – Stützen des Werkstoffs durch Draht erübrigt sich. Gruppierung des Werkstoffs gut möglich, da die Pflanzenteile im Gerüst nicht verrutschen. Interessanter Kontrast des Linienspiels vom Gerüst zum pflanzlichen Werkstoff.
b) Fallopia baldschuanica (Schlingknöterich), Clematis vitalba (Waldrebe), Muehlenbeckia complexa (Drahtstrauch), Salix viminalis (Korbweide).

! a) Kranz, Sargschmuck (Girlande, Bukett, Sargdecke, Formschmuck), Sarginnenschmuck (Sträußchen, Girlande, Einzelblüten), Kondolenzstrauß, Legestrauß, Handsträußchen, Kreuzschmuck, Urnenschmuck. **Aufgabe 299**
b) Kondolenzstrauß:
Gestaltungsabsicht: Trostspendender Trauerstrauß für das Trauerhaus; zurückhaltend, edel; dekorativ oder formal-linear. Trauerflor unterstreicht die Wirkung.
Werkstoffwahl: Symbolblumen wie Lilien, Calla, Nelken, Rosen oder auch weiße Anthurien, die den edlen Charakter widerspiegeln, die vornehme Eleganz mit Trost und gewissem Abstand kombinieren.
Farbwahl: Weiß mit Grün und schwarzem Trauerflor oder Komplementärkontrast Rot (Symbolfarbe) und Grün.

! a) Bandschmuck, Akzentschmuck, Straußschmuck, dekorativer Schmuck (symmetrisch oder asymmetrisch), Strukturschmuck, Gruppenschmuck, rundgesteckter Kranz. **Aufgabe 300**
b) **Akzentschmuck:** passt am besten auf eine Römerform mit besonderem Kranzkörpermaterial, Symbolform bleibt erhalten, dezenter, kleiner Schmuck, der nur den Kranzkörper betont, Akzentuierung durch wenige Blüten oder Ranken.
Dekorativer, symmetrischer Schmuck: viele Blüten, von einem Wuchsmittelpunkt ausgehend, gleichmäßig nach beiden Seiten gestaltet, Schmuck wirkt üppig und deckt ca. ⅓ des Kranzkörpers ab – Ranken, Gräser und knospige Blüten dürfen ausladender sein.
c) – frische Ware verarbeiten
– Ware vor der Verarbeitung gut wässern
– haltbare Blumen auswählen
– Steckbasis gut wässern
– fertiges Werkstück schattig und kühl lagern
– Schmuck leicht mit Wasser übersprühen

! a) Lebenskreislauf, ewiges Leben, Wiedergeburt, Unendlichkeit, Unsterblichkeit der Seele, ewige Seeligkeit. **Aufgabe 301**
b) Kranzkörper relativ dünn mit ½- oder ¾-Profil.
Eichenlaub als Symbol für Standfestigkeit und Ehre.
Sparsamer Schmuck aus unvergänglichen Materialien.

! a) Tulpen, Flieder, Nelken, Schleierkraut, Rosen, evtl. Christrosen, weiß-grüner Efeu, Schneeball, Lilien, Chrysanthemen. Rundgesteckt, **Aufgabe 302**

Efeurand, Blüten in Gruppen angeordnet, Höhen und Tiefen arbeiten. b) Lockere Steckweise in der Proportion 1 : 1,5 : 1, weil helle Farben den Wulst breiter erscheinen lassen, muss als Ausgleich die Öffnung entsprechend groß sein.

Aufgabe 303

! a) Saisonal: meist üppig, füllig, reichblühend, über einen kurzen Zeitabschnitt (eine Saison) haltbar, auch mit Grünpflanzen der Saison kombiniert.
Dauerbepflanzung: meist besondere Grünpflanzen mit einer Hauptpflanze und untergeordneten Pflanzen, lange Zeit haltbar, oft über Jahre, auch mit blühenden Saisonpflanzen kombinierbar, die jahreszeitlich ausgewechselt werden.
b) Richtige Gefäßgröße (Pflanzen müssen noch wachsen können), Höhe und Durchmesser etwas größer als die Pflanzballen. Dränage, damit keine Staunässe entsteht. Richtiges Substrat wählen (Einheitserde oder Kakteenerde oder Tongranulat). Gesunde, kräftige Pflanzen auswählen. Pflanzen mit ähnlichen Ansprüchen an Standort (Licht), Wasser, Nährstoffe. Pflanzen wesensmäßig auswählen. Wurzelballen gut wässern. Gießrand lassen. Oberfläche gestalten, je nach Landschaft z. B. mit Moos (verhindert Austrocknen).
c) Hartkeramik, weil wasserdicht, stabil, Stellrand hinterlässt keine Schwitzränder, evtl. Filzpunkte auf den Gefäßboden kleben, damit nichts zerkratzt wird. Steinzeug oder Porzellan.

Aufgabe 304

! a) Persönlichkeitscharakter beachten: Solitärpflanzen müssen im Blickfeld stehen, frei sein, sich entfalten können.
Proportion berücksichtigen, gutes Verhältnis zwischen Höhe der Pflanzen und Gefäßhöhe. Optisches Gleichgewicht innerhalb der Pflanzung.
Landschaftliches Gesetz: Wesen, Landschaft, Jahreszeit und Pflegbarkeit aufeinander abgestimmt.
Farbliche Harmonie; klare Aussage einer Farbharmonie, eines Farbkontrastes.
b) Z. B. Solitärpflanze: Ficus binnendijkii mit ausladender Krone und Luftwurzeln.
Begleitpflanzen: Anthurium-Cultivar, Hedera helix, Begonia-Cultivar, Calathea bella, Calathea rufibarba, dicht wie der Unterbewuchs eines Regenwaldes.
Bodengestaltung mit Wurzeln und Moos; Gefäß: dunkel, unauffällig, Stein/Keramik.

Aufgabe 305

! Glasmalerei: Gotik, Kirchenfenster
Mosaik: römische Basiliken
Wandfresko: Kirchenwände und weltliche Häuser der Romanik- und Renaissancezeit
Illusionistische Deckenmalerei: Barock und Rokoko in Kirchen und Schlössern

Aufgabe 306

! 1 = Gotik: Spitzbogen, Strebepfeiler, reicher Portalschmuck, Gewändefiguren, Krabben, Wimperg, Kreuzblume, Fialen.
2 = Renaissance: Fassade waagerecht gegliedert, Grundriss oval bis rund, Rundbogen, Renaissancekuppel und -giebel, hervorspringende Gesimse, klassisch griechische Säulenordnung, Voluten, Dachfiguren.
3 = Barock (Spätbarock): Grundriss oval, Prachtentfaltung, Säulengruppen, reiche Stuckarbeiten, Kartusche, geschwungener Giebel oder Segmentgiebel, Illusionsmalerei.
4 = Klassizismus: Prunk wird abgelehnt, Schmuckformen hauptsächlich der Antike werden übernommen, Dreiecksgiebel, Kränze, Girlanden und besonders griechische Ornamente (Eierstab, Mäanderband) als Schmuck am Haus, Betonung der Waagerechten, Machtbauten.

Aufgabe 307

! a) Bauhaus (1): Klare Linien, zweckgerecht, Kubusformen, keine Verzierungen.
Klassizismus (2): antike Vorbilder der Säulen, Portikus, römische Rundbogen und Kuppel, Betonung der Waagerechten.
Jugendstil (3): geschwungene, pflanzliche Formen, bewegt, ornamental, reiche Verzierungen.
b) Zu berücksichtigen ist der eher schmucklose Baustil. Säulenförmiges Gefäß (Quader, Würfel) aus Stein, Kunststein oder Kunststoff. Klare Blütenformen und -farben sowie Gräser, typische Blumen wie Calla oder Lilien. Farben: Weiß, Gelb, Blau, Grün, Grau. Stil einfach und klar, Parallelität, formal-linear oder geometrischer Umriss (Halbkugelform).

Aufgabe 308

! Haben Sie auch die Dekoration mit Sonnenschirm, Liegestuhl, Sand, Palmen usw. aufgeschrieben? Das ist zu ca. 90 % der Vorschlag, wenn Auszubildende gefragt werden. Lassen Sie sich etwas Neues einfallen!
(Hydrokultur „So kommen auch Ihre Pflanzen gut über den Urlaub" oder Kakteenlandschaft „Wir sind überhaupt nicht durstig" usw.)

Aufgabe 309

! – Blick ins Ladeninnere – Kunde überwindet Schwellenangst und betritt den Laden
- Spiegelungen der Schaufensterscheibe vermeiden – mehr Licht im Schaufenster
- Schaufenster abends gut beleuchten – weckt Interesse beim „Schaufensterbummel“
- Blickfang (je nach Gehrichtung; z. B. rechtes, mittleres Drittel) – erregt Aufmerksamkeit
- Fern- und Nahwirkung, Kunde wird angelockt und verweilt
- Thema festlegen, nicht überladen, klare Blickführung – Kunde schaut gern und entdeckt Neues
- Einheitliche Preisauszeichnung
- Sauberkeit und regelmäßiger Wechsel der Dekoration

Aufgabe 310

! Überprüfen Sie Ihren Vorschlag mit folgenden Aussagen: Dem Barockstil entsprechende Formen sind bewegt, geschwungen, elegant, reich dekoriert, üppig und prachtvoll. Daher wäre eine dekorative Gestaltungsart mit kompakten Formen, wie z. B. Prunkformen und großblütigen Edelformen und eine symmetrische Ordnung stilgerecht. Bei der Farbwahl könnte eine Farbe der Kirche betont werden, z. B. Purpurrot mit Weiß und Grün. Wegen der üppigen Dekoration in einer Barockkirche ist die Einfarbigkeit vorzuziehen. Farben des Barock: Purpur, Weiß, Gold, Pastellfarben von Blau.

Aufgabe 311

! a) Romanik. Im Bild hauptsächlich zu erkennen an den Rundbögen und Würfelkapitellen. Rundbogen auch am Taufstein. Flache Decke; massive Mauern.
b) Schmücken der Taufstein-Öffnung mit einem Kranz. Leichte, duftige, kleinblütige Blumen in hellen Farben: Weiß, Rosa, Pink, Maigrün. Abfließende Satinbänder in den Farben der Blumen an den vertikalen Stellen des Reliefs. Trotz der Schwere der Romanik muss das Kindliche durch die Farben betont werden: Unschuld, Zartheit, Erwachen.

Aufgabe 312

! a) Verwendung von Rosen: symbolische Bedeutung der Liebe, betörender Duft, rote Farbe als Symbol der Leidenschaft.
Myrtenkranz: Seit der Antike tragen Bräute Kränze als Symbol der Auserwähltheit, Myrte für die von der Schönheits- und Fruchtbarkeitsgöttin zugedachten Kräfte.
Weiße Blumen: Zeichen der Unberührtheit, Reinheit, am Tag der Hochzeit verbindet sich Liebe und Leben.

b) Zarte, seidige Blüten, verspielte Linien = weiblicher, bräutlicher Charakter. Farben nicht zu auffällig, Zwischentöne geben Sanftheit und Zartheit. Nichtpflanzliches wie Golddrähte, kostbare Bänder, Perlen als Unterstützung = Glanz der Zeremonie, Form des Straußes in Bezug zu Wesen und Proportion der Braut, fließende und schwingende Elemente sind Ausdruck von Lebensfreude, Aktivität, Unbeschwertheit = Wunsch für die Ehe.

Aufgabe 313

! a) Tonnengewölbe, Säulen, Pilaster, korinthische Kapitelle, Nischenfiguren, Girlandenfries, Mäander, Schmuckrosetten
b) Streng gegliedert, hell, verhalten flacher Schmuck aus Stuck, farblos, festlich, elegant
c) Ins Zentrum eine Reihung bilden, kugelig gesteckt oder gepflanzt. Strenge Gefäßform, Amphoren, Kraterschalen, geometrische Formen. Starke Farben als Kontrast zum weißen Raum, festliche Farben. Purpur, Gelb, Weiß, Blau, Orange mit feinen Zwischentönen. Feine, spielende Bewegungsformen und aufstrebend bis lastende und entfaltende Formen: Rosen, Calla, Eustoma, Tagetes, Agapanthus, Lilien, Muehlenbeckia, Efeu usw. Bögen aus Zweigen nehmen die Form des Tonnengewölbes auf.

Aufgabe 314

! – Sommerlich, leicht, hell wirkende Dekoration des Raums, z. B. lockere Gestecke auf Ständer;
- Konzentration des Blumenschmucks im Blickfeld, z. B. flache, aber dichte Arbeiten (Reihungen) an der Laufstegkante;
- Abstimmen der Blumenfarben auf die Modefarben des Sommers, jedoch keine Konkurrenz entstehen lassen – zurückhaltend;
- Einarbeiten textiler Teile (Bänder, Schals, Tücher) in die Blumendekoration;
- Anfertigen kleiner, lockerer Sträuße, Hutschmuck oder sonstiger Körperschmuck für die Models, die sie zur Kleidung passend auf dem Laufsteg tragen.

Aufgabe 315

! a) Nigella damascena; Wiesen-Schafgarbe; Hedera helix
b) Z. B. Girlande mit Schwerpunkt in der Mitte = abgestufte Reihung (auch andere)
c) Beginn in der Mitte (Schwerpunkt), nach beiden Seiten dünner werdend symmetrisch arbeiten, Blüten gemischt, mit Efeu unterlegt.

Aufgabe 316

! 1) Hals-Amphora (für Öl, Milch, Wasser, Honig); 2) Bauch-Amphora (für Getreide, Nüsse); 3) Kylix (Trinkschale); 4) Oinochoe (Weinkanne); 5) Kelchkrater (zum Mischen von Wein und Wasser); 6) Kantharos (Trinkgefäß).
Für Blumenschmuck in einer „antiken" Umgebung eignen sich Gefäße ähnlicher Art besonders gut.

Materialkunde

Aufgabe 317

! **Material:** Beliebt sind Kunststoffgefäße oder Gefäße aus gemahlenem Stein mit Naturharz oder Kunststoff vermischt. Diese sind modern, leicht, wasserdicht, gut zu reinigen und es gibt sie in vielen Farbvariationen. Glas (Dickglas) ist ebenso wasserdicht, neutral, ideal zum Reinigen, jedoch empfindlich bei Stoß und als großes Gebrauchsgefäß schwer. Versinterte Hartkeramik ist sehr schwer, wasserdicht, passt in Art und Struktur gut zu Pflanzen, ist jedoch etwas aus der Mode gekommen.
Form: schlichte, klare geometrische Formen mit breiter Öffnung und guter Standfläche, z. B. breite Zylinder oder bauchige Gefäßformen.
Farbe: Neutrale Nichtfarben wie Schwarz, Grau, Weiß oder erdige Farben wie Brauntöne, Creme, Beige, Oliv. Diese Farben bieten variable Gestaltungsmöglichkeiten und passen zu allen Blumen.
Oberfläche: Glänzend, glatt, da leicht zu reinigen, zumindest sollte die Innenseite glatt sein. Matte Oberfläche wirkt dezenter, lässt Pflanzen besser wirken. Grob strukturierte Oberflächen passen zwar gut zur Natürlichkeit der Pflanzen, sind aber schlecht zu reinigen.

Aufgabe 318

! a) Rustikaler Weidenkorb: Sonnenblumen, Übereinstimmung im Wesen (warm, erdhaft), rustikale Strukturen und runde Umrissform bei Korb und Blüte.
b) Dunkelgrüne, dickwandige Glasvase in Kugelform: Orangefarbene Calendula, spannungsreiches Zusammenwirken durch Farbkontraste (hell – dunkel, aktiv – passiv), Strukturkontrast: rustikale Blüte, weiche Blätter, glattes, glänzendes Gefäß.
c) Weißes, glänzendes Porzellangefäß: Weiße Phalaenopsis, wertmäßige Übereinstimmung (edel), porzellanartige Struktur und reine Farbe bei Blüte und Gefäß, Kontrast in der Bewegung: Pflanze aktiv, vermittelnd; Gefäß passiv.

Aufgabe 319

! a) Neutral, zu allen Blumen passend; man kann im Glas gestalten z. B. mit farbigen Glaskugeln oder natürlichen Steckhilfen (Zweige); wirkt leicht, fein, edel aber auch stabil und fest (Dickglas) und kann allen Gestaltungsstilen und Anlässen entsprechen; der ganze Strauß ist sichtbar und wirkungsvoll; geringes optisches Gewicht.
b) Leicht zu reinigen durch glatte Oberfläche; Schmutzränder und verschmutztes Wasser sichtbar; leicht zerbrechlich bei Stoß und Schlag; Hilfsmittel sind sichtbar und müssen abgedeckt werden; Drähte können Rostflecken hinterlassen.

Aufgabe 320

! a) Floristische Arbeiten werden feierlicher, festlicher, stimmungsvoller, wertvoller, ergänzt, vervollständigt ...
b) Hochwertige Sicherheitskerzen (selbstlöschend) verwenden; für öffentliche Veranstaltungen dürfen nur Kerzen im Glas und in Seniorenheimen nur LED-Kerzen verwendet werden. Pflanzenteile oder Bänder in genügendem Abstand zur Kerze stecken – sie muss frei brennen können. Kerzen stabil und fest mit mindestens drei Steckdrähten (unsichtbar) verankern; Draht dabei nicht zu tief in die Kerze stecken, damit er sich beim Abbrennen der Kerze nicht erwärmt. Alternative: zur Sicherheit Kerzenteller verwenden (oft sichtbar). Mehrere Kerzen (Kerzengruppen) nicht zu dicht stecken, da sie sich gegenseitig erwärmen und dann schneller abbrennen. Kerzen (oft Stabkerzen im Tischgesteck) erst am Bestimmungsort im Gesteck befestigen, damit sie sich während des Transports nicht aus der Steckmasse lösen.
c) Hochwertige Wachs- und Dochtqualität gewährleisten ein einwandfreies Abbrennen der Kerze, kein Rußen, kein Tropfen.
Schlichte Form, ordnet sich unter.
Dezente Farbe, harmoniert mit floristischen Gestaltungsmitteln.
d) Kugel- und Stumpenkerzen (Advent); Spitz- und Stabkerzen (festliche Tischdekorationen); Schwimmkerzen (Sommerparty).

Aufgabe 321

! a) Auf dem Bandwebstuhl hergestellte Bänder, zu erkennen an der Webkante. In die Webkante kann auch Draht eingewebt werden, was dem Band Stabilität und Formbarkeit verleiht. Geschnittene Bänder werden in Streifen aus einem Stück Stoff mit heißen Messern (bei Synthetikstoffen) geschnitten (Kanten verschmelzen) oder die Kanten werden versäubert.
b) Band dient als Gestaltungsmittel, Schmuckmittel, Farbklecks, Stofflichkeit, Bänder ersetzen abfließende Ranken, dienen als verbindendes

Element beim Tischschmuck oder im Brautstrauß, mit Bändern wird zusammengebunden, aufgehängt oder verflochten.
c) Bänder werden staubfrei, lichtgeschützt (Sonne bleicht aus!) wassergeschützt, abrollbar, nach Farben, Breiten, Verwendung sortiert gelagert.

Aufgabe 322

! **Porzellan:** Scherben weiß, Tonerde Kaolin, dünn, durchscheinend gegen das Licht gehalten, Glasur durchsichtig, Hartkeramik, auch ohne Glasur wasserdicht versintert, hochwertige Keramik.
Steingut: Scherben elfenbeinfarbig, gelblich, oft Unterglasurmalerei und durchsichtige Glasur, Weichkeramik, nur durch Glasur wasserdicht, neigt zu Glasurrissen.
Irdenware: einfachste Keramik aus rotem Ton (gebrannte Erde), ohne Glasur, Weichkeramik, wasserdurchlässig, als Zimmergefäß auf keinen Fall geeignet – braucht Untersetzer oder Übertopf, gegebenenfalls für Trockenware.

Aufgabe 323

! Holz ist zwar nicht witterungsbeständig, aber lange Zeit doch brauchbar; es verwittert ganz natürlich. Risse im Holz sind ein natürlicher Wasserabzug. Wird das Holz imprägniert, verlängert dies die Lebensdauer. Holz ist reine Natur, passt sich deshalb den Pflanzen und der Umgebung besonders gut an. Moose oder Flechten, die mit der Zeit das Holz bedecken, sind eine natürliche Patina. Je dicker das Holzgefäß, je härter das Holz (Lärche, Eiche), desto länger haltbar ist das Gefäß. Zum Vergleich: Uralte Holztröge auf Weideflächen im Gebirge!

Aufgabe 324

! a) Weide kann vollrund oder halbiert, mit Rinde (braun), geschält (heller Farbton) oder geschält und gesotten (rötlich) oder gekalkt (weißlich) verwendet werden. Vollrunde Weide ist stabiler als halbierte, aber auch teurer.
b) Holzspan: Feine Furnierstreifen aus weichen Hölzern (Fichte, Kiefer), die in unterschiedlichen Breiten zum Flechten verwendet werden. Spankörbchen mit Innenfolie, z. B. für kurzlebige Frühjahrsbepflanzungen.
Binsen: Die knotenlosen Triebe lassen sich leicht selbst zu Wülsten bündeln; rustikale, sehr natürlich wirkende Körbchen.
Birkenreisig, gebündelt als Gerüst oder dicht gelegt und zusammengebunden für rustikale Osterkörbchen.

c) Lichtgeschützt, damit die Farbe der Körbe nicht ausbleicht; trocken, damit das Naturmaterial keine Stockflecken bekommt; staubgeschützt, weil Flechtwerk schwierig zu reinigen ist; luftig, nicht in Folie packen, damit das Naturmaterial noch atmen kann und Schimmelbildung vermieden wird.

! Metalle verwittern schneller, wenn sie mit Erde in Berührung kommen; Säuregehalt! Zinn würde sogar zerfallen. **Aufgabe 325**
Folie einlegen, Dränage herstellen, Pflanzen in Struktur und Farbe auf die Metallfarbe und -struktur abstimmen (z. B. goldfarben, kupferfarben, glatt und glänzende Oberfläche, gehämmerte Oberfläche), den Charakter, das Wesen von Pflanze und Metall berücksichtigen.

! **Vorteile:** Stein ist dauerhaft haltbar, witterungsbeständig. Stein passt gut in jede Umgebung, weil Steine auch in jeder Landschaft vorkommen (rustikal, landschaftlich, wesensmäßig). Durch sein hohes Gewicht ist Stein sehr standfest, sturmsicher, kann kaum entwendet werden. **Aufgabe 326**
Nachteile: Eben durch das Gewicht ist Stein kaum transportierbar – der Platz für ein Pflanzgefäß muss vorab gut überlegt sein. Poröser Stein kann im Winter reißen, weil Wasser in den Poren gefriert. Wegen Staunässe muss ein Wasserabzugsloch gebohrt werden (aufwändig, teuer).

! Grundsätzlich gilt: Nur das einkaufen, was in absehbarer Zeit benötigt wird; verkaufsstarke Tage beachten; Sortimentsgestaltung so, dass Ladenhüter vermieden werden. **Aufgabe 327**
Schnittblumen und Pflanzen: gleich nach dem Erhalt pflanzengerecht versorgen (z. B. anschneiden, entblättern, Topfpflanzen gießen), Schnittblumenvorrat kühl stellen und weitere Blumen und Pflanzen entsprechend verkaufswürdig präsentieren, denn ein schneller Verkauf vermindert Verluste.
Kerzen und Bänder: Nur Saisonware im Laden präsentieren. Geringer Vorrat an neutralen Kerzen und Bändern, die für verschiedene Anlässe verwendbar sind. Richtig lagern: kühl, lichtgeschützt, staubfrei.
Glas- und Keramikgefäße: Vorsichtig auspacken und einlagern bzw. verkaufsträchtig präsentieren, jedoch die Laufwege beachten, sodass niemand versehentlich, z. B. mit Taschen, die Ware anstößt oder zum Fallen bringt. Beim Umräumen nicht ineinander stellen oder anstoßen (Kratzer, Glasurschäden). Modische und saisonale Ware nicht als Vorrat einkaufen.

Aufgabe 328

! a) Verwendung von Sprühmittel ohne Treibgas („Ozonloch"!); Strohunterlagen statt Kunststoff (Kompostierung); Papiertüten statt Kunststofftüten, Krepppapier; Blumenpapier aus Recyclingpapier (Müllverwertung); Römer aus Recyclingpapier und Kartons statt Styropor® (Recycling); Verwendung von Pfand-Leihpaletten = Mehrfachnutzung; Pflanztöpfe aus verrottbarem Recyclingmaterial = Müllvermeidung.

b) Energie und Wasser sparen und sinnvoll verwenden = Ressourcenschonung; Fahrten für Einkauf und Auslieferung sinnvoll einteilen = spart Kosten und mindert Lärm/Abgase und schont das Fahrzeug; regional erzeugte Rohstoffe einkaufen = kurze Transportwege, geringe Umweltbelastung; floraler Werkstoff mit „Öko-Label" beim Einkauf bevorzugen.

Aufgabe 329

! a) Atmosphäre und Lebensart der Länder um das Mittelmeer.

b) **Gefäße:** italienische/spanische Terrakotta-Ware (Mittelmeer-Ware)
Pflanzen: Kübelpflanzen wie Zitrusgewächse, Olivenbäumchen mit den entsprechenden Früchten Zitronen und Oliven und auch Oleander und Bougainvillea, Lavendel (am Mittelmeer heimische Pflanzen, Urlaubsflair), Kletterrosen-Bogen als Eingang (Blickfang), Vorschläge für mediterrane Balkon- bzw. Gartengestaltung
Accessoires: Kleine, runde Gartentische mit Stühlen aus Metall (Outdoor-Deko-Ware), Murano-Glasvasen, Geschenkartikel (Windlichter, venezianische Spitzendecken und Servietten mit Rosenblüten, Olivenöl u. a.)

c) Gemeinsame Werbung
- Zusammenarbeit mit der Gastronomie, z. B. Kräuterrezepte, mediterranes Essen, Wein aus der Gegend
- Töpfer für Irdenware
- Möbelhaus, z. B. mediterranes Wohnen

Verkaufs- und Geschäftskunde

Aufgabe 330

! a) Fachliche Kompetenzen, z. B. gärtnerische Grundkenntnisse für die Blumen- und Pflanzenpflege; botanische Kenntnisse; Kenntnisse der Gestaltungslehre, Stilkunde; Kenntnisse über handwerkliche Fertigkeiten für das Anfertigen verschiedener Werkstücke; zeichnerische Fertigkeiten (Entwurfsskizzen); Sozialkompetenz, z. B. Teamfähigkeit; Kontaktfähigkeit; Methodenkompetenz, z. B. Fähigkeit der Beratung; Fähigkeit, auf Kundenwünsche einzugehen; Persönliche Kompetenzen, z. B. Flexibilität; Geschäftsinteresse, vorausschauende Haltung, Zuverlässigkeit usw.

b) – Eröffnung/Motivation, der Bedarf des Kunden wird erforscht;
- Definition, der Verkäufer zeigt und erläutert die Ware;
- Reaktion des Kunden, Kunde zeigt Interesse und nimmt an;
- Herbeiführung des Kaufabschlusses, Kauflust, Begierde, der Kunde möchte kaufen;
- Abschluss, der Kunde stimmt zu, der Kunde kauft, Bezahlung und Verabschiedung.

Aufgabe 331

! a) – Schreibmaterial und Telefonnotizblock
- Buchstabiertafel
- Terminbuch

b) – Gesprächsvorbereitung durch Notizen, damit nichts vergessen wird;
- sich mit Firmennamen und eigenem Namen melden;
- Nebengeräusche vermeiden/für Ruhe sorgen;
- Freundlichkeit, Kunde mit Namen ansprechen, am Telefon wenigstens in Gedanken lächeln, das wirkt sich auf die Sprache aus;
- sehr deutlich sprechen, um Verwechslungen zu vermeiden;
- bei Unsicherheiten nachfragen;
- Phasen des Verkaufsgesprächs auch hier einhalten;
- besonders viele Adjektive zur Beschreibung des Werkstoffs verwenden (Farben, Formen, Strukturen, Wirkung);
- Wünsche zusammenfassen, Daten wiederholen und notieren (Telefonnotiz während des Gesprächs).

Aufgabe 332

! a) Name, Anschrift, Telefonnummer des Auftraggebers; Anschrift des Empfängers; Datum der Auftragsannahme und Zustellung (evtl. mit Uhrzeit); Preis; Pflanzenauswahl; Bezahlungsart; Kartenart und -text. Schriftliche Form als Telefonnotiz, diese bis zur Bezahlung des Auftrags aufbewahren.

b) – Zeitpunkt der Lieferung war nicht genau besprochen;
- Auftrag wurde zu spät bearbeitet (z. B. vergessen) – wurde nicht rechtzeitig fertig;
- versehentlich vom Auftraggeber falsche Adresse genannt; Zeitverlust durch Suchen;
- Kundenangaben entsprechen nicht der Telefonnotiz;
- Daten vergessen, weil der Auftrag nicht schriftlich festgehalten wurde und auch keine Kollegin informiert wurde.

Aufgabe 333

! a) Gepflegtes Äußeres (Kleidung, Frisur, Make-up) bringt Wohlbefinden;
Termine einhalten, Ware pünktlich liefern, der Kunde kann sich darauf verlassen;
Hilfsbereitschaft (Tür aufhalten, Ware zum Auto bringen) bringt Arbeitserleichterung.
b) Korrekte Preisauszeichnung, sichtbar, gut lesbar, gibt Sicherheit;
Sauberkeit im Betrieb bringt Wohlbefinden;
Moderne Ladengestaltung, Beleuchtung, optimale Warenpräsentation zeigen dem Kunden die Fähigkeiten der Floristen.

Aufgabe 334

!
- **Stimmführung:** z. B. Lautstärke, Tonfall und Betonung; damit wird Aufmerksamkeit erreicht; eine persönliche, gute Stimmung sorgt für eine gute Stimme!
- **Zeitmaß:** z. B. zu schnelles Sprechen oder zu langsames Sprechen; dem Kunden anpassen, Sprache darf nicht ermüdend wirken oder nervös machen. Tempowechsel!
- **Sprachfluss:** fließend sprechen, Atempausen/Pausen bei wichtigen Punkten, damit der Kunde nachdenken kann, Akzente setzen.
- **Aussprache:** Im Allgemeinen die Hochsprache verwenden; evtl. dem Kunden angepasster Dialekt, aber nicht nachahmen! Deutlich sprechen.
- Großer **Wortschatz** und Fachausdrücke sind bei Beschreibungen hilfreich, besonders am Telefon, zeigt Fachkompetenz.
- Klare, kurze **Sätze** erleichtern das Verständnis beim Kunden.

! a) **Sparsamkeit:** der Kunde kauft ausgesprochen billige Blumen, die lange halten, Sonderangebot, Topfpflanzen. **Aufgabe 335**
Zweckmäßigkeit: der Kunde verlangt hohen Nutzwert und Gebrauchswert der Ware, Trockengestecke, Seidenblumen, dauerhafte Pflanzschalen.
b) **Schenktrieb:** der Kunde will beliebt sein, kauft Blumen mit Erinnerungswert, berücksichtigt die Blumensprache.
Anpassungstrieb: der Kunde ahmt nach, will sich dem allgemeinen Trend anpassen, richtet sich nach der Mode (Trendsträuße, -farben).

! a) Beratungsplatz vorbereiten, dazu gehören angenehme Sitzplätze für die drei Kundinnen und für die Fachkräfte, Getränke, fachliche Utensilien wie Fotos von Hochzeitsschmuck, Hochzeitsbücher, Schreibzeug, Skizzenblock, Kerzenmuster, Blumenbeispiele, Gefäße für z. B. Tischschmuck u. a. **Aufgabe 336**
b) Alle Frauen gleichberechtigt begrüßen; sich bei der Braut bedanken, dass sie sich für Ihren Betrieb entschieden hat; die Frauen Platz nehmen lassen, am besten die Braut mit Blickkontakt.
c) Grundsätzlich bei solchen Situationen Ruhe bewahren. Beide Damen ihre Vorstellungen erläutern lassen, die Brautmutter und die Braut beobachten. Ideen nebenbei notieren, Vor- und Nachteile aufzeigen, Gedankenpause machen (Kaffee anbieten), feinfühlig die Ideen der Braut unterstützen (gefühlsmäßige Kaufmotive!), dabei die Meinung der Brautmutter nicht abwerten. Eventuell bei der Freundin vorfühlen, wie sie sich ihre beste Freundin als Braut vorstellt.

! a) Bestellung, Ware wird bis zum anderen Morgen geliefert. **Aufgabe 337**
Freundlich auf eine andere, ähnliche Ware hinweisen. Ausweichen auf eine ganz andere Ware und deren Vorzüge herausstellen.
b) Statt Dahlien Chrysanthemen anbieten, statt Kugelvase modische Blockvase, statt Orchideen im Schnitt eine Orchideenpflanze, statt Flüssigdünger Düngestäbchen.

! a) **Aufgabe 338**
- Artikel, die in einem inneren Zusammenhang mit dem Hauptartikel stehen, ihn gewissermaßen ergänzen (z. B. Strauß und Vase, Topfpflanze und Dünger, Topfpflanze und Übertopf, Kranz und Schleife).
- sog. Fremdartikel, wie z. B. diverse Keramikwaren, Geschenkartikel, Neuheiten, sogar Wein.

– Beides kann aber auch kombiniert und von vornherein angeboten werden.

b) Ziel ist es, den Umsatz des Betriebs zu steigern und den Kundenkreis zu erweitern.

c) Zusatzverkäufe sollten erst am Ende eines erfolgreichen Verkaufsgesprächs angeboten werden, also dann, wenn der Kunde mit der Hauptware, dem Hauptkauf, zufrieden ist, aber noch in Kaufstimmung (kaufbereit) ist.

Aufgabe 339

! Pflichten aus dem Kaufvertrag (Verpflichtung): Der Verkäufer liefert ordnungsgemäß und nach Vereinbarung die Ware; verschafft dem Kunden Besitz bzw. Eigentum; der Käufer verpflichtet sich, die Ware abzunehmen und zu bezahlen. Diese Pflichten werden im Allgemeinen im Blumengeschäft sofort erfüllt (Erfüllungsgeschäft) – daher fallen Verpflichtungsgeschäft und Erfüllungsgeschäft zeitlich zusammen. Bei z. B. telefonischen Bestellungen (oder Online-Bestellung) ist die Verpflichtung und die Erfüllung zeitlich getrennt. Erfüllungsort ist der Ort, an dem Verkäufer und Käufer die jeweiligen Pflichten aus dem Kaufvertrag erfüllen müssen.

Aufgabe 340

! a) Die Rechnung muss sofort nach Erhalt bezahlt werden, allerdings wird, wenn kein Datum eingesetzt ist, gesetzlich erst nach 30 Tagen gemahnt. Der Verbraucher muss jedoch auf den Verzugseintritt nach 30 Tagen auf der Rechnung hingewiesen werden.

b) Der Kunde darf selbst 2 % Skonto abziehen, wenn er innerhalb von 8 Tagen bezahlt; innerhalb von 30 Tagen muss er ohne Abzug zahlen, dann beginnt der Verzugseintritt (s.o.)

c) Ganz egal, wie lange der Zeitraum von Rechnungszustellung bis zum 16. Januar ist (z. B. wenige Tage oder ein Monat), der Kunde muss spätestens an diesem Tag bezahlen, danach beginnt der Verzugseintritt (Verzugszinsen nach § 288 BGB: 5 % über dem Basiszinssatz; Basiszinssatz s. Tageszeitung).

Aufgabe 341

! – Homepage professionell gestalten lassen, damit das Firmenkonzept auch überzeugend ausgedrückt wird (Firmenname, Unternehmensstil, Logo, Farbkonzept, Fotos).

– Aktualität, bezogen auf Fotos, Events, anlassbezogene Floristik.

– Sonderrubriken zusammenstellen, sich von anderen Betrieben abhe-

ben, z. B. Zeitungsberichte über den Betrieb einstellen, über Events oder anlassbezogene Schaufenstergestaltung berichten.
– Newsletter für Besucher der Homepage, Interesse wecken.

! **Innerhalb:** stets hohe Qualitätsmaßstäbe für Waren und Dienstleistung, Transparenz von Abläufen und Entscheidungen, Aufrechterhaltung einer kooperativen Arbeitsweise, einheitliches Vorgehen bei Reklamationen, termingerechte und zuverlässige Auftragsabwicklung. **Außerhalb:** durchgehende, einheitliche Gestaltung von Logo, Schrifttyp, Farbe zur Wiedererkennung auf z. B. Brief- und Rechnungspapier, Verpackungspapier, Werbeanzeigen. Auftritt außerhalb durch Wiedererkennung an Arbeitskleidung, Firmenfahrzeug. Einheitliches Erscheinungsbild von Firmengebäude, Homepage, Plakaten, Bannern. **Aufgabe 342**

! a) Nicht übersehen, nicht benachteiligen, kleines Geschenk. **Aufgabe 343**
b) Nach dem vorhandenen Geld fragen; Strauß auf das Kind abstimmen (Biedermeierstrauß), nicht auf den Empfänger; einfache, kindgemäße Wortwahl (aber nicht kindisch).

! a) Automatische Türen, Sitzgelegenheiten herrichten, breitere Laufwege für Gehhilfen, übersichtliche Warenpräsentation, Informationen und Preisschilder in größerer Schrift, Orientierungshilfen durch große Schilder mit leicht verständlichen Abbildungen, gute Beleuchtung. **Aufgabe 344**
b) Senioren persönlich und mit Namen begrüßen; Sprache: deutlich, lauter, nicht so schnell; Geduld beim Bedienen; Freundlichkeit drückt Lebensfreude aus; Hilfsbereitschaft bei Entscheidungen und beim Kauf der Ware; höheren Zeitaufwand einkalkulieren; Sicherheit und Vertrauen vermitteln.

! a) Der unentschlossene Kunde kann sich nicht entscheiden und zeigt dies deutlich durch Körpersprache (Schultern zucken) oder sagt es direkt. Der Verkäufer übernimmt die dominante Rolle durch Suggestivfragen (beeinflussende Fragen), weist auf besondere Qualitäten der Ware hin und zeigt vor allem nicht zu viel. Schließlich kann er den Kunden beeinflussen, in dem er sagt: „An Ihrer Stelle würde ich diese … nehmen, weil …" **Aufgabe 345**
b) Der sehr gesprächige Kunde hat ein großes Mitteilungsbedürfnis und spricht gern und viel über Privates. Das sollten Verkäufer durch ge-

schickte Handlungen und Reaktionen stoppen und auf die Ware zurückkommen. Verkäufer sollte nicht zu sehr auf private Gespräche eingehen – das stört den Verkauf auch bei Kollegen.

Aufgabe 346

! – Einkaufsgewohnheiten und Geschmack der Stammkunden sind bekannt, Verkaufsgespräche können dadurch verkürzt werden. Telefonbestellungen sind unproblematisch.
- Art des Sortiments, Menge der Ware kann kalkuliert werden, weniger Ladenhüter, weniger Verlust bei Schnittblumen.
- Stabiler Umsatz, weil Stammkunden regelmäßig einkaufen.
- Zufriedene Stammkunden sind gute Werbeträger und sorgen für neue Stammkunden.
- Normalerweise gute Zahlungsmoral.

Aufgabe 347

! a) **Maßnahmen:** Persönlichen Kontakt zu der Person (z. B. Sekretärin) aufbauen, die für Bestellungen zuständig ist. Den Geburtstag des Chefs mit einem Strauß würdigen. Eventuelle Reklamationen großzügig zugunsten des Kunden abwickeln; peinliche Prüfung vermeiden und das Vertrauensverhältnis nicht belasten. Kreditkauf und Rechnungsstellung am Monatsende ermöglichen.
Vorteile: Oft gleichartig wiederkehrende Aufträge und verlässlicher Auftragseingang, das erleichtert die Planung, die Materialbeschaffung und den Arbeitseinsatz. Durch die Repräsentationspflichten einer Firma ist häufig ein hohes Auftragsvolumen möglich; auch das Blumengeschäft kann sich präsentieren. Der bargeldlose Zahlungsverkehr sichert den Eingang der Rechnungsbeträge.
b) Arbeitszeit: 1 Stunde, 12 Minuten. Einsparung: 48 Minuten.

Aufgabe 348

! Die Ware muss mit dem Endpreis einschließlich der Umsatzsteuer und sonstiger Preisbestandteile, wie z. B. Nebenkosten, ausgewiesen werden. Gesetzlich vorgeschrieben ist die Angabe der Gütebezeichnung (Warenbezeichnung), des Endverkaufspreises und der Verkaufseinheit (z. B. je Stück oder je Strauß).

Aufgabe 349

! a) – Gewohnheit, fürs Wochenende Blumen zu kaufen: Freitagnachmittag, Samstagvormittag;
- Besuche und Einladungen meist am Wochenende;
- Besuche und Einladungen an Gedenk- und Feiertagen (Ostern, Muttertag, Weihnachten);

- Gewohnheit, im letzten Moment einkaufen zu gehen; kurz vor Geschäftsschluss;
- nach Arbeitsschluss gegen 16/17 Uhr;
- am Monatsanfang, wenn noch Geld da ist;
- „Blumenhunger“ im Januar, Februar und März (nach langer blumenloser Zeit).

b) – Bereitstellen genügender Warenmengen im Verkaufsraum;
- verkaufsfertige Aufbereitung, z. B. Fertigsträuße, Fertiggebinde;
- Aushilfskräfte einstellen;
- Hinweis auf günstigere Einkaufszeiten, telefonische Vorbestellungen und Hauszustellungen.

c) – Straffes, rasches Bedienen, unnötige Wege vermeiden;
- Verkaufsgespräch auf das Nötigste beschränken;
- weniger Ware vorlegen;
- unnötige Fragen vermeiden;
- Kunden auffordern, sich umzusehen und eine Vorauswahl zu treffen;
- Privatgespräche vermeiden;
- evtl. mehrere Kunden gleichzeitig bedienen (nur im Notfall).

Aufgabe 350

! Ursache **Verkäufer:** vorgefasste, negative Einstellung zum Kunden, falsche Einstellung zum Verkauf, keine Lust, mangelnde Konzentration, Hemmung bedingt durch Tagesform, Krankheit, Angst oder Kontaktarmut.
Ursache **Käufer:** keine Zeit, kein Interesse am Kauf, weil Pflichtaufgabe, Hemmung körperlicher oder seelischer Art, Sprachschwierigkeiten.
Ursache **Umgebung:** zu laut, zu leise, angenehme oder schlechte Gerüche, Unsauberkeit, Enge, Störung durch Kollegen z. B. lautes Telefonat, Störung durch unruhige Kunden oder kontrollierenden Chef.

Aufgabe 351

! a) Wenn ein Kunde Mängel in der Beschaffenheit der Ware feststellt, z. B. entspricht ein Raumschmuck nicht den im Beratungsgespräch festgelegten Bedingungen, dann kann der Kunde eine Nachbesserung verlangen. Hat ein Kunde gelbe Kerzen bestellt und es wurden rote geliefert, ist das auch ein berechtigter Grund ebenso, wenn drei Tage nach dem Kauf eine Rosenpflanze Mehltau zeigt. Ein weiterer Grund könnte die falsche Lieferung, z. B. falscher Termin, eines Geschenkstraußes sein.

b) Sich selbstbeherrscht zeigen, im Gespräch die Sache klären, kulant sein – so führt die Diskussion nicht ins Abseits, in kleinen Dingen verhandlungsbereit, entgegenkommend und großzügig sein, jedoch darauf achten, dass die Großzügigkeit nicht ausgenutzt wird.

Aufgabe 352

! a) Schutz vor mechanischen Beschädigungen; Schutz vor Umwelteinflüssen (Kälte, Nässe, Hitze); Schutz für den Kunden (Blütenstaub, Nässe, Verletzung); Transporterleichterung; Verpackung als Werbeträger (Logo, Firmenfarben); Verpackung als Gestaltungsmittel (Strauß wirkt größer, Klarsichtfolie).

b) **Zeitungspapier:** billig, unschön, zweckmäßig bei Kälte als Unterverpackung.

Klarsichtfolie: reißfest und wasserabweisend, wirkt exklusiv, man sieht die Ware (Werbung!), mit Aufkleber als Werbeträger, Umwelt belastend.

Seidenpapier: farblich passend zum Strauß, oben offen und gerafft als Straußmanschette – wirkt vergrößernd, innen beschichtet – wasserabweisend, häufigstes Verpackungsmittel.

Tragetüten/-taschen: zur Transporterleichterung besonders für größere Topfpflanzen, asymmetrische Tragegriffe, teure Verpackung.

Klarsichtkarton: für wertvolle floristische Arrangements, zur Steigerung der Wirkung mit Schleife.

Aufgabe 353

! a) Z. B. Kosten für Material, Löhne/Gehälter, Miete/Pacht, Abschreibungen, Wasser, Heizung, Strom, Lagerhaltung, Porto, Telefon/Fax/PC, Verpackung, Fahrzeuge, Versicherungen usw.

b) Löhne/Gehälter: Für einfache Tätigkeiten, wie Blumen ausfahren, Blumen anschneiden, stundenweise eine Aushilfskraft einstellen.

Wasser: Zum Gießen Regenwasser verwenden.

Lagerhaltung: Nicht zu viel Ware einkaufen (Gefäße, Bänder, Kerzen); unmodern gewordene Ware braucht lange Zeit unnötig Platz, hoher Lagerzins.

Porto: statt Werbebriefe mit der Post verschicken, Schüler Handzettel austragen lassen, als Zeitungsbeilage in die Tageszeitung geben oder Newsletter (Homepage) verschicken.

c) Rabatt: Preisnachlass des Lieferers aus bestimmten Anlässen (Mengenrabatt).

Skonto: Preisabzug des Käufers vom Rechnungsbetrag bei Zahlung innerhalb des Zahlungsziels, Anreiz zur raschen Zahlung.

Bonus: Nachträglicher Preisnachlass (Rabatt) eines Lieferers für einen bestimmten Zeitraum, wenn gewisse Bedingungen eingetreten sind, z. B. ein bestimmter Umsatz erreicht wurde; Bonus für Angestellte auch als Anreiz zur Umsatzsteigerung.

Aufgabe 354

! a) Rückwärtsrechnung; Ergebnis = 22,21 Euro
b) 2405,- Euro Verkaufspreis für 50 Sträuße, davon 4 % = 96,20 Euro Bonus

Aufgabe 355

! a)

Pro	**Kontra**
– mehr Entscheidungsfreiheit – Verwirklichung eigener Ideen – mehr Motivation und Erfolg, weil keine Vorgesetzten – Eigeninitiative und -leistung bestimmen – Erfolg, Gewinn und Einkommen	– Risiko des Selbstständigen – Probleme mit Kunden, Lieferanten, Behörden, Konkurrenten – mehr Arbeit, weniger Freizeit – kein regelmäßiges Einkommen besonders in der Anfangsphase

b)

Studio	**Blumenfachgeschäft**
– exklusive Schnittblumen und Topfpflanzen – exklusives Zusatzsortiment – hohes Preisniveau bedingt durch Fachpersonal, Beratung, Mieten – fachkundige und persönliche Beratung und Bedienung – Lieferservice, evtl. Innendekorationen sind selbstverständlich	– meist breites Angebot an Blüh- und Grünpflanzen – Saisonsortiment an Balkon- und Beetpflanzen – meist geringeres Preisniveau, da auch Selbstbedienung möglich, allerdings große Freiflächen, Gewächshäuser – fachkundige Beratung ist gegeben – Bepflanzung von Balkonkästen usw., Überwinterungsservice

Aufgabe 356

! – Als Angestellte seit neun Jahren hat sie eine Kündigungsfrist von drei Monaten.
- Die Kündigung muss schriftlich erfolgen; E-Mail ist jedoch ausgeschlossen (§ 623 BGB).
- Der Brief gliedert sich in die Abschnitte Kündigungstermin, Grund der Kündigung, evtl. Bitte um ein Arbeitszeugnis.
- Die Kündigung muss zum Termin im Machtbereich des Empfängers sein, z. B. im Briefkasten.
- Der Tag, an dem die Kündigung dem Arbeitgeber zugeht, wird nicht in die Kündigungsfrist eingerechnet.

Aufgabe 357

! a) Frühzeitige Werbung durch Werbebriefe, Handzettel, Zeitungsanzeigen, Prospekte;
Musterkästen rechtzeitig bepflanzen und werbewirksam aufstellen;
anwendungsbezogene Präsentation (versch. Terrassensituationen);
Tag der offenen Tür und andere Aktionen zum Saisonbeginn;
Dienstleistungsangebot: Balkonkästen bepflanzen, Anlieferung und auch Überwinterung von Kübelpflanzen;
ausreichende Sortimentsbreite und -tiefe, Neuzüchtungen;
passende Zusatzartikel (Blumenampeln, Töpfe, Substrate);
qualifiziertes Verkaufspersonal.
b) „Ja, das ist schon richtig. Vergleichen Sie jedoch unsere Pflanzen mit denen im Supermarkt. Ihnen wird auffallen, das unsere qualitativ weitaus hochwertiger sind. Sie sind reicher verzweigt und haben einen starken Blütenansatz. Ihre Ansprüche an eine gelungene Balkonbepflanzung werden voll befriedigt werden."
c) Endergebnis: 730,14 Euro

! **Irreführende Angaben**, z. B. Flower-Label anbringen, obwohl der Ursprung der Ware nicht den Anforderungen dieses Logos entspricht. **Waren ohne vorgeschriebene Angaben anbieten**, z. B. Blumen auszeichnen ohne Angabe von Verkaufseinheit (Stückzahl oder Bund) oder bei Online-Versand Güteklassen wie Länge der Stiele und Qualität bzw. Größe der Blüte (Rose!). **Verschenken von Waren übertriebener Art**, z. B. kostenloser Tischschmuck für eine betriebliche Veranstaltung, um in Zukunft alle Aufträge dieser Firma zu erhalten. **Bestechung von Angestellten**, z. B. Angestellte des eigenen oder auch eines fremden Betriebs zum Zwecke des Wettbewerbs bestechen („Schmieren"). **Verrat von Geschäftsgeheimnissen**, z. B. während eines Ausbildungs- oder Arbeitsverhältnisses zum Zwecke des Wettbewerbs oder aus Eigennutz Geschäftsgeheimnisse verraten, die dem Inhaber Schaden zufügen können. Aufgabe 358

! a) Die **Bedarfsrichtung** wird vor allem durch Kundenwünsche, Eigenarten der Kunden, Kaufkraft, Standort des Betriebs, Jahreszeit, Trends bestimmt und muss vom Betriebsinhaber stets beobachtet werden. Der **Bedarfszeitpunkt** ist die Zeit, in der die Kunden die Ware benötigen, z. B. besonders viele Rosen zum Valentinstag. Eine betriebsinterne Umsatzstatistik kann für alle Jahreszeiten hilfreich sein. Aufgabe 359
b) Die für den Einkauf zuständige Person klärt bei der **Anfrage** bei verschiedenen Händlern die Qualität der Ware, den Preis sowie Lieferzeitpunkt und Lieferbedingungen. Das **Angebot** ist eine Willenserklärung an den Floristen/die Floristin, die Ware zu den angebotenen Bedingungen zu liefern. Ein Angebot muss angenommen (Bestellung) oder abgelehnt werden.

! a) lebende Ware: 7 %; Handelsware und Dienstleistung: 19 % Aufgabe 360
b) 248,– Euro entsprechen 119 % (Endpreis = einschl. MwSt.) 100 % entsprechen dann 208,40 Euro, die Mehrwertsteuer 39,60 Euro.

Pflanzenkenntnis/Botanik

Aufgabe 361 ! (s. Aufgabenteil: Pflanzenliste)

Aufgabe 362 !

Familie mit deutschem Begriff	Merkmale	Pflanzenbeispiele für die Floristik
Asteraceae Korbblütler	Blütenstand: Körbchen wie viele kleine Blüten, Röhren- oder Zungenblüten radial angeordnet, wechselständige Blätter	Achillea millefolium Helianthus annuus
Liliaceae Liliales/Liliengewächse	meist Zwiebel, Blütenblattzahl drei, je Blüte sechs Staubblätter, Kapsel- oder Beerenfrucht, parallelnervige Blätter	Lilium longiflorum Tulipa-Cultivars
Pinaceae Kieferngewächse	Baum, Strauch, immergrüne nadelförmige Blätter, zapfenförmige Blüten, Zapfen mit Samenbildung	Pinus mugo Pinus strobus
Rosaceae Rosengewächse	krautig oder holzig, Sprossdornen oder Stacheln, Wurzelstock oder Rhizom, auffällige 5-zählige Blüten, Blütenkrone radiär, unterschiedliche Blätter – bei Rosen 5-zähliges Laubblatt, gesägt	Alchemilla mollis Rosa-Cultivars

Aufgabe 363 ! a) + b)

Einjährige Pflanzen: z. B. Balkonware, nur für einen Sommer.

Zweijährige Pflanzen: z. B. Samenpflanzen, die erst im zweiten Jahr blühen, als Balkonware im Verkauf ist die Pflanze schon ein Jahr alt.

Staude: kann als Balkonware überwintern (geschützt) oder in den Garten gepflanzt werden.

Sukkulente: z. B. bei Schalenbepflanzung mit einheitlichem Pflegeanspruch (trocken); Platz an der Südseite.

Kletterpflanze: Topfpflanze braucht Kletterhilfe, z. B. Passionsblume.

Sonnig: Standort z. B. für Zimmer- oder Balkonpflanzen im Süden.

Halbschattig: Standort z. B. für Zimmer- oder Balkonpflanzen im Osten oder Westen.

Winterschutz: Kübelpflanzen, die als Balkonware verkauft werden, müssen im Freien gut abgedeckt oder ins Haus geschafft werden, wie z. B. der Oleander; Angebot der Überwinterung.

Monatsangabe für die Blütezeit: hier von Juli bis September. Das ist beim Zusammenstellen von Pflanzschalen für z. B. eine Terrasse wichtig, dass den Sommer über immer etwas blüht.

Giftpflanze: Kunden darauf hinweisen; besondere Vorsicht, wenn Kinder da sind.

! Aufgabe 364

	Botanischer Name	Deutscher Name	Familie
a)	Buxus sempervirens	Europ. Buchsbaum	Buxaceae
	Mahonia aquifolium	Gew. Mahonie	Berberidaceae
	Gaultheria shallon	„Salal“	Ericaceae
b)	Viola odorata	„Duftveilchen“	Violaceae
	Freesia refracta	Freesie	Iridaceae
	Hyacinthus orientalis	Hyazinthe	Hyacinthaceae
c)	Fuchsia-Cultivars	Fuchsie in Sorten	Onagraceae
	Impatiens walleriana	Fleißiges Lieschen	Balsaminaceae
d)	Physalis alkekengi var. franchetii	Lampionpflanze	Solanaceae
	Nigella damascena	Jungfer im Grünen	Ranunculaceae

! Aufgabe 365

	Botanischer Name	Deutscher Name	Familie
a)	Forsythia × intermedia	Garten-Forsythie	Oleaceae
	Cornus mas	Kornelkirsche	Cornaceae
b)	Camellia japonica	Japanische Kamelie	Theaceae
	Schlumbergera × buckleyi	Weihnachtskaktus	Cactaceae
c)	Leucojum vernum	Märzenbecher	Amaryllidaceae
	Iris × hollandica	Holländische Iris	Iridaceae
d)	Codiaeum variegatum	Wunderstrauch, Kroton	Euphorbiaceae
	Caladium bicolor	Elefantenohr	Araceae
e)	Delphinium-Cultivars-Belladonna-Grp.	Rittersporn	Ranunculaceae
	Eremurus robustus	Steppenkerze	Asphodelaceae

Aufgabe 366 !

	Botanischer Name	Deutscher Name	Familie
a)	Narcissus pseudonarcissus	Osterglocke	Amaryllidaceae
	Euphorbia pulcherrima	Weihnachtsstern	Euphorbiaceae
b)	Cupressus sempervirens	Echte Zypresse	Cupressaceae
	Taxus baccata	Europäische Eibe	Taxaceae
c)	Nerium oleander	Oleander	Apocynaceae
	Laurus nobilis	Lorbeerbaum	Lauraceae
d)	Adiantum raddianum	Frauenhaarfarn	Adiantaceae
	Nephrolepis exaltata	Aufrechter Schwertfarn	Nephrolepidaceae

Aufgabe 367 !

	Botanischer Name	Deutscher Name	Familie
a)	Larix decidua	Europäische Lärche	Pinaceae
	Pinus sylvestris	Wald-Kiefer, Föhre	Pinaceae
	Pinus nigra	Schwarz-Kiefer	Pinaceae
b)	Monstera deliciosa	Großes Fensterblatt	Araceae
	Zamioculcas zamiifolia	Fiederaron	Araceae
	Aspidistra elatior	Gew. Schusterpalme	Convallariaceae
c)	Physalis alkekengi var. francetii	Lampionpflanze	Solanaceae
	Nigella damascena	Jungfer im Grünen	Ranunculaceae

Aufgabe 368 !

	Botanischer Name	Deutscher Name	Familie
a)	Stephanotis floribunda	Kranzschlinge	Asclepiadaceae
	Jasminum officinale	Echter Jasmin	Oleaceae
	Passiflora caerulea	Blaue Passionsblume	Passifloraceae
b)	Impatiens walleriana	Fleißiges Lieschen	Balsaminaceae
	Begonia-Semperflorens-Grp.	Eisbegonie	Begoniaceae
	Nicotiana × sanderae	Niederer Zier-Tabak	Solanaceae
c)	Alchemilla mollis	Weicher Frauenmantel	Rosaceae
	Achillea filipendulina	Gold-Garbe	Asteraceae

Aufgabe 369

! a)

Strauch	♄	Halbschatten	◑	Schatten	●
Kletterpflanze	⌇	Hängepflanze	⌇	Kriechpflanze	﹏
Fruchtschmuck	ꙮ	Giftig	☠	Topfpflanze	▽
Immergrün	e	Blütezeit	IX–XI		

b) Bedecktsamig: Samenanlage im Fruchtknoten eingeschlossen, nach der Befruchtung ist um den Samen eine Fruchtwand.
Zwittrig: männliche und weibliche Blütenteile in einer Blüte.
Dolde: Blütenstand, bei dem gestielte Einzelblüten aus einem Punkt kommen.
Panaschiert: Teile der Blattfläche sind weiß (= Zellen ohne Chlorophyl)

Aufgabe 370

!

	Botanischer Name	Deutscher Name
a)	Abies nordmanniana	Nordmanns-Tanne
	Chamaecyparis lawsoniana	Lawsons Scheinzypresse
	Picea pungens	Blau-Fichte
b)	Buxus sempervirens	Europäischer Buchsbaum
	Hedera helix	Gewöhnlicher Efeu
	Quercus rubra	Rot-Eiche

Aufgabe 371

!

	Botanischer Name	Deutscher Name	Familie
a)	Cissus striata	Kleine Zimmerrebe	Vitaceae
	Hedera helix	Gewöhnlicher Efeu	Araliaceae
	Fatsia japonica	Zimmeraralie	Araliaceae
b)	Pelargonium zonale	Zonal-Pelargonie	Geraniaceae
	Petunia × atkinsiana	Garten-Petunie	Solanaceae
	Calceolaria alba	Pantoffelblume	Scrophulariaceae
c)	Delphinium-Cultivars -Bella-donna-Grp.	Rittersporn	Ranunculaceae
	Gypsophila paniculata	Schleierkraut	Caryophyllaceae
	Allium giganteum	Riesen-Lauch	Alliaceae
d)	Ligustrum vulgare	Gewöhlicher Liguster	Oleaceae
	Prunus laurocerasus	Kirschlorbeer	Rosaceae
	Sambucus nigra	Schwarzer Holunder	Caprifoliaceae

Aufgabe 372

	Botanischer Name	Deutscher Name
a) Strauß	Eustoma grandiflorum	Großblütiger Prärieenzian
	Dianthus barbatus	Bart-Nelke
	Aconitum napellus	Blauer Eisenhut
	Anthriscus cerefolium var.	Garten-Kerbel
	Scabiosa caucasia	Große Skabiose
b) Pflanzschale	Pteris cretica	Kretischer Saumfarn
	Aglaonema communatum	Kolbenfaden
	Nephrolepis exaltata	Aufrechter Schwertfarn
	Dracaena reflexa var. angustifolia	Schmalblättriger, gerandeter Drachenbaum
	Ficus pumila	Kletter-Feige
c)	Cosmos bibinnatus	Fiederblättriges Schmuckkörbchen
	Zinnia elegans	Garten-Zinnie
	Hosta sieboldiana	Blaublatt-Funkie
	Molucella laevis	Muschelblume
	Xerophyllum asphodeloides	Bärengras

Aufgabe 373 !

	Einkeimblättrig	Zweikeimblättrig
a)	Monocotyledonae	Dicotyledonae
	Orchidaceae, Liliaceae	Oleaceae, Violaceae
b)	kümmerliche Keimwurzel; sprossbürtige kaum verzweigte Wurzeln; Büschelwurzelsystem	Keimwurzel stark entwickelt zur Hauptwurzel mit Verzweigungen; Pfahlwurzelsystem
	Blattfläche hat unverzweigte Blattadern (parallelnervig)	Blattfläche hat verzweigte Hauptader (verzweigtnervig)
	Kambiumring fehlt, geschlossene Leitbündel über die gesamte Querschnittsfläche im Grundgewebe verteilt, Xylemteil ist nach innen und der Phloemteil nach außen gerichtet	im Grundgewebe eingebettet liegt der Kambiumring mit daran angeordneten offenen Leitbündeln; Xylem innerhalb, Pholem außerhalb des Kambiums
c)	Zeitlich begrenztes primäres Dickenwachstum	Sekundäres Dickenwachstum

Aufgabe 374

! a) 1 = Vakuole, 2 = Zellkern, 3 = Zellplasma, 4 = Zellwand
b) Vakuole: „Speicherblase“ der Zelle, enthält den Zellsaft (Wasser, Salze, Zucker, Farbstoffe). Ist die Vakuole prall mit Wasser gefüllt, so drückt sie von innen gegen das Zellplasma (= Turgor), die Zelle wird fest.
c) Das Blattgrün (Chlorophyll) befindet sich in den Chloroplasten der Zelle (in der Zellwand).
d) Ausgewachsene Zelle, nicht mehr teilungsfähig, erkennbar an der großen Vakuole, die den Zellkern und das Plasma an die Zellwand drückt.
e) Gewebearten und Funktion:
Abschlussgewebe: Schutzfunktion gegen äußere Einflüsse wie Hitze, Kälte, Schädlinge, Feuchtigkeit durch z. B. Kutikula, Schutzhaare, Papillen. Stoffaustausch im Falle von Wurzelhaaren und Stomata.
Leitgewebe: Xylem leitet Wasser und darin gelöste Nährstoffe. Phloem leitet Assimilate.
Stützgewebe: Collenchym in krautigen Pflanzenteilen und Sclerenchym in holzigen Teilen verleihen Halt und Festigkeit.

Aufgabe 375

! a) Bei der Fotosynthese (tagsüber) baut die Pflanze aus Wasser und Kohlendioxid mit Hilfe von Lichtenergie und Blattgrün Kohlenhydrate auf (Sauerstoff wird frei) und stellt daraus alle weiteren Verbindungen her = Assimilation (Umwandlung von körperfremden in körpereigene Stoffe). Fotosynthese findet nur in grünen Pflanzenteilen statt (Chlorophyll absorbiert Teile des Sonnenlichts).
Für die Atmung (Dissimilation; Tag und Nacht) benötigt die Pflanze Energie. Diese wird erzeugt, indem die Pflanze Traubenzucker in den Mitochondrien mit Sauerstoff in Kohlendioxyd und Wasser zerlegt, dabei wird Energie frei (Atmung). Bei der Atmung handelt es sich um die Umkehrung des Vorgangs der Fotosynthese.
b) Optimale Sonneneinstrahlung: nahe am Fenster (Standort jedoch beachten), sauberes Fenster, saubere Laubblätter; optimale Temperatur; optimale Versorgung mit Wasser und Nährsalzen.
c) Durch Senkung der Raumtemperatur: je niedriger die Temperatur, desto weniger dissimiliert die Pflanze.

Aufgabe 376

! a) **Panaschierung:** Weiß-grün gefärbte oder panaschierte Blätter haben nicht überall Chlorophyll ausgebildet. An den Stellen, an denen es fehlt, wird das einfallende Licht reflektiert und die Fläche erscheint weiß. Ficus benjamina ‚Starlight'.
Aurea-Formen: Stellenweise Gelbfärbung. In den Blättern sind stellenweise mehr Karotine als Chlorophyll vorhanden. Efeutute.
Blutblättrigkeit: Pflanzen haben während der ganzen Vegetationsperiode rote Blätter. Anthocyan überdeckt das darunter liegende Chlorophyll (Sonnenschutz). Bluthasel, Blutbuche.
Buntblättrigkeit: Verschiedene Farbstoffe sind vorhanden (Anthocyan, Flavone, Karotin). Kroton.
Herbstfärbung: Chlorophyll wird abgebaut, andere Farbstoffe kommen zum Vorschein.
b) Blattdornen – Schutzfunktion
Blattranken – Lichtgewinn
Fangblätter – Ernährung

Aufgabe 377

! a) **generativ**
- Meiose
- Blüte (Staubbeutel, Fruchtknoten)
- Bildung von Geschlechtszellen zur Bestäubung, Befruchtung, Samen- und Fruchtbildung; Neukombinationen von Eigenschaften

b) **vegetativ**
- Mitose
- Vegetationspunkte (Knospe, Wurzelspitze), Kambium
- Bildung identischer Körperzellen

c) Ausläufer: Chlorophytum; Kindel: Bromelie; Steckling: Fuchsie; Teilung: Phlox

Aufgabe 378

! a) Fruchtblätter: Bildung von Samen und Frucht; Staubblätter: Bildung von Pollen; Blütenblätter: Anlocken der Insekten; Kelchblätter: Schutz der Blüte
b) Zweihäusige Pflanzen haben entweder männliche oder weibliche Blüten, d. h. es fehlen entweder die Staubblätter oder die Blütenblätter.

Aufgabe 379

! a) Kelchblätter – Blütenblätter – Staubblätter – Fruchtblätter (Stempel)
b) Blütenschutz – Insektenanlockung – männliches Sexualorgan – weibliches Sexulaorgang
c) Familie der Rosaceae
d) Perianth: unterscheidbare Kelch- und Blütenblätter als äußere Blütenteile (Rose).
Perigon: Kelch- und Blütenblätter sind gleich ausgebildet (Lilie).

Aufgabe 380

! Es handelt sich um Hochblätter, das sind Metamorphosen von Laubblättern, die für Blütenblätter gehalten werden. Diese sind kräftig gefärbt, um Insekten oder auch Vögel zur Bestäubung anzulocken. Nach der Bestäubung vergrünen die meisten Hochblätter. Die Hochblätter des Weihnachtssterns heißen Brakteen. Es sind Tragblätter von kleinen, unscheinbaren Blüten. Das Hochblatt der Calla heißt Spatha und umhüllt den kolbenartigen Blütenstand (Spadix) der Aronstabgewächse. Die Spathen dienen ebenso zur Anlockung aber auch als Falle für Insekten. Sie haben auch eine Schutzfunktion.

Aufgabe 381

! a) Stängel (Mohn): beblättert, verzweigt, mehrere Blüten
Halm (Gras): beblättert, unverzweigt, deutlich sichtbare Nodien
Schaft (Löwenzahn): blattlos, unverzweigt, trägt nur eine Blüte oder einen Blütenstand
b) Nach außen schützt ein Abschlussgewebe (Epidermis), darunter befindet sich ein locker aufgebautes Grundgewebe (Rinde), in das Reservestoffe eingelagert werden können. Im Inneren liegen die Leitbündel, die von Festigungsgewebe umgeben sind – sie enthalten die transportierenden Gefäße (Phloem = Siebteil; Xylem = Holzteil). Bei zweikeimblättrigen Pflanzen befindet sich zwischen Xylem und Phloem das Kambium. Im Zentrum der Sprossachse liegt das Mark (Grundgewebe).
c) Zwiebel; Narzisse
Sprossknolle; Kartoffel
Ausläufer; Erdbeeren
Sprosssukkulenz; Kakteen

Aufgabe 382

! a) Wasser ist Reaktionsteilnehmer bei der Fotosynthese.
Es dient als Lösungs- und Transportmittel und zur Festigung der Pflanze (Turgeszens).
b) Transpirationssog; Wurzeldruck; Osmose; Kapillarkräfte

Aufgabe 383

! a) Sonnenblatt 1) und Schattenblatt 2)
b) Sonnenblätter: kleiner und dicker, Palisadengewebe ist mehrschichtig, die einzelnen Zellen liegen dicht beieinander. Das reichlich vorhandene Licht kann auch noch in die tieferen Schichten des Blattes eindringen. Schattenblätter: einschichtiges, lockeres Palisadengewebe, dünner und größer als Sonnenblätter, um möglichst viel Licht einzufangen.
c) Lavandula angustifolia, Echter Lavendel, Lamiaceae
Agave americana, Agave, Agavaceae
Nerium oleander, Oleander, Apocynaceae
Crassula ovata, Jadestrauch, Crassulaceae
Echinocactus grusonii, Goldkugelkaktus, Cactaceae

Aufgabe 384

! **Frühlingsschale**	**Trockensträuße**
Armenische Traubenhyazinthe	Carlina acaulis
Narcissus tazetta	Echter Lavendel
Garten-Stiefmütterchen	Helichrysum
Crocus vernus	Statice, Meerlavendel
Gänseblümchen	Nigella damascena

Pflanzenpflege/Pflanzenschutz

Aufgabe 385

!	**Ursache**	**Bekämpfung**
a)	Lichtmangel	Näher ans Licht (Fenster) stellen oder künstlich belichten.
b)	Blattläuse	Befallene Pflanzenteile entfernen, Insektizid einsetzen.
c)	Überdüngung/Staunässe	Überschüssigen Dünger auswaschen, Pflanze umtopfen, bei starker Überdüngung sterben die Wurzeln ab.
d)	Grauschimmel/Botrytis	Ausputzen, Luftfeuchtigkeit senken.
e)	Spinnmilben	Kranke Pflanzenteile entfernen, Luftfeuchtigkeit erhöhen, Blätter befeuchten, Akarizid einsetzen.

Aufgabe 386

! Fungizide: Pilze tötend
Insektizide: Insekten tötend
Herbizide: Unkräuter tötend
Akarizide: Milben tötend

! a) – Wasser aus den Leitungsbahnen teilweise verdunstet, Luft in Leitungsbahnen, Kapillarität beim neuen Einstellen wirkt nur ein kurzes Stück, Luftblase zwischen altem und neuem Wasser, Kohäsion wirkt nicht, es kommt kein Wasser nach. **Aufgabe 387**

- Krümelstruktur wird zerstört, Kleinstlebewesen ersticken, Wurzeln faulen, keine Neuaufnahme von Wasser und Nährsalzen, Pflanze verhungert.
- Zu wenig Licht, Fotosynthese gering, eingeschränktes Wachstum.

b) Rose welkt; Passiflora caerulea lässt die Blätter hängen, wirft die Knospen ab und geht ein; Spathiphyllum wallisii eingeschränktes oder gar kein Wachstum.

! a) Verteilung des Wirkstoffs über die Leitbahnen (Saftstrom) der Pflanze. **Aufgabe 388**

b) Berührungsgift, das auf die Blattoberfläche oder auf die Schädlinge selbst ausgebracht wird.

c) Das Mittel schädigt Bienen und darf nicht in die Blüte gespritzt werden.

d) Mittel, das nur gegen spezielle Pflanzenkrankheiten hilft, d. h. keine Breitenwirkung hat.

e) Pflanzen werden nicht oder nur wenig von Krankheiten oder Schädlingen befallen – sie sind resistent gegen z. B. bestimmte Krankheitserreger; Schädlinge können resistent sein gegen bestimmte Pflanzenschutzmittel – der Schädling reagiert nicht auf das Mittel.

! a) Blattläuse gelangen mit dem Luftzug ins Zimmer; Jungfernzeugung (Frühjahr, Sommer), lebende weibliche Läuse werden geboren, die nach 10 Tagen bis wenigen Wochen vermehrungsfähig sind. Im Sommer gibt es auch geflügelte Blattläuse. Im Herbst kommen Männchen und befruchtungsfähige Weibchen zur Welt, die Eier legen, aus denen weibliche Läuse schlüpfen (Stammmütter > Jungfernzeugung). Blattläuse sind 1–3 mm große Insekten, sitzen an jungen Trieben, Knospen und Unterseite der Blätter, sie haben stechend-saugende Mundwerkzeuge und entziehen der Pflanze zucker- und eiweißhaltigen Saft. Zuckeranteil wird wieder ausgeschieden – hinterlässt Honigtau (klebriger Läusekot). **Aufgabe 389**

b) Durch die Giftstoffe im Speichel der Blattlaus entstehen Blattkräuselungen und andere Missbildungen, Pflanze wird geschwächt, stirbt ab. Durch Honigtau (s. o.) entstehen Rußtaupilze, welche die Pflanze indirekt schädigen (Belag behindert Fotosynthese). Blattläuse können auch Viren übertragen, unheilbare Pflanzenkrankheiten können so entstehen.

c) Abwaschen der Läuse, stark befallene Pflanzenteile entfernen, natürliche Mittel wie Brennnesselbrühe oder Wasser mit Spülmittel auf die Läuse sprühen, räuberische Gallmücken oder Florfliegen einsetzen, überwiegend werden jedoch im Freien an Balkonpflanzen chemische Mittel eingesetzt (Insektizide): Spray oder Stäbchen. Vorbeugend (prophylaktisch) sollte der Kunde ein kombiniertes Mittel (Stäbchen mit Düngemittel und Insektizid) einsetzen.

d) Schildläuse: Zweige und Blätter
Schmierläuse/Wollläuse: Blattachseln und Unterseite der Blätter
Weiße Fliege/Mottenschildlaus: Blühende Pflanzen, ganze Pflanze
Gemeine Spinnmilbe/„Rote Spinne": Blattunterseite (kleine helle Punkte entstehen)
Trauermücke: feuchte, torfreiche Substrate, Wurzeln, Wurzelhals (Jungpflanzen)

Aufgabe 390

! a) Fahle Blätter, kleine helle Punkte auf den Blättern, Blätter vertrocknen, Blattfall, Gespinste auf Pflanze. Milben legen Eier – mehrere Larvenstadien mit Häutungen – Alttier, bei hohen Temperaturen und niederer Luftfeuchtigkeit rasche Entwicklung, 10–12 Tage.

b) Vorbeugende Pflanzenschutzmaßnahmen: Befall verhindern bzw. vermindern, z. B. Pflanzenauswahl für einen bestimmten Standort, höhere Luftfeuchtigkeit, abgehärtete Pflanzen.
Biologische Pflanzenschutzmaßnahmen: Raubmilben, nur wirkungsvoll bei rechtzeitigem Einsatz und optimalen Bedingungen: mind. 16 °C und 60–85 % Luftfeuchtigkeit.
Chemische Maßnahme: Behandlung mit Akarizid

c) Dracaena reflexa var. angustifolia, Schmalblättriger gerandeter Drachenbaum
Ficus benjamina, Benjamin-Feige
Hedera helix, Gewöhnlicher Efeu

Aufgabe 391

! a) Parasiten sind Lebewesen, die sich auf Kosten anderer Lebewesen ernähren. Vollparasiten sind Pflanzen ohne Chlorophyll, sie leben vollständig von ihrem Wirt, d. h. sie beziehen sämtliche Stoffe aus der Wirtspflanze (z. B. Thymian-Sommerwurz).
Halbparasiten haben selbst grüne Blätter zur Energiegewinnung und

zapfen nur die Leitungsbahnen ihrer Wirtspflanze an (z. B. Mistel).
b) Echter Mehltau ist ein Pilz. Er überzieht die Blattober- und unterseiten, die Triebspitzen und Knospen mit einem weißen, mehligen Belag. Mehltau existiert nur auf lebendem Gewebe, von dem er sich mit seinen Haustorien ernährt. Zuerst werden kleine Blattflecken sichtbar, dann breitet sich das Mycel (Vegetationskörper eines Pilzes) weiter aus und bildet den weißen Belag; er wird ausgelöst durch starke Temperaturschwankungen zwischen Tag und Nacht – der Pilz benötigt keine Feuchtigkeit.
Falscher Mehltau lebt im Inneren der Pflanze. Auf der Blattunterseite ist der weiße Schimmel sichtbar. Es handelt sich um Sporenträger, die aus den Spaltöffnungen herauswachsen. Das Gewebe stirbt ab – zu erkennen an gelben oder braunroten Verfärbungen auf der Blattoberseite.
c) Echter Mehltau: Rosen, Begonien, Hortensie
Falscher Mehltau: Rosen, Primeln, Löwenmaul

Aufgabe 392

! a) Dickmaulrüssler/Rüsselkäfer
b) Rhododrendronarten, Kamelien, Schefflera, Aralien (hartlaubige Pflanzen), Alpenveilchen, Gloxinien (Knollen)
c) Käfer ernährt sich vorwiegend von Blättern, Knospen, Blüten. Larve frisst überwiegend Wurzeln, Wurzelhals, Knollen. Käfer und Larve sind lichtscheu, fressen nachts. Tagsüber sitzt der Käfer in Erdspalten, die Larve in der oberen Bodenschicht nahe der Wurzel. Käfer erscheint ab Juni im Freiland, in Wohnräumen ab Februar, März. Die Weibchen legen ab Juli Eier am Grund der Pflanze ab, daraus schlüpfen ab August Larven und daraus entwickelt sich der Käfer (vollständige Metamorphose).
d) Sichelförmige Fraßstellen an Blättern, Larven befallene Pflanzen welken und trocknen ein. Auf Qualitätserde (gut gedämpfte Erde) beim Umtopfen achten, Bekämpfung ist schwierig, Pflanze auf Fraßstellen untersuchen. Im Gewächshaus: Nematoden-Einsatz.

Aufgabe 393

! a) Kaliummangel, niedere Luftfeuchtigkeit, Luftfeuchte erhöhen, gezielte Düngung
b) Rote Spinne, spritzen mit Akariziden
c) Dickmaulrüssler, umtopfen, Larven entfernen
d) Echter Mehltau, spritzen mit Fungiziden
e) Staunässe, deutlich geringere Wassergaben, evtl. umtopfen

Aufgabe 394

! a) **Ursache**
- Lichtmangel
- Schildläuse, Folgeschäden sind Honigtau und Rußtau
- Eisenmangel

b) **Gegenmaßnahme**
- an hellen Platz stellen, evtl. Zusatzbeleuchtung, direkte Sonne meiden
- Insektizide (Combistäbchen) einsetzen, stark befallene Teile entfernen
- Eisen düngen, pH-Wert des Substrats senken

Aufgabe 395

! Gebrauchsanweisung genau durchlesen und danach handeln.
Nur die notwendigen Mengen, wenn möglich im Freien ansetzen.
Während des Hantierens nicht essen, trinken oder rauchen.
Beim Spritzen im Freien auf Windrichtung und -stärke achten.
Restmengen nicht in den Ausguss oder in Gewässer gießen.
Pflanzenschutzmittel immer in der Originalpackung lassen.
Pflanzenschutzmittel unzugänglich für Kinder lagern.

Aufgabe 396

! a) Bundesamt für Verbraucherschutz und Lebensmittelsicherheit (BVL) in Braunschweig (vgl. Symbol Nr. 1)
b) 1. Prüfsiegel, garantiert die Zulassung des Pflanzenschutzmittels in Deutschland; 2. ätzend/reizend; 3. giftig/sehr giftig; 4. alleinstehend: Gesundheitsgefahr, mit anderen Piktogrammen kombiniert: Signalwirkung/Gefahr; 5. Gesundheitsgefahr, obere Katagorie; 6. umwelt- bzw. gewässergefährdend.

Aufgabe 397

! Pflanzenschutzmittel im abgeschlossenen Schrank, z. B. mit Glastüren, sodass Selbstbedienung ausgeschlossen ist.
Kunde darf keinen direkten Zugriff haben.
Sachkundige Bedienung; Bedienende sind sachkundig, wenn sie durch eine abgeschlossene Ausbildung als Florist/in oder Gärtner/in qualifiziert sind.

Aufgabe 398

! a) Wasser, Temperatur, Licht, Luft, Nährstoffe
b) **Orchideen:** Schwachzehrer (wenig Nährstoffe), luftdurchlässiges Substrat (Rinde), hell, warm, keine direkte Sonne, hohe Luftfeuchtigkeit.
Kakteen: sandiges Substrat (Kakteenerde), hell, warm, direkte Sonne möglich, trocken, sparsam gießen.
Mediterrane Kübelpflanzen: Blütenbildung oft nur in praller Sonne, reichlich gießen, weil Substrat im Kübel in der Sonne schnell austrocknet, bei ca. 10 °C hell überwintern.

Gesneriengewächse (z. B. Columnea, Gloxinie, Drehfrucht): Topfblumenerde, mit nicht zu kaltem und nicht zu kalkhaltigem Wasser gießen, Blätter dürfen nicht mit Wasser in Berührung kommen, hell, warm, keine direkte Sonne.
c) Beispiele: Blattflecken, Kümmerwuchs auf Grund von Nährstoffmangel; Nekrosen auf Grund von zu starker Sonneneinstrahlung; Wachstumshemmung, Fäulnis auf Grund von Staunässe; Welke auf Grund von Wassermangel; Vergeilung auf Grund von Lichtmangel.

Aufgabe 399

! a) Verblühen = natürlicher Alterungsvorgang
Welken = Nachlassen des Turgodrucks durch Wassermangel, Pflanzenorgane verlieren an Stabilität
b) Verblühen: niedrige Temperaturen, Lagerung getrennt von Obst, Gemüse, alten Blumen (Ethylenbildung); Vermeidung von Stress (Temperaturschock, Wassermangel)
Welken: hohe Luftfeuchte, regelmäßiger Anschnitt, Wasserwechsel, Schnittblumen nicht liegen lassen.
c) Tulpen: knospig, Farbe leicht sichtbar
Nelken: halb offen bis voll erblüht
Gerbera: 2–3 Reihen Röhrenblüten offen (gelbe Staubgefäße)
Weihnachtsstern: eigentliche Blüte (Cyathien) sollen Staubgefäße zeigen
d) Narzissen: vor Einstellen mit anderen Blumen ausschleimen lassen
Euphorbia fulgens: Stiele in heißes Wasser einstellen oder abflammen
Christrosen: Stiel anritzen
Flieder: Stiele anklopfen oder langer Anschnitt

Aufgabe 400

! a) Die Stärke von Frostschäden hängt von der Frostresistenz der Pflanzen ab. In den Zellen entsteht Eisbildung, zu erkennen an schlaffen, wässrigen, durchscheinenden Pflanzenteilen. Diese verfärben sich anschließend dunkel. Hitzeschäden entstehen durch starke Sonne und gleichzeitigem Wassermangel; Welke und Verbrennungen (Sonnenbrand), mangelnde Blütenentwicklung, vorzeitiger Laubabfall sind die Folge.
b) Kräftiges Gießen oder Tauchen in größeren Abständen ist besser als ständig kleine Wassermengen nachzugießen, weil dann das ganze Substrat durchwässert wird. Unregelmäßiges Gießen kann zum Aufplatzen von Pflanzenteilen, Abwurf von Blüten und Blättern führen. Alle lebensnotwendigen Prozesse (z. B. Fotosynthese) werden vom Wasser bestimmt, weshalb die Pflanze gleichmäßig Wasser braucht.

Aufgabe 401

! a) Schnittblumen können unansehnlich sein, weil sie
- nicht sachgemäß verpackt sind,
- sehr lange unterwegs waren,
- nicht richtig gelagert wurden,
- nicht zum richtigen Zeitpunkt geerntet wurden,
- der Wärme oder Kälte ausgesetzt waren.

b) Abhilfe:
- sofort auspacken und pflanzengerecht behandeln,
- nach langem schrägen Anschnitt tief ins Wasser stellen,
- überflüssige Blätter entfernen,
- mit Frischhaltemittel versorgen,
- Reklamation bzw. Ersatzansprüche an den Händler.

Aufgabe 402

! a) Gestaffelter satzweiser Anbau mit verschiedenen Pflanzterminen; Anbau im Freiland oder im Gewächshaus; Gesteuerte Kulturen mit Belichtung und Verdunklung bei tageslängenabhängiger Blütenbildung; Unterschiedliche Zeitpunkte des Rückschnitts und damit neuen Flores; Anbau in verschiedenen Ländern mit anderen klimatischen Bedingungen und damit verschiedenen Erntezeiten.

b) **Wassermangel durch erhöhte Transpiration:** Auf Grund trockener und warmer Zimmerluft findet meist eine erhöhte Transpiration durch die Laubblätter statt.

Wassermangel durch blockierte Leitungsbahnen: Blätter im Vasenwasser bilden Phenole. Aus diesen entstehen holzstoffartige Verbindungen, die die Wasserleitungsbahnen verstopfen.

Wassermangel durch Luftembolie: Durch den Transpirationssog wird zum Zeitpunkt der Ernte oder beim frischen Anschneiden Luft in das Xylem gesaugt. Die eingeschlossene Luft behindert den anschließenden Wassertransport in den Leitungsbahnen, nachdem die Blumen in das Wasser gestellt wurden.

Vermehrung durch Mikroorganismen, z. B. Pilze und Bakterien im Wasser. Schnittstelle und Leitungsbahnen setzen sich zu.

Energiemangel durch fehlende Fotosyntheseleistung und Verbrauch der Assimilate. Von der Pflanze wird selbst Ethylen produziert, das die vorzeitige Welke fördert (z. B. durch den Schnitt und auch den Transport in Verpackungen).

Aufgabe 403

! a) – Pflanzen sind zu groß geworden und scheinen durch einseitiges Wachstum leicht zu kippen.
- Wurzeln finden keinen Platz mehr, sie können sich nicht mehr ausbreiten.
- Die Erde ist aufgebraucht, daher mangelt es an Nährstoffen.

b) – Topf größer wählen als der bisherige Topf. Je größer die Pflanzen, desto mehr Platz muss um den alten Wurzelballen sein (kleine Töpfe 1–2 Finger breit, bei großen Pflanzen 5–10 cm).
- Für Wasserabzug sorgen: Dränageschicht oder Wasserabzugsloch.
- Unterste Erdschicht so hoch einfüllen, dass der Wurzenballen unter dem Rand bleibt und noch eine Schicht Erde darüber Platz hat.
- Pflanze aus dem Topf nehmen, alte Erde und abgestorbene Wurzeln entfernen, Wurzelhaare dürfen nicht beschädigt werden (Nährstoffaufnahme!).
- Pflanze einsetzen und neues Substrat um und dünn über den Wurzelballen füllen. Pflanze gut wässern, damit sich die neue Erde mit dem Wurzelballen verbindet.

Aufgabe 404

! a) Humose Einheitserde
b) Substrat ganzjährig mäßig feucht bis feucht halten; hohe Luftfeuchtigkeit im Sommer und Winter, ca. 70 %.
c) Gleichmäßig temperiert, optimal zwischen 24 und 28 °C, Minimum 18 °C, hell, keine direkte Sonne.

Aufgabe 405

! a) Große, dünne, weiche Blätter; dunkle Haare
b) Sonnig, warm, geringe Luftfeuchtigkeit
c) Lehmig-torfig, schwerer Boden, Tontopf

Aufgabe 406

! a) Hauptnährelemente, die in größeren Mengen von der Pflanze benötigt werden: N = Stickstoff, P = Phosphor, K = Kalium. Fe = Eisen (Spurenelement).

N: vegetatives Wachstum, Bestandteil von Chlorophyll, Eiweißen, DNA. Mangel: Blätter werden gelb, Wachstumshemmung, Notblüten.

P: generatives Wachstum, Aufbau. Mangel: schwache Blüten- und Fruchtbildung, Rotfärbung der Blätter.

K: beeinflusst den Wasserhaushalt und die Festigung des Gewebes. Mangel: schlaffe und welke Blätter, Chlorosen am Blattrand und an den Spitzen, geringe Standfestigkeit.

Fe: Enzymsteuerung, Eiweißaufbau. Mangel: Chlorosen an jungen Blättern, grüne Blattadern.
b) **Torf:** Wasserspeicher, Luftkapazität, steril. Nachteil: Zerstörung der Hochmoore. Ersatz: Rindenhumus oder auch Kokosfasern.
Ton: mineralischer Zusatz mit geringer Korngröße, Wasserspeicher und Nährstoffspeicher.
Perlite: mineralischer Zusatz aus Vulkangestein, verbessert die Luftkapazität.
c) Sukkulente Pflanzen benötigen ein wasserdurchlässiges, grobes Substrat, weil sie selbst Wasser speichern können. Steine und Sand sind deshalb als Zusatz geeignet.

Aufgabe 407

! a)

Hauptnährelemente	**chem. Zeichen**	**Bedeutung**
Stickstoff	N	Kernnährelement, Förderung des vegetativen Wachstums/Triebe und Blattbildung
Phosphor	P	Kernnährelement, Energieüberträger, Vermehrungsorgane Blüte, Frucht, Samen sind reich an P
Kalium	K	Kernnährelement, Gewebefestigkeit, Widerstandskraft gegen Schädlinge, Wasseraufnahme, Blattausfärbung
Kalzium	Ca	Baustein der Zellwand, Transpiration, Nährstoffaufnahme
Magnesium	Mg	Baustein des Chlorophylls
Schwefel	S	Baustein von Eiweiß
Spurenelemente		
Eisen	Fe	Beteiligung der Synthese des Chlorphylls
Mangan	Mn	Aktiviert Enzyme, Chlorophyll- und Eiweißbildung, Fotosynthese
Kupfer	Cu	Fördert Fotosynthese, Zellwandstabilität
Zink	Zn	Bildung pflanzeneigener Wuchsstoffe

b) Volldünger: Kombination aller Nährelemente in ausgewogener Zusammensetzung, die für die Pflanze notwendig sind. Einfache Handhabung.

Aufgabe 408

! a) Im Kambium wird, bedingt durch die wechselnden Jahreszeiten, periodisch neues Leitgewebe gebildet. Da vor allem Xylem nach innen gebildet wird, geraten die außen liegenden Gewebe unter Druck. Sie sterben teilweise ab, reißen auf oder verholzen. Die äußere Schicht der Rinde ist die Borke.
b) Rotholziger Hartriegel, Cornus alba 'Sibirica'
Hängebirke, Betula pendula

Aufgabe 409

! a) Nacktsamer: Samenanlagen liegen frei auf den Fruchtblättern, es werden keine Früchte gebildet; immer eingeschlechtlich; die Blätter sind nadel-, schuppen- oder fächerförmig (Ginkgo).
Bedecktsamer: Ausbildung von Früchten; Blüten zwittrig oder eingeschlechtlich; hand- oder fiedernervige Blätter.
b) Viele Samen benötigen **Keimruhe** zur Nachreife oder zum Abbau keimhemmender Stoffe und der Samenschale.
Wasser, durch Quellung kann Frucht- und Samenschale gesprengt werden.
Sauerstoff für die Atmung.
Optimale **Temperatur** (nach Pflanzenart verschieden).
c) Lichtkeimer benötigen zum Keimen außer den sonstigen Bedingungen auch Licht; Kalanchoe, Levkojen, Dill.
Dunkelkeimer werden durch Licht bei der Keimung gehemmt, sie brauchen Dunkelheit (Abdecken mit Erde); Nigella, Freesien, Rittersporn.

Aufgabe 410

! a) – Blüten dienen der generativen Fortpflanzung.
- Kelchblätter schützen die Blütenknospe.
- Kronblätter dienen der Insektenanlockung und schützen den inneren Teil.
- Farbe und Saftmale (Flecken, Striche auf Blüten) locken Insekten besonders intensiv an.
- Form der Blüte lockt eine bestimmte Insekten- oder Vogelart an.

b) Ergänzen Sie die folgende, kurzgefasste Lösung, indem Sie im Schulbuch nachlesen.
Bestäubung: Pollen einer Blüte muss auf die Narbe einer anderen Blüte übertragen werden. Die Art der Übertragung kann geschehen durch Tiere, Wind, Wasser oder auch künstlich durch den Menschen. Die Art und Weise der Bestäubung ist möglich als Selbstbestäubung (Zwitterblüten) oder Fremdbestäubung.

Befruchtung: Der reife Pollen auf der Narbe keimt und bildet einen Pollenschlauch, der bis zur Samenanlage wächst. Zellkern einer weiblichen und einer männlichen Geschlechtszelle verschmelzen. Bedecktsamer: Doppelte Befruchtung = männliche Geschlechtszelle verschmilzt mit der Eizelle – Zygote entwickelt sich zum Embryo. Der zweite Zellkern (Spermazelle) verschmilzt mit dem sekundären Embryosackkern = entwickelt sich zum Nährgewebe.

c) Hülse, Schote und Kapsel sind Streufrüchte; Nuss und Beere Schließfrüchte.

Hülse – entsteht aus Fruchtblatt, Bauch- und Rückennaht öffnen sich bei der Reife; Wicken, Goldregen (Schmetterlingsblütler).

Schote – entsteht aus zwei Fruchtblättern, auf der Scheidewand in der Mitte befinden sich die Samen; Silberling, Blaukissen (Kreuzblütler).

Kapsel – entsteht aus mehreren Fruchtblättern, durch Ablösen des Deckels oder Öffnen der Fruchtwand (Spaltung) werden die Samen frei gegeben; Mohn, Iris.

Nuss – einsamig, hartschalige (verholzte) Fruchtwand; Hasel, Eiche.

Beere – meist vielsamig, fleischige Fruchtwand, in der die Samen eingebettet sind; Johannisbeere, Schneebeere.

d) E1); B2); D3); A4); C5)

Lösungsvorschläge Teil 3

! Klassizismus, romantische Malerei, lieblich, Formarbeit, Blumen geringer Geltung, ovaler Schmuck, geometrisch, kompakt, Streuung, Blattabschluss, Kelchgefäß mit Formarbeit auf Anrichte. **Aufgabe 411**

Zeit: 1815–1848. Anlehnung an die antike Architektur, romantische Malerei mit der Liebe für Kleinigkeiten, Sauberkeit und Idylle. Gemütlichkeit und Häuslichkeit ist gefragt. Mobiliar: geschwungenes Sofa, Blumenständer, Blütenmuster auf Vorhängen und Möbelbezugsstoffen. Runde Blüten Kopf an Kopf verarbeiten, als Tischgesteck z. B. eine ovale Schale aus Porzellan mit Formarbeit nach dem Prinzip der Streuung gesteckt. Z. B. verschiedene kleine Rosensorten, Bartnelken, Matricaria, Alchemilla im Büschel dazwischen, einheitlicher Blattabschluss mit z. B. Galax. Amphorenähnliche Gefäße mit den gleichen Schnittblumen und evtl. größeren Rosensorten als weiterer Blumenschmuck.

! Gehweg nicht zu breit: Schmuck darf nicht zu ausladend sein. **Aufgabe 412**

Hauptstraße: Blumen dürfen nicht zu empfindlich sein.

Sommer: Pflanzen für sonnigen Standort (Südosten), Balkonware.

Gestaltungsstil: üppig, dekorativ in kübelartigen Pflanzgefäßen, gestaffelt und die Höhe betonend, weil in der Breite der Platz fehlt.

Ordnungsart: symmetrisch, rechts und links gleicher Aufbau.

Farbe: bunt, sommerlich, einladend bei jeder Witterung am frühen Morgen, wenn die Kunden kommen, z. B. Farbe-an-sich-Kontrast oder in Harmonie (Harmonie des Gleichklangs) mit der Hausfarbe.

Form und Bewegung: runde und dreieckige Blütenformen, aufstrebende Leitpflanzen und lagernde bis abfließende Begleitpflanzen.

Gefäß: Terrakotta mit Wasserabzugsloch, damit bei Regen keine Staunässe entsteht.

Skizze:

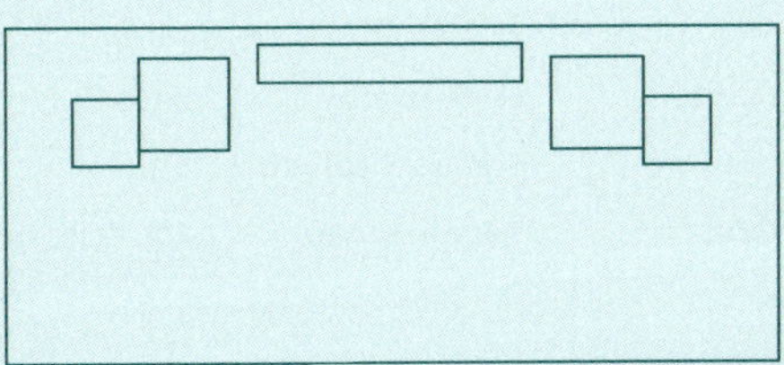

Aufgabe 413

! Herbst: kräftige Farben im Herbstcharakter, starke Formen, natürlich, rustikale Stofflichkeit.
Zauber: Vielfalt, Besonderheit, Kunde soll staunen.
Schaufenster: haltbare Pflanzen; Gestaltung in Gruppen verstärkt die Wirkung (keine Streuung mit Einzelpflanzen), Blickpunkte schaffen, Höhen- und Tiefenwirkung, Preisauszeichnung.
Evtl. Pflanzennamen und Preis auf getrocknete Laubblätter schreiben.
Pflanzenbeispiele:

Botanischer Name	Deutscher Name	Stofflichkeit	Farbe
Sedum telephium	Purpur-Fetthenne	rustikal	Purpur
Physalis alkekengi var. franchetii	Lampionpflanze	porzellanartig	Orange
Erica gracilis	Erka „Glockenheide“	porzellanartig	Pink
Miscanthus sinensis	Silber-Chinaschilf	metallisch	Grün
Helianthus annuus	Gewöhnliche Sonnenblume	rustukal	Gelb
Aster ericoides	Erika-Aster „Septemberkraut“	rustikal	Weiß
Carlina acaulis	Silberdistel	rustikal/ metallisch	Silber
Euonymus europaeus	Pfaffenhütchen	porzellanartig	Magenta

Aufgabe 414

!

Botanischer Name	Deutscher Name	Farbe	Blühzeit
Fritillaria meleagris	Schachblume	Purpur	IV – V
Hyacinthus orientalis	Hyazinthe	Blauviolett	IV – V
Muscari armeniacum	Armenische Traubenhyazinthe	Blauviolett	III – IV
Narcissus pseudo-narcissus	Osterglocke	Gelb	III – IV
Narcissus tazetta	Echte Tazette	Weiß	III – V
Scilla amoena	Schöner Blaustern	Blau	IV – V
Tulipa-Cultivars	Tulpe in Sorten	Rot, Gelb, Weiß	IV – V

Aufgabe 415

! Öffentlicher Raum, Biergartenbesucher, Kübelpflanzen sind Wind und Wetter ausgesetzt, oft schlecht gepflegt, werden von Besuchern mehr oder weniger absichtlich zerstört.

a) Mit Rücksicht auf die Besucher möglichst systemische Bekämpfung (Gießmittel, Granulate). Außerhalb der Öffnungszeit Insektizide mit sicherer Wirkung.

b) **Probleme**

- Zu kleine Gefäße an ungeschützten Standorten, dadurch begrenztes Substratvolumen und schnelles Austrocknen.
- Unregelmäßiges Gießen, weil keine persönliche Verantwortung für die Pflege besteht.
- Das Herausreißen aus der Erde durch Vorbeistreifen oder auch absichtlich.

Maßnahmen

- Ausreichend große Kübel wählen und in humusreiches, lehmhaltiges Substrat einschließlich Depotdüngung pflanzen.
- Den Kunden auf großen Wasserbedarf bei starker Hitze hinweisen, Kübel in Untersetzer stellen, Installation von geeignetem Bewässerungssystem.
- Keine frisch gepflanzten Kübel aufstellen, Pflanzen einige Zeit wurzeln lassen, Sicherung durch z. B. Stäbe.

Aufgabe 416

! Sitzecke für die Beratung, etwas zum Trinken anbieten, tröstende Worte, Umgebungslärm meiden (Ruhe), Geduld, Beratung über Kranzmerkmale und Symbolgehalt, Farbigkeit.

a) Bei einem aus einheitlichem Grün gebundenen Kranz tritt die klare, geschlossene Ringform deutlich hervor. Besonders die Eiche ist Symbol für Ehre und Treue. Wenn diese Motive im Vordergrund stehen, wäre dies der richtige Kranz. Er strahlt Ernst und Würde aus. Der Blumenschmuck symbolisiert die Liebe.

b) Bei einem aus verschiedenen Blüten und Blättern gesteckten Kranz wirkt in erster Linie die Lebendigkeit der Frische, Farben und Kontraste. Ihre Kraft verspricht Trost und Hoffnung. Auch wird bei einem solchen Kranz der Gedanke des ewigen Kreislaufs nicht durch einen an einer beliebigen Stelle angebrachten Schmuck unterbrochen. Wenn diese Motive ein wichtiges Anliegen wären, könnte dies der richtige Kranz sein.

Aufgabe 417

! Sommer: üppig, dekorativ, Fülle.
Farben: Haus in Rosa und Grau, Verbindung zu den Blumen aufnehmen und Kontrast schaffen (Qualitätskontrast, Hell-Dunkel-Kontrast, Kalt-Warm-Kontrast).
Himmelsrichtung: Süd-West, Mittagshitze, morgens noch schattig.
Vorschlag: Stehende, kräftig rosafarbene Geranien bilden mit ihrem buschigen, aufrechten Wuchs ein geschlossenes Band an der Balkonbrüstung. Leicht überhängend, zwischen den Geranien, dunkelblaue Verbenen und weiße Schneeflockenblumen (Sutera polyantha). Die rauen, stark gelappten Blätter der Verbenen ergeben zu den glatten Geranienblättern einen guten Kontrast. Als hängende Form eignet sich Hornklee (Lotus berthelotii). Seine nadelförmigen Blätter wirken filigran und stehen im Gegensatz zum buschigen Laubwerk der Geranien und Schneeflockenblumen.
Das kräftige Rosa der Geranien bildet vor dem altrosa Anstrich des Hauses einen Rein-Trübe-Kontrast (Qualitätskontrast). Gleichzeitig entsteht durch die Farbverwandtschaft eine Verbindung. Zwischen den dunkelblauen Verbenen und weißen Schneeflockenblumen entsteht ein starker Hell-Dunkel-Kontrast, der durch das Laubgrün der Geranien gemildert wird. Zum Haus entsteht ein Kalt-Warm-Kontrast. Im grauen Laub des Hornklees, das durch die graugrünen Verbenenblätter mit dem Sattgrün verbunden wird, findet sich das Grau der Laibungen wieder. Die orangefarbenen Blüten des Hornklees können einen frechen, spritzigen Akzent bilden.

Aufgabe 418

! Hochzeit: üppig, repräsentativ, edel.
Beratung: viel Zeit, keine Störung, ausführliche Erläuterungen möglich, kompletter Hochzeitsschmuck kann angeboten werden.
Checkliste für Brautschmuck: Brauttyp, Statur, Farben, Kleid, Anzug des Bräutigams, weiterer Hochzeitsschmuck wie Autoschmuck, Brautführerschmuck, Kinderschmuck, Raum-, Tisch-, Kirchenschmuck.
Romanische Kirche, Stilepoche ca. 800–1250 n. Chr., Raumwirkung ist nüchtern, kühl, schlicht, klar, streng, geschlossen; Stilmerkmale: Rundbogen, massives, sichtbares Mauerwerk, Würfelkapitelle. Der Raum erfordert einen Schmuck nach antikem Vorbild.
Farben: hell, Gelborange bis kräftig Orange, Weite und Licht schaffen, Festlichkeit, Akzente durch helle Blautöne (z. B. Hortensien), Rotbraun (z. B. Cotinus coggygria) zur Untermalung, Erdverbundenheit, Schwere des Mauerwerks.

Schmuckbeispiele: z. B. Terrakottasäulen mit flachen Schalen links und rechts vom Altar und im Eingangsbereich (Betonung der Symmetrie); dekorativer Gestaltungsstil, kompakt, üppig, füllig, über den Schalenrand gehend; Ranken, Auffädelungen als Kontrast zu Lastendem; einfache Girlanden an Säulen und Pfeilern; kleine Kränze mit Bändern an Bankreihen (Bezug zum Anlass).

! Form, Farbe, Bewegung, Oberflächenstruktur, Geltungsanspruch. Aufgabe 419
a) Das unglasierte Gefäß wirkt schlicht, erdhaft, ordnet sich unter, ist vielseitig einsetzbar. Die Form wirkt optisch schwer, die Oberfläche ist rau, rustikal. Sie eignet sich für üppige, dekorative Bepflanzungen.
b) Glasierte Gefäße haben immer einen höheren Geltungsanspruch; sie wirken besonders schön, wenn die Glasurfarbe auf die Blütenfarbe abgestimmt wird. Sie sind daher nur eingeschränkt einsetzbar. Ihre an sich eher schwerfällige Form wirkt optisch leichter, feiner, edler. Sie eignet sich für lockere, z. B. vegetative oder grafische Bepflanzungen. Der hohe Geltungswert des Gefäßes verlangt besondere Rücksicht hinsichtlich Pflanzenauswahl und Menge: sparsame Zuordnung von grafischen Bewegungen.

! Standort in der Vegetationszeit: Halbschatten bis sonnige Lage, nicht zu heißer Standort. Aufgabe 420
Wasser/Dünger: regelmäßig gießen, Staunässe vermeiden, mäßig düngen mit P- und K-betontem Volldünger, N-betonter Dünger während des Neuaustriebs bei ausreichend Licht und Wärme.
Überwinterung: kühl (6–8 °C) und hell, mäßig gießen, nicht düngen; professionelle Überwinterung anbieten.
Weiße Fliege:
Kennzeichen ist auf der Blattunterseite sitzendes, flugfähiges Insekt, Honigtaubildung, Blattvergilbung, Chlorosen; Gegenmaßnahme: Schlupfwespe in geschlossenen Räumen, kräftiger Rückschnitt vor dem Überwintern.
Spinnmilbe:
Kennzeichen sind weiß-gelblich gesprenkelte fahle Blätter, bei starkem Befall Spinngewebe; Gegenmaßnahme: Raubmilbe in geschlossenen Räumen, gute Luftfeuchte.
Allgemein hat ein **systemisches Mittel** gegen diese Insekten eine sicherere und länger anhaltende Wirkung, da das Mittel in der ganzen Pflanze verteilt wird. Der Nachteil ist eine etwas verzögerte Wirkung,

weil es über die Wurzel aufgenommen wird; abhängig von der Transportgeschwindigkeit in der Pflanze und im Substrat.
Ein **Kontaktmittel** ist sofort wirksam, einsetzbar bei herabgesetzter Transpiration (Überwinterung). Der Nachteil im Freiland ist Verdünnungsgefahr bei Regen, Abtriftgefahr durch Wind, Wirkungsverlust bei ungleichmäßiger Behandlung.

Aufgabe 421

! a) Logo: überall gleich auf Briefpapier, Werbematerial, Arbeitskleidung, Fahrzeug.
Gleiches Erscheinungsbild bei der Produktpalette (Sortiment), der Produktherstellung und Produktpräsentation, wiedererkennbar im Schaufenster und dem Stil der Einrichtung, durchgängige Betriebsfarben.
b) Berücksichtigung von Sicherheitsbedürfnis der alten Leute, geringeres Sehvermögen, Adaptionsfähigkeit nimmt ab, die Blendempfindlichkeit nimmt zu, die Farbtüchtigkeit alter Augen lässt nach. Die Farben Orange, Rot und Gelb werden wie bei jüngeren Menschen wahrgenommen. Selbstbewusstsein, Erfahrung, Urteilsvermögen nimmt oft zu, die „neuen Alten" sind oft wellnessorientiert, oft wohlhabend, komfortorientiert, kritisch, wählerisch, wollen ganz normal behandelt werden.
Wünsche: Übersichtlichkeit, Unfallsicherheit im Verkaufsraum, alte Menschen möchten selbstständig einkaufen und nicht auf Hilfe angewiesen sein.
Eindeutige optische Lenkung durch farbig abgesetzte Warenregale oder Bodenbeläge (Kundenleitweg), keine Stufen, nichts auf den Boden stellen, rutschfester Bodenbelag, blendfreie Beleuchtung, Beratungstheken mit Fachliteratur und Sitzgelegenheit, großzügige Warenpräsentation, viel Bewegungsfreiraum, Waren in Greifhöhe, große Schrift auf Preisschildern, Ruhezonen.
Freundliches, geduldiges Personal kann architektonische Mängel ausgleichen.

Aufgabe 422

! **Wesentliche Inhalte einer Checkliste für Raumschmuck:**

Auftraggeber	Anschrift mit Telefon und E-Mail-Adresse
Rechnungsstellung	Anschrift (falls mit dem Auftraggeber nicht identisch)
Lieferanschrift	Anschrift, Zufahrt, Stockwerk, Aufzug/Treppe, Wasseranschluss

Veranstaltungstermin	Datum und Dauer der Veranstaltung Zeit vor und nach der Veranstaltung Abholung oder Lieferung
Anlass	Art der Feier, Personenart und Anzahl
Raum	Grundriss, Fluchtwege, Raumfarben und Raumstil, Art der Tische und Aufbau
Schmuckkriterien	Stil, Blumenwahl, Skizze für den Kunden
Gefäße	Art und Größe, Leih- oder Kaufgefäße
Kostenvoranschlag	z. B. oberste Preisgrenze nennen
Datum/beratende Person	Datum der Beratung und Name der Floristin/des Floristen (Zuordnung)
Unterschriften	Kunde/Kundin unterschreibt (Bestätigung) Florist/in unterschreibt

Aufgabe 423

! Gestalten im Glas: Denkbar sind Hölzer mit verschiedenfarbiger Rinde oder stabile Halme in unterschiedlichen Stärken. Wickelungen aus geeignetem Material können den Raum gliedern. Bei hohen und weiten Gefäßen können Blüten und Früchte bis ins obere Drittel des Gefäßes hineinlaufen, sodass sich die Füllung aus dem Inneren der Vase organisch entwickeln kann.
Beispiel: Parallele Anordnung.
Werkstoff: Entlaubte Stängelabschnitte von Reynoutria (Fallopia japonica) für den Halt der Blumen. Die Farbe (Blaugrün mit roter Sprenkelung) wirkt in Verbindung mit dem Gefäß kühl und wässrig. Chinaschilf (stabile, geradlinige Halme) und weiße Lilien, einseitig entfaltend, unterstreichen die Parallelität und betonen die rechten Winkel der Vasenform. Die Blüten runden das Werkstück nach oben hin ab. Weiße Staudenwicken und Anemonen wirken zusammen mit den weißen Lilien elegant, fein und festlich. Grüne Nelken schaffen eine formale und zusammen mit den grünen Blättern der japanischen Anemone eine farbliche Verbindung zur Basis im Gefäß.

Aufgabe 424 !

	Botanischer Name	Deutscher Name
a)	Buxus sempervirens	Europäischer Buchsbaum
	Hosta undulata	Schneefeder-Funkie
	Corylus avellana 'Contorta'	Korkenzieherhasel
	Prunus laurocerasus	Kirschlorbeer
	Chamaecyparis lawsoniana	Lawsons Scheinzypresse
	Sempervivum arachnoideum	Spinnweben-Hauswurz
	Juniperus squamata 'Meyeri'	Schuppen-Wacholder
	Carlina acaulis	Silberdistel
	Calluna vulgaris	Besenheide
b)	Citrus limon	Zitrone
	Camellia japonica	Japanische Kamelie
	Bougainvillea spectabilis	Pracht-Bougainvillee
c)	Dracaena reflexa	Gerandeter Drachenbaum
	Zamioculcas zamiifolia	Fiederaron

Aufgabe 425 ! Tischschmuck: Formgestecke und Tischgirlanden (Brauchtumsfloristik).
Raumschmuck: Große, dekorative Gestecke auf Ständern oder Vasenfüllungen neben dem Rednerpult oder auf der Bühne. Zusätzlich Girlanden aus heimischen Laub- oder Nadelgehölzen im Eingangsbereich. Vereinsfarben berücksichtigen.
Pflanzen aus Natur und Bauerngarten, rustikale Wirkung, Verbindung zur bäuerlichen Volkskultur und Tradition in Trachten- und Heimatvereinen. Beispiele: Rittersporn, Margerite, Wintergerste, Kornblume, Frauenmantel, Gräser von der Wiese.
Skizze fertigen.

Aufgabe 426 ! Da Schloss und Garten eine Einheit bilden, könnten Elemente barocker Fülle und die ornamentale Flächengliederung des Gartens beim Blumenschmuck berücksichtigt werden.
Symmetrischer Grundriss mit Betonung der Mittelachse, Mauern beschnittener Hecken, rechteckige Beetanlagen, Buchsbaumkanten bilden Ornamente.

Beispiel: Große, runde Terrakottaschalen oder Amphoren mit fülliger, dekorativer Bepflanzung, Prunkformen z. B. Hortensien und englische Rosensorten, passend zu Schloss und Garten.

! Merkmale eines Substrates für Beet- und Balkonpflanzen: Humusreich, evtl. mit Kompost und Rindenhumus, pH-Wert schwach sauer, hoher Nährstoffgehalt und gute Wasserkapazität, daher ungeeignet für Kakteen. Kakteenerde enthält Torf als Grundlage mit einer guten Wasser- und Luftkapazität und 50 % Sand bzw. Gesteinssplitt zur Verbesserung der Luftkapazität, mineralischer Langzeitdünger mit geringer Dosierung. **Aufgabe 427**

! Ruhige Sitzecke anbieten, Getränke bieten, Gespräch über die Lebenseinstellung der Mutter führen. Unkompliziertheit verlangt einen weichen, lockeren Schmuck mit Ranken, bewegten Blüten, verzweigten Rosensorten (Rose = Symbolblume). Lockere, dekorative Gestaltung diagonal über den Sarg gelegt. Fertigen Sie auch eine prüfungsrelevante Materialliste und Kostenaufstellung für Ihre Kunden. **Aufgabe 428**

! Verstärkter Einsatz von Teilzeitkräften, Material umfassend vorrichten, breites Angebot an Fertigsträußen und kleinen Gestecken, Mehrarbeit, Urlaubsverbot. **Aufgabe 429**
Verkaufsgespräche abkürzen, zügig bedienen, neu eintretende Kunden wenigstens durch Zunicken und Blickkontakt begrüßen, wartende Kunden beschäftigen („... sehen Sie sich um ...“) und Fertigware zeigen. Trotzdem freundlich, zuvorkommend, konzentriert arbeiten – sich auf den Ansturm innerlich einstellen.

! Man kann ihr Folgendes anbieten: Brautstrauß (z. B. extravagante Glamelie aus Rosenblütenblättern), Einsteckkamm mit Blüten bzw. Blütenblättern als Haarschmuck (betont die Frisur der Braut), Anstecker aus gedrehten Rosenblütenblättern für den Bräutigam, Brautführersträuße, Kinder-Blütenkörbe, Autoschmuck, Kirchenschmuck für Altar und Bänke, Tisch- und Raumschmuck. Der Preis kann höher angesetzt werden, weil keine finanzielle Beschränkung vorliegt. Beschreiben Sie jeweils ein passendes Werkstück. **Aufgabe 430**

Aufgabe 431

! Ehrung, festlich, vornehm, Barock, Schmuck darf nicht behindern, für einen Tag ...

Stilmerkmale	Schmuck
Reich verziert, großartige Wirkung, Stuck, Spiegel.	Üppige Blumen mit auffallenden Blüten; Rittersporn, Rosen, Hortensien, Phlox und spielende Bewegungen von z. B. Schleierkraut, Perückenstrauch.
Halbsäulen mit Voluten, Girlanden, Kristallleuchter, Putten.	Runde Blüten (Rosen, Hortensien) bringen Ruhe in die überladene Wirkung des Barock.
Ovale Form, dynamische Bewegung, Illusionsmalerei, Perspektive.	Sammelnde und kompakte Gestaltung, halbkugelige Gefäße, Ruhepole als Ausgleich.
Farben Weiß, Creme, Purpur, Pastelltöne, Gold, Lachs.	Purpur (vollendete Farbe, satt, ruhig) und Hell-Dunkel-Abstufungen, creme- und lachsfarbene Blüten.

Aufgabe 432

! Ruhe ausstrahlen, den Kunden beruhigen, Gespräch auf einer fachlichen Ebenen führen. Mögliche Ursachen:
Lichtmangel (zu wenig Licht im Raum); Standortwechsel (gelbe Blätter und Blattabwurf auch z. B. durch häufiges Drehen der Pflanze); Staunässe (zu viel gegossen); Zugluft (z. B. am Eingangsbereich); Nährstoffmangel (N-Mangel, düngen mit Langzeitdünger, besser: N-betont düngen); Schildläuse (Befall gut an Honigtau zu erkennen), Behandlung jedoch schwierig: Blätter entfernen, wiederholt abwaschen.

Aufgabe 433

! Junge Leute – bewegt, heiter, lustig, bleiben nicht sitzen, große Freude über die bestandene Prüfung.
Schönes Fest – nicht unbedingt Biertischparty, Tischdecken, anzunehmen sind Stühle, keine Bierbänke.
Farben sollen Freude ausdrücken, Orange- und Gelbtöne für Optimismus, Erwartung, Glück und Ausdrucksfreude, Blau für Freiheit nach der Prüfung, Grün für Hoffnung auf eine gute Berufsausbildung. Insgesamt farbenprächtiger, fröhlicher Ausdruck.
Strukturierte Gestaltung als Band (Verbindung) in der Tischmitte, verschiedene Strukturen für die Verschiedenartigkeit der Personen. Flache Gestaltung hält auch so manchen Übermut beim Fest aus.

Aufgabe 434

! Nervös, unsicher – innere Unruhe erfordert eine schnelle Reaktion des Verkäufers, dem trauernden Kunden einen Sitzplatz anbieten, Mitgefühl zeigen, Anteilnahme ausdrücken und vorgefertige Kränze (Bilder) zeigen. Für den Kunden mitdenken, ihm seinem Wunsch entsprechend Vorschläge machen – nicht auf zu viel Reaktion hoffen. Trauernde Kunden sind oft ein wenig verwirrt. Den Abholungstermin nennen – aber auch eine Lieferung anbieten.
Den Kranz kalkulieren, Bezugspreis, Arbeitszeit, Gemeinkostenaufschlag, Gewinn, Mehrwertsteuer, Endbetrag berechnen.

Aufgabe 435

! Gemeinschaftsveranstaltung bedeutet auch genaue Planung des Ablaufs, der Lieferanten, der Organisation von Bestellung, Lieferung und Verkaufsstand und der benötigten Personen. Ergebnis der Rechnung: Die restlichen Auszubildenden müssen am 3. Tag 7,5 Stunden arbeiten, um die gleiche Arbeitsleistung zu vollbringen.

Aufgabe 436

! Vorbereitende Absprache über die Art der Gestaltung, die Menge, über den Preis, die Möglichkeiten der Befestigung usw. Um sich werbewirksam zu präsentieren, muss der Betrieb auch vorab auf diese Veranstaltung aufmerksam machen, z. B. durch direkte Ansprache der Stammkunden im Geschäft, individuelle Plakate mit Firmenlogo am Veranstaltungsort, Handzettel, Voranzeige in der Lokalpresse in Verbindung mit dem Konzert, Anzeigen im Programmheft, Internet-Präsenz.

Aufgabe 437

! Bessere Kundenführung von außen nach innen, verspricht mehr Verkaufserfolg. Zeitpunkt: Sommer ist verkaufsarme Zeit, beste Renovierungszeit, wenn viele Kunden in Urlaub sind.
Zuschuss: 5 % von 14 500 Euro = 725 Euro
Zinsen: 2,5 % von 14 500 Euro für 194 Tage = 195,35 Euro
Kosten: 14 500 Euro minus Zuschuss plus Zinsen = 13 970,35 Euro

Aufgabe 438

! Mit vier Personen unterschiedlicher Meinung ein Beratungsgespräch zu führen ist schwierig. Jeden einzeln begrüßen und Blickkontakt halten. Sitzgelegenheit ist wichtig. Vorstellungen und Wünsche der Personen erforschen. Meinungen und Einwände anhören, niemand zum Außenseiter machen, aber die Braut doch in den Mittelpunkt rücken. Fotos, Zeichnungen vorlegen, selbstständig diskutieren lassen, sich aber immer als Ansprechpartner anbieten.

Aufgabe 439

! Thema: Wasser, Fische, Jubiläum, etwas Besonderes. Z.B. flache, rechteckige Glasschale oder türkisfarbene, glänzende Keramik. Kleine Kieselsteine zum Abdecken der Basis. Wellenartig gesteckte Bärgräser in Längsrichtung, Muskari-Gruppen, gelbe Ranunkeln, evtl. kleine Angeln zwischen den Gräsern.

Aufgabe 440

! Jugendstil um 1900 bis ca. 1920. Florale Ornamente, verschlungene und gewundene Linien, Übergang zu Funktionaliät, Kunsthandwerk ist bedeutend, Druckgrafik, Glaskunst (Fenster, Vasen).
Dekorative, wuchshafte Anordnung, symmetrisch, z.B. kurzstielige Frühlingsblüher, z.B. Muskari, grüne Nieswurz, Tazetten, botanische Tulpen, Märzenbecher, Blausternchen, Krokus, Jasminranken, Cyclamenblüten und -blätter.

Aufgabe 441

! Gedanken zum Baustil: Betonung der Senkrechten, Spitzbogen, schlank, hoch, leichte Bauweise, zartgliedrig, Pfeiler, Säulen, hohe Glasfenster, bunt, gotisches Maßwerk.
Eigenheiten auf Blumenschmuck übertragen: Hohe, schlanke, aufstrebende Wuchsformen (Lilien, Osterglocken, Tulpen, Mimosen, Forsythien, Flieder). Helle Farben, klares Blau, Rot (vgl. Fenster). Die Architektur unterstreichender Blumenschmuck, wie z.B. Blattgirlanden, Symmetrie beachten, Strenge, Festlichkeit. Freie Sicht auf den Altar, Altarschmuck angepasst, evtl. liturgische Farben berücksichtigen. Skizze nach eigenem Entwurf.

Aufgabe 442

! Edle Blumen mit mittlerem bis hohem Geltungsanspruch, motivierend in der Aussage durch freundliche Farben wie Orange- und Gelbtöne, die aufmuntern, evtl. die Farben des Autohauses berücksichtigen (vorher klären), moderner Straußtyp. Vorher nach dem neuen Besitzer fragen (z.B. jugendlich, älterer Herr, Dame usw.) und den Straußtyp und die Blumenauswahl darauf abstimmen. Wirkungsvoll gestalten; haltbare Blumen verwenden. Verpackungspapier mitgeben.

Aufgabe 443

! Sommerlicher Strauß, bunt, heiter, haltbare Blüten, weil damit zu rechnen ist, dass der Strauß in der Sommerhitze überreicht wird. Es ist auch möglich, ein Band einzufügen, an welchem dann die Jahreskarte befestigt werden kann.

! Abendessen, Farben daher nicht zu dunkel. Lavendelfarbene Servietten und Kerzen, dazu passt natürlich Lavendel zusammen mit gelb- und orangefarbenen Blüten im komplementären Kontrast. Kleine Ranken, die die Kerzenleuchter umspielen und verbinden, sind lieblich, stimmungsvoll und dezent. **Aufgabe 444**

! Bar bedeutet oft schlecht belüftet und wenig Licht. Es müssen Pflanzenleuchten installiert und Pflanzen gewählt werden, die mit wenig Licht auskommen. Andererseits muss sich der Barbesitzer auch darauf einstellen, die Pflanzen öfters auszuwechseln, weil die Wachstumsbedingungen eher schlecht sind. Empfehlenswert sind wegen des geringeren Aufwands Hydrokulturpflanzen, z. B. Aspidistra, Monstera, Zamioculcas und auch Schefflera. **Aufgabe 445**

! Erntedank bedeutet: ländlich, rustikal, grob, natürlich. Ausgedrückt wird Dankbarkeit und Freude. Geeignet sind rustikale Stofflichkeiten, die Farben Gelb, Orange, Braun, dunkles Rot, Grüntöne und lagernde, lastende Bewegungsformen, große Blüten, Blätter und Früchte, die eine gute Fernwirkung haben (Sonnenblumen, Dahlien, Freilandrosen, Früchte, Ähren, Mais, Gräser). Rustikale Bänder (Rupfenband), dicke Kordeln oder Schnüre (z. B. für Bündelungen) verstärken den ländlichen Charakter und unterstreichen das Massive der Romanik. **Aufgabe 446**

! Zierlicher Strauß, kleine Blüten und Ranken, evtl. ersetzt ein günstiges Band (weht beim Tanzen – sieht gut aus) Struktur und Farbe, zierliches Beiwerk. Wenn davon auszugehen ist, dass dies für die Zukunft ein Dauerauftrag bedeutet, kann bei 40 gleichartigen Sträußen knapp kalkuliert werden. Die Sträuße sind einfach und können deshalb auch von Auszubildenden im ersten und zweiten Lehrjahr gefertigt werden. Kalkulation erstellen. **Aufgabe 447**

! Die Schülerin darf nicht überfordert werden, sonst verliert sie zu Anfang den Spaß bei der Arbeit. Vorschlag: ein komplettes Projekt mit ihr ausarbeiten. Am Ende der beiden Wochen soll sie in der Lage sein, selbstständig einen runden Strauß zu binden. Dazu gehört: Blumen bei der Lieferung auspacken, anschneiden, in den Vasen verteilen. Blumen mit Namen (evtl. nur deutsche Namen) kennen lernen. Beiwerk für Sträuße mit Namen benennen können. Farben und Farbkontraste, Strukturen der Blüten erkennen können (Farbenlehre wird auch in der **Aufgabe 448**

Hauptschule unterrichtet), einfache Gestaltungsprinzipien kennen lernen, z. B. Aufbau eines Straußes nach dem „Grünstraußprinzip“ (einfach, gut zu handhaben) und als Steigerung Kopf-an-Kopf anlegen. Sie muss einen Stolz entwickeln, eine Arbeit nach nur zwei Wochen vollkommen selbstständig lösen zu können (Nachahmung zu Hause).

Aufgabe 449

! Aufwändiger Schmuck, viel Geld steht zur Verfügung. Z. B. hohe, mit weißen Stoffbahnen umhüllte Säulen im Zelt mit dekorativen Orchideengestecken (weiße Phalaenopsis), dekorativer Orchideen-Tischschmuck, am Eingang Deko-Bäume oder hohe Ständer mit weißen Blüten u. a.

Aufgabe 450

! Epiphyten = Aufsitzer. Sie leben in Baumkronen im tropischen Regenwald und versorgen sich mit Wasser und Nährstoffen aus der Luft; Wärme und hohe Luftfeuchtigkeit ist notwendig. Sie kommen mit wenig Licht aus (keine direkte Sonne). Der Grundaufbau kann durch Äste geschehen, in deren Astgabeln Epiphyten in Moospolstern verankert werden. Andere Pflanzen (z. B. Bromelien) finden Halt in einem Substrat aus einer Mischung aus Rindenschnitzel, Lauberde, Wurzeln, Torf. Geeignete Pflanzen sind:

- Tillandsia usneoides, Greisenbart, Lousianamoos
- Dendrobium densiflorum, Orchidee
- Columnea microphylla, Kolumnee
- Phalaenopsis amabilis, Schmetterlingsorchidee; Malayenblume
- Asplenium nidus, Vogel-Nestfarn
- Guzmania zahnii, Guzmanie
- Aeschynanthus radicans, Strahlige Sinnblume
- Aglaonema commutatum, Kolbenfaden
- Epipremnum pinnatum, Gefleckte Efeutute

Hinweise zur Lösung Teil 4

Hochzeitsschmuck

! Schlüsselwörter: Jung, romantisch, zarter Brautstrauß, fließend, duftende Blüten, Organza-Kleid bodenlang, Schleppe, ärmellos. Organza ist ein transparentes Gewebe aus meist synthetischen Fasern mit glatter Oberfläche, jedoch leicht knitternd. Ein solcher Stoff verlangt immer einen feinen Brautstrauß. Zur Schleppe kann ein wasserfallartiger Strauß mit kleinen Blüten, vielen Ranken und transparenter Gestaltung ein Gegengewicht schaffen. Wählen Sie zusätzlich duftende Blütenranken aus, z. B. Jasmin. **Aufgabe 451**

! Schlüsselwörter: Repräsentativ, besonderer Brautschmuck, laut Abbildung sind auf dem gerafften Kleid große Stoffblüten aufgenäht, was die Gestaltung erschwert. Da die Blüten den Anschein einer großen Rosenblüte haben, könnte eine Glamelie aus Rosenblütenblättern (Rosmelie) durchaus ergänzend wirken. Auf Grund des gerafften Rockteils ist ein abfließender Strauß nicht möglich. Auch die Stoffblüten im Haar könnten durch einen floralen Kamm ersetzt werden. **Aufgabe 452**

! Schlüsselwörter: Natürlichkeit, Strauß leicht und frisch, sommerliche Blüten/Sommerwiese, Margeriten. Die Vorstellung der Braut lässt sich prima mit einem lockeren, runden Strauß aus weißen, jedoch eher kleinen Margeriten und weiteren Sommerblumen verwirklichen. **Aufgabe 453**

! Schlüsselwörter: Zierliche Braut, Tänzerin, Brautkleid mit knielangem, weitem, schwingendem Rock, feiner Stoff. Als Tänzerin liebt sie die Bewegung. Ranken, spielende Bewegungsformen verschiedener Blüten oder auch Bänder können Bewegung verdeutlichen. Weil das Kleid kurz und weit geschnitten ist, darf der Strauß nicht zu lang werden. **Aufgabe 454**

! Schlüsselwörter: Voluminöses Tüllkleid (Prinzessin), weiß, Strauß mit abfließenden Elementen, weiße Blüten, zartes Grün. Für ein klassisches Prinzessinnenkleid kann eine leichte Tropfen- oder Halbkugel- **Aufgabe 455**

form mit abfließenden Ranken vorgeschlagen werden. Ein solch repräsentatives Kleid verlangt auch einen repräsentativen Brautstrauß mit edlen Blüten. Ebenso passt ein edler Wasserfallstrauß, der jedoch nicht zu lang sein darf. Prüfen Sie, ob auch ein Armstrauß möglich wäre.

Aufgabe 456

! Schlüsselwörter: Spitze, Seide, Schleppe, cremefarben, besonderer Brautschmuck. Die genannten Kriterien erfordern einen ebenso hochwertigen, besonderen Brautschmuck. Geeignet ist ein bodenlanger, transparenter Wasserfallstrauß, der evtl. sogar am Boden die Schleppe leicht begleitet. Er soll schmal sein, damit der Spitzenstoff nicht verdeckt wird.

Aufgabe 457

! Schlüsselwörter: Junges Paar, Fest am Seeufer, viele Freunde, fröhlich-beschwingte Stimmung, sommerlich, Brautkleid hellblau, kurz und eng, dunkelblauer Anzug, Brautstrauß, Anstecker. Man kann davon ausgehen, dass nach der offiziellen Trauung sich das Fest in eine Party verwandelt. Da sich das Brautpaar in Blautönen zeigt, sollten die Farben des Schmucks darauf abgestimmt werden; kühle Farben passen auch gut als Kontrast in die Sommerzeit und spiegeln das Wasser des Sees wider. Für das kurze, enge Kleid arbeitet man am besten einen kleinen, runden, jedoch lockeren Strauß und verwendet die Hauptblüten auch für den Anstecker.

Aufgabe 458

! Schlüsselwörter: Winter, ältere, große Braut, weißes, schmales, bodenlanges Kleid, Jacke aus Pelz-Imitat. Im Winter ist die Auswahl an Blumen gering. Es eignet sich Beiwerk mit flauschigen, samtigen Stofflichkeiten, kombiniert mit weißen Winterblumen (Christrosen, Kalanchoe) und nach Belieben weiße Federtuffs. Passend wäre eine mehr oder weniger kompakte Tropfenform oder auch ein Brautmuff (Brautrolle).

Aufgabe 459

! Schlüsselwörter: Sportliche Braut, kein Luxus, cremefarbener Hosenanzug, Standesamt, Brautschmuck oder Brautstrauß. Wenn die Braut etwas Besonderes möchte, könnten Sie ihr z. B. einen einseitigen Reversschmuck empfehlen, leicht abfließend. Als Strauß wäre eine flache Kreisform (Tellerform) mit unterschiedlichen Strukturflächen interessant.

! Schlüsselwörter: Mutter von Zwillingen (Mädchen), weißes Kleid, lang mit hohem Taillenansatz, blumiges Diadem, einfacher Brautstrauß, Schmuck für die Mädchen. Sie müssen bedenken, dass die Mutter bei ihrer eigenen Hochzeit durch ihre kleinen Töchter ständig aktiv ist. Sie wird ihren Brautstrauß oft weglegen müssen oder die Kinder wollen ihn auch einmal in die Hand nehmen, was mit einem runden, locker gestalteten Strauß mit abfließenden Bändern ganz gut möglich ist. Kleinere Blüten passen zum Brauttyp besser als große. Myrte sollte als klassischer Werkstoff im Diadem und Brautstrauß vorkommen, das passt zu ihr. Ebenso könnten die Mädchen ein Kopfkränzchen aus Myrte mit weißen Blüten bekommen. **Aufgabe 460**

! Schlüsselwörter: Schmuck für Kutsche und Pferde, kleiner, runder Brautstrauß mit Naturstielen. Schauen Sie sich Bilder von verschiedenen Pferdekutschen an und überlegen Sie, wo Sie überall Blumenschmuck anbringen könnten, sodass er nicht stört. Sehr häufig eignen sich Girlanden. Auch Pferdeschmuck darf nicht stören; er sollte so befestigt sein, dass die Pferde die Blumen nicht sehen, weil sie diese möglicherweise einfach nur fressen wollen. Ein runder Brautstrauß ist deshalb ideal, weil er beim Sitzen in der Kutsche bequem gehalten werden kann und auf Fotos deutlich sichtbar ist. **Aufgabe 461**

! Schlüsselwörter: Enge Freundinnen, ähnliche, lange, weiße Brautkleider, gleiche Brautsträuße in unterschiedlichen Farben. Speziell bei der Prüfung müssten Sie nur einen Strauß fertigen und kalkulieren. Weil die Damen eine zarte Erscheinung und lange Haare haben, eignen sich fließende Brautsträuße in Pastellfarben, z. B. zartes Rosé für die blonde Frau und kräftigere Pink-Abstufungen für die schwarzhaarige Dame. **Aufgabe 462**

! Schlüsselwörter: Flower-Power, 70er-Jahre, geblümtes Baumwollkleid, Jeans und weißes Hemd, Haarkranz, Autoschmuck. Grundlage für diese Zeit ist üppiger Blumenschmuck im Farbe-an-sich-Kontrast, geeignet als Blütenkranz im Haar und als Autoschmuck (gestreute, bunte Blumen über die Motorhaube). Ein buntes Kleid braucht jedoch Ruhe durch Einfarbigkeit im Strauß. Empfehlen Sie weiteren Hochzeitsschmuck. **Aufgabe 463**

Aufgabe 464 ! Schlüsselwörter: Zwei Frauen, Lebenspartnerschaft, schmale, knielange Sommerkleider mit Blumendruck, zurückhaltender Blumenschmuck. Wie wäre es mit einem schmalen, ganz grünen Strauß aus unterschiedlichen Werkstoffen nach Art einer Ranke? Zum Blumenmuster auf dem Kleid wirkt dieser Strauß besonders ruhig.

Aufgabe 465 ! Schlüsselwörter: Tracht mit weißer Bluse. Der Stil einer Tracht ist vergleichbar mit der Form der Kleider aus der Biedermeierzeit. Möglich ist ein ganz kompakter Biedermeierstrauß. Der Strauß kann in Parallelkreisen, gestreut, strukturiert oder spiralförmig gestaltet sein. Die Blütenfarben sind auf die Kleidfarbe abgestimmt; der Blattabschluss wirkt ruhig. Formarbeiten eignen sich immer als Brauchtumsschmuck, so ist auch eine Tropfenform möglich.

Tischschmuck

Aufgabe 466 ! Schlüsselwörter: Adlige Dame, fünf Freundinnen, siebzigster Geburtstag, Biedermeier-Stil, Geschirr blumig bemalt, Tischdecke hell, üppiger Blumenschmuck, runder Tisch. Zum Biedermeier-Stil passen kleinere bis größere Rosenblüten unterschiedlicher Farben und üppig verarbeitet; kompakte Gestaltung, wie z. B. blumiger Tischkranz oder gesteckte Halbkugel mit Blattabschluss oder mit leicht abfließenden Ranken auf einer flachen Glasschale mit Fuß.

Aufgabe 467 ! Schlüsselwörter: Kindergarten „Margerite“, 10-jähriges Jubiläum, Garten, Doppeltische, farbenfrohe Sommerblumen, Schmuck kindgerecht und lieblich. In erster Linie sollten Sie Margeriten im Blumenschmuck verwenden, um dem Namen gerecht zu werden. Weitere kleinblütige (liebliche) Sommerblumen mit viel Grün, evtl. Blumen teilweise wegen der Sommerhitze durch kleine farbige Bälle und Ranken durch Bänder ersetzen.

Aufgabe 468 ! Schlüsselwörter: Kaffeetafel, Taufe eines kleinen Jungen, Juli, Privaträume, zehn Personen, rechteckiger Tisch. Symbolfarben für den Jungen: Blau (männlich), Weiß (rein), Grün (Entwicklung), aber durchaus auch Gelborange für Wärme und ein sonniges Leben. Besonders gut eignen sich Ranken für eine längliche Tafel.

! Schlüsselwörter: Ruine, Rittermahl, Tische aus Holzbrettern, Steinzeuggeschirr, Kerzen. Insgesamt ist die Umgebung sehr rustikal. Es eignet sich ein Tischfries, durch Kerzen im Glas mehrfach unterbrochen, niedrig und unkompliziert, mit Naturmaterialien (Moose, Laubblätter) und rustikalen Blüten kompakt gesteckt. Steinzeuggeschirr ist meist aus grauem Ton mit z. B. Salzglasur und Kobaltmalerei (Hartkeramik). Frischen Sie bei dieser Gelegenheit ihr Fachwissen über Keramikarten auf. Aufgabe 469

! Schlüsselwörter: Grillfest, Wiese mit Obstbäumen (spenden Schatten), „zünftig" bedeutet auch in gewisser Weise unkompliziert und etwas derb. Quadratischer Tischaufbau. Alle sitzen um den Tisch, was die Haltbarkeit bzw. Standhaftigkeit des Schmucks eher garantiert. Trotzdem sollte der Schmuck niedrig sein, Werkstoff aus der Umgebung entspricht dem Wiesen-Charakter, z. B. Gräser, kleine, noch grüne Äpfelchen, haltbare, rustikale Blüten. Mit Orangetönen kann man Freude und Unbeschwertheit ausdrücken. Aufgabe 470

! Schlüsselwörter: Heißer Sommertag, Floristmeisterinnen, üppiger Tischschmuck, weiße Kerzen auf silbernen Leuchtern blumig geschmückt. Weiße Tischwäsche eignet sich am besten, sie ist neutral. Die Tischgröße errechnet sich aus der Personenanzahl, jede braucht etwa 70–80 cm Platz in der Breite und 30–40 cm in der Tiefe. Für Floristmeisterinnen müssen Sie sich schon etwas Besonderes einfallen lassen – eine ganz individuelle Art eines Tischschmucks, vielleicht auch auf Gerüsten in die Höhe gesetzt. Die Kerzenleuchter stehen dann besser extra. Für heiße Sommertage eignen sich auch kühle Farben, z. B. Qualitätskontrast in Blautönen mit Weiß. Aufgabe 471

! Schlüsselwörter: „Mühlbach" (man denkt an eine alte Mühle), ländliche Umgebung, regionale Küche mit Kräutern und Wildblumen, rustikale Terrasse, Schlemmeressen, rechteckiger Holztisch. Sie dürfen sich nicht davon leiten lassen, unbedingt mit Kräutern und Wildblumen den Tischschmuck fertigen zu müssen. Wiesenblumen eignen sich nicht zum Stecken! Es heißt ausdrücklich, dass der Tischschmuck der natürlichen Umgebung und der Art der Küche entsprechen soll – mehr nicht. Die natürliche Umgebung ist ländlich, rustikal; Kräuter können Sie gut in den Schmuck einarbeiten und auf jeden Fall Blumen (Gartenblumen) aus der heimischen Umgebung (keine Exoten!). Das Werkstück kann Aufgabe 472 luftig leicht, bewegt mit Ranken und sommerlich interessant wirken. Es sind insgesamt sieben Personen, der Wirt und sechs Freunde.

Aufgabe 473

! Schlüsselwörter: Traumhochzeit, romantischer Tischschmuck, runde Tische, weiß eingedeckt. Um einen romantischen, gefühlsbetonten Tischschmuck zu fertigen, brauchen Sie immer Rosen, möglichst verschiedene Sorten und eher kleinblütig. Rosatöne verstärken die Romantik. Ergänzt werden die zarten Farben mit hellem Grün und Weiß.

Aufgabe 474

! Schlüsselwörter: Ein Ausflugsboot wird getauft, Gala-Abend, beeindruckender Tischschmuck, Leihgefäße. Wasser (in Verbindung mit dem Ausflugsboot) ist in Bewegung, die Gestaltung darf daher ebenso bewegt sein – Wellenbewegungen durch ein Gerüst in heller Farbe, evtl. auch Hellblau. Reagenzgläser mit bewegten Blüten, Ranken, Gräsern. Leichtigkeit und Bewegung ist oberstes Gestaltungsziel. Die Grundgerüste können mit entsprechender Leihgebühr kalkuliert werden (sie könnten umgestaltet noch einmal verwendet werden).

Aufgabe 475

! Schlüsselwörter: Eröffnung, Keller-Restaurant, rustikale Einrichtung, weiße Wände, Tischtücher und Servietten cremefarbig, Tischschmuck farblich angepasst, durchbrechender Frühling, evtl. Kerzen im Kerzenglas. Es eignet sich ein Arrangement mit Zweigen und durchbrechenden Frühlings-Zwiebelpflanzen mit ausgewaschenen Zwiebeln. Zweige verbinden sich mit den Brauntönen im Raum, Frühlingsblumen erfrischen und geben Farbe. Kerzen sind im Kellerrestaurant vorteilhaft, weil sie den Raum erhellen. Helle Tischdecken und weiße Wände reflektieren das Kerzenlicht.

Aufgabe 476

! Schlüsselwörter: Goldene Hochzeit, insgesamt vier Paare, also acht Personen, feine Weinstube, vornehmer Tischschmuck mit Kerzen. Ein Tischschmuck mit vielerlei kleinen Blüten, darunter Rosen, feine Farbabstufungen, zierliches Beiwerk und lockere Gestaltung wirkt immer vornehmer als eine bunte Vielfalt an groben Materialien. Das Gold sollte in irgendeiner Form vorkommen, vielleicht sogar ein goldfarbenes Gefäß mit Blumen im Qualitätskontrast dazu. Goldene Kerzenhalter unterstreichen das besondere Fest.

Aufgabe 477

! Schlüsselwörter: Zehn Personen, Brunch (Mahlzeit, kombiniert aus Frühstück und Mittagessen), alte Scheune, rustikaler Tischschmuck.

Für zehn Personen darf der Tisch eine Länge von über 3 m haben. Ein rechteckiger Tisch ist für eine Scheune besser geeignet als ein runder Tisch. Für eine rustikale Wirkung des Tischschmucks könnte man längliche Polster aus Stroh herstellen (Steckschaum umhüllen), helle, freundliche Blüten, jahreszeitlich angepasst, in den Steckschaum stecken. Oder etwas Außergewöhnliches, z. B. aus Lehm halbkugelige Formen mit Löchern herstellen, trocknen lassen, mit haltbaren Blüten ausstecken (erfordert mehrere Tage Vorbereitungszeit).

Aufgabe 478

! Schlüsselwörter: Konfirmation der Tochter, Tischschmuck auf Doppeltischen, Wirkung jung, charmant, festlich, weiße Tischwäsche. Eine Konfirmation ist ein äußerst festlicher Anlass, es wird üblicherweise in Grün-Weiß dekoriert. Junge, charmante Akzente erreichen Sie mit der zusätzlichen Farbe Gelb in hellen Tönen (Pastellfarben), mit kleinen unterschiedlichen Blüten, feinen, seidigen Stofflichkeiten und viel Bewegung mit Ranken. Durch den Qualitätskontrast von hellem Gelb zu Weiß ist auch eine festliche Wirkung sicher. Auf Doppeltischen ist Platz für einen höheren Tischschmuck, transparent gestaltet; schlanke Spitzkerzen wirken besonders festlich.

Aufgabe 479

! Schlüsselwörter: Firmenjubiläum, zweihundert Personen, lange Tafeln, Tischlänge 2 m, sehr schmaler Tischschmuck, Tischbreite 80 cm, Firmenfarben Orange und Weiß. Es macht einen feierlichen Eindruck, wenn sich schlichter, geradliniger Tischschmuck durch die Reihen zieht. Außerdem wirkt dieser ruhig, was bei solch einer großen Veranstaltung notwendig ist. So lassen sich z. B. 10 cm breite, lange Gefäße mit kompaktem Blumenschmuck in den Firmenfarben zu einem Band aneinanderreihen. Der Gesamteindruck symbolisiert Zusammengehörigkeit und Harmonie.

Aufgabe 480

! Schlüsselwörter: Sommer, kulinarisches Festessen (köstlich, erlesen), mediterranes Ambiente (dem Mittelmeerraum zugeordnetes Umfeld), vornehme Gesellschaft, neun Personen, runder Tisch mit 180 cm Durchmesser. Es ist angebracht, auch dem Mittelmeerraum zugeordnete Pflanzen und Farben zu verwenden, um die Stimmung zu erzeugen. Denken Sie zunächst an Italien, Spanien und fühlen Sie ein wenig Urlaubsstimmung und Leichtigkeit. Zur Übung erleichtert eine Internet-Recherche über mediterrane Pflanzen die Pflanzenauswahl für Ihren Tischschmuck.

Trauerschmuck

Aufgabe 481 ! Schlüsselwörter: Gedenktag, Mutter, Juni, kein rundgesteckter Kranz. Schön wäre ein gut pflegbarer, gepflanzter Kranz mit Balkonware. Allerdings eignet sich dieser nicht unbedingt für die geforderte Prüfzeit – Sie wären zu schnell fertig. Denken Sie an die Möglichkeit eines besonders gestalteten Blattkranzes mit haltbarem Akzentschmuck.

Aufgabe 482 ! Schlüsselwörter: Sargschmuck, helles Holz, Lilien üppig, grünes Beiwerk, Schleife. Mit Lilien als Herrschaftsformen können Sie einen repräsentativen Schmuck anstreben. So wird man einen sehr großzügigen, dekorativen, den Sarg fast bedeckenden Schmuck empfehlen. Ranken und das Band (Schleife) wirken symbolisch verbindend.

Aufgabe 483 ! Schlüsselwörter: Fünfzigjähriger Mann, Segelflug-Unfall, Lebensfreude, Naturverbundenheit, Budget 340 Euro. Man denkt zunächst an ein Steckschaum-Flugzeug als Basis, mit runden Blüten Kopf an Kopf besteckt. Ein Kranz symbolisiert immer die Ewigkeit, auch die ewige Verbundenheit mit dem Flieger-Freund. Es gibt vielleicht auch ein Logo, das Sie als Trauerschmuck für die Freunde und deren Verbundenheit blumig nachgestalten können. Naturverbundenheit und Lebensfreude drücken Sie jedoch auch mit lockeren Gestaltungen aus, mit Naturwerkstoff und eher farbenfrohen Blüten, die Sie aber mit den Hinterbliebenen abklären müssen, denn nicht jeder mag zur Bestattung einen Farbe-an-sich-Kontrast. Bei Ihrer Wahl müssen Sie das Budget unbedingt einhalten.

Aufgabe 484 ! Schlüsselwörter: Forstarbeiter, Natur, Wald, würdiger Trauerschmuck, Grabschmuck, Lieferung. Naturmaterialien passen zum Beruf des Verstorbenen. Da der Schmuck als Grabschmuck dienen soll, eignet sich z. B. ein vegetativer Kranz aus natürlichen Werkstoffen unter Beachtung des landschaftlichen Gesetzes. Oder könnten Sie sich auch ein Stück gewölbte Rinde mit interessantem, waldartigem Schmuck vorstellen? Bei der Kalkulation müssen Sie die Lieferkosten berücksichtigen.

Aufgabe 485 ! Schlüsselwörter: Gärtnermeisterin, Vorliebe Stauden, Vielfalt Stauden für ein auserlesenes Werkstück. Für Verstorbene aus dem gleichen

Berufszweig wird immer etwas Besonderes erwartet; auch der Begriff „auserlesenes Werkstück“ verlangt eine Extraleistung. Befassen Sie sich also in erster Linie mit einer Vielzahl an Stauden (es geht dabei bestimmt um die Sommerprüfung). Überlegen Sie, in welcher Form Sie Stauden als Trauerschmuck am besten zum Ausdruck bringen (üppiger Sargschmuck, sehr großer Blütenkranz, Herz mit Stauden).

Aufgabe 486

! Schlüsselwörter: Mitschülerin, Herz aus Frischblumen, als Grabschmuck zu verwenden. Vorgabe ist das Herz; besonders kleinere Blüten ganz unterschiedlicher Art mit Höhen und Tiefen gesteckt, drücken die Lebensfreude eines jungen Menschen besser aus als eine monotone Formarbeit. Üben Sie ein Beratungsgespräch, bei dem z. B. eine Kollegin die Klassensprecherin spielt. Sie könnten empfehlen, dass Sie das Herz auf einem Ständer leicht schräg befestigen und die Schülerinnen und Schüler als Abschiedsgeste bei der Trauerfeier kleine, permanent geschriebene Sprüche auf stabiler Folie mit Draht in das Herz stecken.

Aufgabe 487

! Schlüsselwörter: Vater, drei Töchter möchten eine nicht alltägliche Trauerspende, Urne, sommerliche Blüten. Um auch die Prüfzeit auszufüllen, bedarf es bei Urnenschmuck immer einer aufwändigeren Arbeit. Empfehlenswert ist z. B. eine Säule mit der Urne oben drauf; die Urne einschließlich Säule üppig fließend und mit sommerlichem Charakter geschmückt. Symbolisch könnte man sich für die drei Töchter drei in den Blumenfluss eingearbeitete kleine rote Herzen vorstellen.

Aufgabe 488

! Schlüsselwörter: Erster Todestag (Ehemann und Vater), Kranz verspielt, farbenfroh, blumig, Durchmesser 80 cm, Grabschmuck. Hierbei können Sie Ihrer Fantasie freien Lauf lassen unter Verwendung von feinen, spielerischen und bunten Blumen mit Ranken. Bei der Auswahl der Unterlagengröße müssen Sie vorab wissen, wie weit Ihre Gestaltung über die Unterlage hinausragen wird, weil der fertige Durchmesser eingehalten werden muss.

Aufgabe 489

! Schlüsselwörter: Zweijähriges Kind, Sargschmuck, komplett zudecken. Solche Aufträge sind besonders schwierig. Der Wunsch des Zudeckens ist auch ein Symbol für das Beschützen. Eine blumige Decke mit ganz zarten Blüten und transparenter Gestaltung, auslaufend über den kleinen Sarg hinaus, kann dem Wunsch entsprechen.

Aufgabe 490

! Schlüsselwörter: Vierundneunzigjährige Dame, Mittelpunkt der Familie, Blumenliebhaberin, weiße Phalaenopsis, Urne ganz mit Blumen überspielen. Da bis zur Urnenbestattung einige Tage vergehen, hat man Zeit, sich etwas Besonderes einfallen zu lassen. So kann z. B. ein metallener Ring auf Stäben ein Grundgerüst bilden, das etwas höher als die Urne ist. Am Ring werden weiße Phalaenopsis, Grünranken und Tillandsien abfließend befestigt, sodass das Gerüst nicht mehr sichtbar ist. Mittendrin steht die Urne. Außerdem eignet sich ein sogenanntes Blumengärtchen auch ganz gut.

Aufgabe 491

! Schlüsselwörter: Todestag Anfang März, blumiger Grabschmuck, Winter mit durchbrechendem Frühling. Symbolisch gesehen ist das ein schön durchdachter Auftrag, der gut mit kranzförmig verschlungenen blattlosen Ranken erfüllt werden kann – aus dem noch winterlichen Holz sprießen Frühlingsblüher (eingearbeitete Zwiebelpflanzen). Geeignet wäre auch eine Weidenschale mit angetriebenen Zweigen und Frühlingsblühern.

Aufgabe 492

! Schlüsselwörter: Junger, nach langer Krankheit Verstorbener, Kranz vom Freundeskreis, enge Verbindung. Eine enge Verbindung lässt sich mit einem geschlungenen Band ausdrücken. Ein Band wiederum kann man am besten um einen Römerkranz schlingen, weil das Profil unten einzieht und die Bewegung des Umschlingens schon mitbringt. Beratend müssen Sie herausfinden, ob nun ein hochwertig gearbeiteter Blattkranz mit Band oder ein Kranz mit jungem, dynamischem Blumenschmuck den Freunden besser gefällt.

Aufgabe 493

! Schlüsselwörter: März, fröhliche, junge Frau, Freundinnen bestellen Kranz, Vorschlag: rundgesteckter Kranz mit Frühlingsblumen. In dieser Aufgabe haben Sie keine weitere Wahl – es ist genau vorgegeben, welchen Typ Kranz Sie arbeiten müssen. Eine freie Entscheidung haben Sie nur bei der Auswahl der Frühlingsblumen.

Aufgabe 494

! Schlüsselwörter: Totengedenkkranz zum Hängen im Dezember, Verein, üppiger Blumenschmuck, Vereinsfarben Gelb und Weiß, 300 Euro. Es sind ziemlich genaue Vorgaben da, auch an den Preis müssen Sie sich halten. Zum Hängen eignet sich am besten ein halbrunder Kranz, in diesem Fall mit dekorativem Kranzschmuck. Im Winter müssen Sie sehr auf die Eignung der Blumen achten: Nelken und Rosen machen auch noch gefroren ein gutes Bild. Bei Vereinen ist eine Schleife mit Aufdruck obligatorisch.

! Schlüsselwörter: Politiker, offizielle Trauerfeier im Barocksaal, Blumenschmuck auf zwei hohen Ständern. Die Art der Ständer ist nicht vorgegeben, es könnten evtl. auch Säulen sein, gleich hoch oder in unterschiedlicher Höhe. Für einen Barocksaal passen aufwändige dekorative Gestecke mit großen Rosenblüten. Für den Anlass erwartet man einen repräsentativen Blumenschmuck. Da in der Aufgabe das Bundesland nicht genannt ist, könnten Sie die Blumenfarben entsprechend Ihrem eigenen Bundesland bestimmen und beim Beratungsgespräch darauf eingehen. **Aufgabe 495**

Raumschmuck

! Schlüsselwörter: Modernes Möbelhaus, Eingangshalle, freistehend, klar, geometrisch, 1,5 bis 2 m hoch. Durch den hohen Publikumsverkehr muss das Objekt sehr stabil sein und darf nicht im Weg stehen; die Grundfläche muss sehr standfest sein (z. B. schweres Metallgerüst mit Pflanzen auf verschiedenen Ebenen). Eine klare Linie erreichen Sie auch durch Parallelarbeiten. **Aufgabe 496**

! Schlüsselwörter: Einweihung, florales Objekt zum Ausbessern mit Frischblumen. Durch die Palme, die ersetzt werden soll, können Sie sich etwa die Dimensionen vorstellen. Es muss eine dauerhafte, objektartige Gestaltung sein (Gerüst); Pflanzen oder auch für eine Woche haltbare Schnittblumen eignen sich gut zum wöchentlichen Ausbessern. Das Objekt muss dem Baustil angepasst werden, der allerdings in der Aufgabe nicht genannt ist – daher können Sie Ihren Ideen freien Lauf lassen. **Aufgabe 497**

! Schlüsselwörter: Kino, links der Kasse, Utopia-Film, Bauhausstil, freistehend, 2,2 m hoch, mindestens drei Tage haltbar. Es werden sehr viele Besucher dicht gedrängt im Kassenbereich stehen, daher muss das Objekt getrennt von der Besuchermasse stehen und außerdem sehr stabil sein. Das Utopia (Traumland) kann sehr fantasievoll mit passenden Blumen (auf das Filmthema abstimmen) und nichtfloralen Elementen dargestellt werden. Wählen Sie Blumen aus, die drei Tage haltbar sind **Aufgabe 498**

oder verarbeiten Sie Pflanzen. Die Gesamterscheinung ist fantastisch, übertrieben und sonderbar.

Aufgabe 499

! Schlüsselwörter: Pferde-Dressur- und Springfestival, Werkstück zur Konferenz im Sitzungssaal. Alle anderen Angaben spielen für Ihre eigentliche Aufgabe keine direkte Rolle. Möglich ist, dass Sie die Firmenfarben des Hauptsponsors verwenden (diese dürfen Sie erfinden). Der Schmuck sollte auffallend sein: Großes, würfelartiges Gefäß, hohe, parallel-dekorative Gestaltung, große Blüten, Gräser, evtl. Elemente des Pferdesports einbauen (Mini-Sprungstangen geben Höhe), naturnahe Bodengestaltung im Gefäß.

Aufgabe 500

! Schlüsselwörter: Klavierkonzert, freistehender Bühnenschmuck, schlichte Bühne in Weiß und Schwarz, ein- oder mehrteilig. Die Farbvorgaben sind neutral. Sofern Ihre IHK einen mehrteiligen Blumenschmuck zulässt, könnte eine Dreiergruppe (Haupt-, Neben-, Gegengruppe) bühnenwirksam sein, denn je weiter entfernt die Betrachter sind, desto auffallender muss der Schmuck sein.

Aufgabe 501

! Schlüsselwörter: Ausstellung „Kunst der Farbe“, Eingang der städtischen Galerie, freistehend, auf das Thema abgestimmt. Vermutlich erwarten die Besucher bei diesem Thema Farbigkeit; Sie könnten sich demnach auf den Farbe-an-sich-Kontrast einlassen. Bei einer Vielzahl von Farben brauchen Sie andere Ruhepole, z. B. ein kompaktes Werkstück mit einheitlichem, geschlossenem Umriss (Säulenform).

Aufgabe 502

! Schlüsselwörter: Bepflanzung, Innenbereich Thermalbad, 1,5 × 3 m, sehr hell, Urlaubsstimmung. Zur Übung könnten Sie zunächst im Internet nach Gefäßen recherchieren, z. B. längere aber geschwungene Gefäße, ca. 50 cm hoch; diese Gefäße wirken leichter, unkomplizierter und symbolisieren bewegtes Wasser. Man denkt bei Urlaubsstimmung sofort an Palmen mit Unterpflanzen im Sand. Sand könnte jedoch Kinder zum Spielen einladen, was im Thermalbad nicht angebracht ist; eine bodenbedeckende Bepflanzung ist daher sinnvoller.

Aufgabe 503

! Schlüsselwörter: Jugendstiltreppenhaus, reiche Ornamentik, Blumenschmuck dem Stil entsprechend. Für diesen Schmuck müssen Sie Ihr Stilkundewissen zum Jugendstil abrufen: Bewegung von Formen und Linien. Calla, einblütige Lilien und Gräser sind stilvolle Pflanzen der damaligen Zeit. Da die Ornamentik viel Bewegung erzeugt, könnte der Blumenschmuck nur in Weiß-Grün gehalten sein und durch geschwungene Parallelität auch etwas Ruhe verbreiten.

! Schlüsselwörter: Modell-Eisenbahn-Museum, gepflanzte Gebirgslandschaft etwa 2 m lang, 40 cm breit, nicht sehr hoch, Hintergrund, milieugerecht (der Umwelt und Landschaft angepasst). Da vermutlich niemand direkt vorbeigeht und herumzupft, können Sie eine sehr detaillierte Gebirgslandschaft gestalten. Suchen Sie je nach Jahreszeit blühende Gebirgspflanzen aus und kombinieren Sie diese mit niedrigen Dauerpflanzen, Graspolstern und Steinen des Alpenraums. **Aufgabe 504**

! Schlüsselwörter: Fest zur eigenen Abschlussprüfung, öfters verwertbarer Blumenbogen zum Empfang am Eingang. Grundlage könnte ein Gehölzbogen mit dichtem Blattwerk sein, reich gestaltet mit auswechselbaren Saisonblumen (Reagenzgläser oder Pflanzkörbchen dazwischen). **Aufgabe 505**

! Schlüsselwörter: Romanische Kirche, Schmuck neben dem Altar, dem Baustil angepasst, Hochzeit. Kirchenschmuck sollte immer auf den Baustil und den Anlass abgestimmt sein. Die Romanik wirkt massiv, geschlossen, hat kaum Verzierungen, die Fenster sind klein, Würfelkapitelle, massive Säulen. Es eignen sich Formarbeiten wie Kugeln und Girlanden sowie säulenartiger Blumenschmuck. Helle Farben lockern auf und werden für fröhliche Anlässe bevorzugt. **Aufgabe 506**

! Schlüsselwörter: Automobilvorstellung, Präsentation im firmeneigenen Veranstaltungsraum, Farben Grau, Blau, Silber, farbneutraler Blumenschmuck, schlicht, raumerfassend. Es bleibt Ihnen überlassen, ob Sie sich eine spezielle Automarke vornehmen und das Logo form- und farbidentisch in Ihre Gestaltung einbringen – für den firmeneigenen Saal wäre das eine ausgezeichnete Idee. Damit das Auto im Mittelpunkt steht, soll Ihre Gestaltung farblich neutral sein. Raumerfassend bedeutet, dass die Gestaltung durchaus optisch in den Raum greifen kann. **Aufgabe 507**

! Schlüsselwörter: Café „süß und literarisch“, Eingangsschmuck für eine Lesung, schmal, hoch, Raumfarben Weiß, Rosé, Gold. Mit dem Café-Namen verbindet man die Adjektive feinsinnig, süß, musisch, **Aufgabe 508**

künstlerisch, empfindsam – so soll auch der Blumenschmuck sein. Eine betont lockere, filigrane, zylindrische Gestaltung mit kleinen Blüten und Ranken im Qualitätskontrast Rosa bis Weiß und goldfarbenen Akzenten kann den Wunsch erfüllen. Vielleicht können Sie auch ein fließendes Objekt von der Decke herabhängen. Zum Thema passende Redewendungen, mit Goldschrift auf grüne Blätter geschrieben, vervollkommnen die Dekoration.

Aufgabe 509

! Schlüsselwörter: Bilder-Ausstellung „Landleben in den 60er-Jahren“, einstimmender Raumschmuck. Kennzeichen dieser Zeit sind Brauchtumsfeste, Feldarbeit, eigener Garten, Tante-Emma-Läden, spielende Kinder im Freien, Naturprodukte und ein positiver Blick in die Zukunft. Prüfen Sie, ob sich ein großer Bilderrahmen eignet, den Sie mit Blumen aus dem Bauerngarten, Kräutern und Ähren füllen und für haltgebende Strukturen Rebholz verwenden könnten.

Aufgabe 510

! Schlüsselwörter: Barocke Kirche, Kommunion, aufwändiger Schmuck für die ganze Kirche. Kriterien sind: Pompöser Schmuck, Illusionsmalerei, ovale und runde Formen, Farben Weiß, Gold, Hellblau, Purpur, sehr feierlicher Anlass. Es eignen sich große, runde Blüten in den Farben Purpur und Weiß, dazu verschiedene Grüntöne von auffallendem Blattwerk, verarbeitet zu üppigen, kompakten Werkstücken, z. B. Formgirlanden, Kugeln, Friese, Säulen. Mit kompakten, geometrischen Formen erreichen Sie trotz der Schmuckvielfalt eine ruhige Ausstrahlung.

Tipps zum Teil 5: Aufgaben 511–520

Diese zehn Aufgaben des fünften Teils sollten Sie aus dem Stegreif beantworten können. Richten Sie sich am besten auf Ihrem Handy ein Ikon (Symbol/Ordner) zum Thema Prüfungsvorbereitung ein und speichern Sie darauf Fachbegriffe bzw. Inhalte, die Sie sich weniger gut merken können. So haben Sie diese zum Nachschlagen immer parat. Schicken Sie durchaus auch Ihre Ansichten an einzelne Mitschülerinnen und Mitschüler, tauschen Sie Meinungen und Antworten zu der einen oder anderen Aufgabe aus und vergleichen und optimieren Sie Ihre Antworten in der Gruppe – so nutzen Sie Ihr wichtigstes Kommunikationsmittel auch für die Prüfungsvorbereitung.